陈胜祥

嵌入式改革
何以推行？

——中国农村宅基地制度
试点改革模式研究

How to Carry Out the
Embedded Reform Smoothly?

——A Research on the Pilot Reform
Model of Rural Homestead System in China

中国财经出版传媒集团
经济科学出版社
Economic Science Press

图书在版编目（CIP）数据

嵌入式改革何以推行？：中国农村宅基地制度试点改革
模式研究/陈胜祥著．－－北京：经济科学出版社，
2022.9

ISBN 978－7－5218－3001－9

Ⅰ.①嵌…　Ⅱ.①陈…　Ⅲ.①农村－住宅建设－土地
制度－经济体制改革－研究－中国　Ⅳ.①F321.1

中国版本图书馆 CIP 数据核字（2022）第 101932 号

责任编辑：刘　莎
责任校对：蒋子明
责任印制：王世伟

嵌入式改革何以推行？

——中国农村宅基地制度试点改革模式研究

陈胜祥　著

经济科学出版社出版、发行　新华书店经销

社址：北京市海淀区阜成路甲 28 号　邮编：100142

总编部电话：010－88191217　发行部电话：010－88191522

网址：www. esp. com. cn

电子邮箱：esp@ esp. com. cn

天猫网店：经济科学出版社旗舰店

网址：http：//jjkxcbs. tmall. com

北京季蜂印刷有限公司印装

787×1092　16 开　19.25 印张　380000 字

2022 年 9 月第 1 版　2022 年 9 月第 1 次印刷

ISBN 978－7－5218－3001－9　定价：89.00 元

（图书出现印装问题，本社负责调换。电话：010－88191510）

（版权所有　侵权必究　打击盗版　举报热线：010－88191661

QQ：2242791300　营销中心电话：010－88191537

电子邮箱：dbts@ esp. com. cn）

　　本书为国家社会科学基金项目"制度嵌入视角下试点地区农村宅基地制度改革模式的比较研究"（18BJY129）的最终研究成果，出版时得到江西财经大学旅游与城市管理学院双一流学科建设经费和江西财经大学博士科研启动经费的资助。

前　言

　　自 2015 年初开始，全国共选取江西余江、陕西高陵、浙江义乌等 15 个试点县（市、区）从事宅基地制度专项试点改革，之后于 2016 年 9 月推进到 33 个试点县（市、区），目的是让农村"三块地"改革形成共振效应。该轮（后称第一轮）试点改革已于 2019 年底结束，新一轮试点改革又于 2020 年 10 月启动，并将试点范围拓展到 104 个县（市、区）和 3 个设区市，期限为 2020～2022 年。第一轮试点改革推进以来，各试点地区坚守改革底线，结合自身资源禀赋，将中央改革精神嵌入当地的社会结构和社会关系当中，探索出形式多样但内核一致的嵌入式改革模式。

　　众多学者追随中国宅基地制度试点改革进程展开研究，取得了丰硕研究成果，但在改革模式研究方面仍然留有很大的改进空间：（1）在研究方法上，已有研究对不同地区的改革模式进行比较时，要么地区个案较少，要么基于的是间接经验（二手资料）或纯理论分析。（2）在研究内容上，虽然已有研究发现不同地区采取了不同的改革模式，但对隐藏于多样化形式背后的社会嵌入性特征缺乏系统和深入的研究。本书研究启动于 2018 年 6 月，研究历时三年，在继承已有研究成果的基础上，全方位探索了第一轮宅基地制度试点改革的历史起点，改革模式的嵌入性特征及其形成原因、主要类型、运行机制、运行绩效、局限性及其优化等内容，提炼出嵌入性改革模式推广应用的核心经验，为新一轮试点改革乃至未来的全面改革提供理论依据和经验参照。

　　为达此研究目标，本书从最早承担宅基地制度专项试点改革任务的 15 个县（市、区）中选择了 13 个试点县（市、区）作为调研地区，不包括新疆伊宁和西藏曲水两地。2018 年 12 月初至 2019 年 2 月中旬，笔者带领一位擅长人类学田野调查的研究助手，自驾车对 13 个试点县（市、区）进行了实地调查。调查过程历时两个多月，行程 2 万余千米（对江西余江的重点调研另计）；调查方法有实地观察、深度访谈、问卷调查等。2019 年 1 月至 5 月，笔者及所指导的学生团队还对湖南浏阳、陕西高陵、四川泸县中的 4 个特色村庄进行了专项调研。研究过程前后，还对江西余江进行了多达 5 轮的重点调研。通过上述调查，一共收集到 100 余份地方性制度文本，730 份农户问卷数据，50 多人次的深度访谈记录，撰写了 10 余例完整改革案例和 10 余万字的田野调查日志（附有现场照片）。

本书基于新经济社会学的制度嵌入理论，引入"嵌入性"变量刻画中央和县级制度向村庄社会的嵌入式运行过程，从而将主流的"状态—结构—绩效"（SSP）制度分析模型予以修正，构建一个"状态—结构—嵌入—绩效"（SSEP）宏观分析框架。在此框架的指引下，本书坚持"四个结合"的中层研究逻辑，即历史分析与现实分析相结合，理论分析与实证研究相结合，质性分析与量化分析相结合，多种比较方法相结合。同时，区分不同研究内容，分别采用了制度文本分析、多案例比较分析、扎根理论分析、统计分析等多种数据分析技术或方法，并注意对不同性质和来源的数据进行交叉验证。

基于上述理论、数据和方法，本书依次探索了宅基地制度试点改革的历史起点，嵌入性改革模式的形成原因及主要类型，运行机制和运行绩效，局限性及其优化等内容。研究结果显示：（1）改革的历史起点。中华人民共和国成立以来宅基地制度变革陷入两个不可兼得的"二难困局"，即"无偿居住保障"与治理"乱占地建房 + 粗放利用与闲置"无法兼得；由"无偿居住保障"决定的"限制流转"与"农房财产权实现"无法兼得。（2）嵌入性改革模式的形成及类型。在中央"顶层设计"与地方"因村施策"的相互作用下，试点改革呈现出显著的制度嵌入性特征，主要分化出五大类典型模式，即退出整治模式、统筹发展模式、盘活利用模式、扶贫搬迁模式和集中安居模式。五大模式在 SSEP 构件上各有具体表现形式，一些模式当中还分化出不同的子模式类型。（3）嵌入性模式的运行机制。案例比较显示，不同模式的运行机制具有共同特征，都符合 SSEP 框架的内在逻辑：推出的制度内容（改革目标及核心举措）契合当地的"状态"（situation）（土地资源的物品特性及所决定的相互依赖性），实施方式嵌入当地社会结构和社会关系；制度内容及实施方式即为"制度结构"（structure），通过"嵌入"（embedding）方式得以运行，保证改革取得预期"绩效"（performance）。（4）嵌入性模式的运行绩效。实证分析表明，制度嵌入方式对改革绩效的影响是正向和显著的。整体分析显示：样本村庄大多制定了适用于本村的"宅改实施方案"，将中央精神和县级改革内容分化为村庄共识（制度内容嵌入）；多数样本村庄组建了村民理事会，设法调动村民积极参与宅改（制度实施方式嵌入）。差异分析显示：但凡制订了"村级宅改方案"的村庄，村民的满意度普遍高于未制订村庄村民的满意度；组建了村民理事会的村庄，村民的满意度普遍高于未组建村庄村民的满意度；村民的积极性被充分调动，村民的意见得到尊重，村民的获得感更强且满意度更高。(5) 嵌入性模式的局限性。在进一步的案例比较中发现，制度嵌入可能具有悖论效应。当模式的运行构件都具备时，制度嵌入能够帮助其更好运转；当部分构件残缺时，凭借制度嵌入获得的外部组织推力和人际信任机制在短期内仍能运转，但难以持续。(6) 嵌入性模式的优化路径。为避免陷入嵌入性悖论困境，需要提升 SSEP 框架中"制度结构"的行为激励功能，使其具有广泛的"状态"适应能力。这就要求通过更为基础的"三权分置"改革重塑农民的产权观念，将集体化以来部分人存在的"集体资产不占白不占"的心理，转变为对宅基地的"财产拥有感"(静态的家园观)、"流转安全感"(动态的财产观)和"相互尊重产权意识"(杜绝乱占→定分止争)，为激活目标行为模式提供广泛的社会认知基础。由此进一步要求，在不违背"一物一主"物权法精神的前提下，在坚持集体所有框架下，将农户资格权界定为成员权并为其提供固化式保障，将宅基地使用权界定为可在更大范围内流转的用益物权。

综上得到本书的核心观点：试点地区结合本地实际，将中央改革精神嵌入当地的乡村社会结构和社会关系，成功推动改革并使其分化成为不同类型的改革模式。这些改革模式因制度嵌入获得自身存在的合理性、多样性与可行性，但也受制于制度嵌入而可能使自身陷于嵌入性悖论困境；正确定位宅基地"三权"关系，提升改革所推"制度结构"(制度内容及实施方式)对目标行为的激励能力，可对嵌入式改革模式予以优化，避免陷入嵌入性悖论困境，并取得更优改革绩效。此即第一轮试点改革的核心经验。

本书研究成果可在下列三方面为新一轮试点改革提供参考：(1) 在宏观价值层面，善作取舍促改革走出"二难困局"。研究表明，无偿居住保障与节约用地、财产权实现难以兼得，启示新一轮试点改革，一是要在宅基地功能目标上善作取舍。整体而言，宅基地的居住保障功能应退居于财产性功能之后，但考虑中国各地农村发展的不平衡性，应允许各试点地区选择适合本地的宅基地功能目标。二是要在无偿或有偿保障方式上善作取舍，建议以某一时间节点为界，取消无偿居住保障制度，并区分不同村庄类型，采用不同的有偿保障办法。(2) 在中观模式层面，制度嵌入推动改革"分类实施"。研究表明，刚刚结束的第一轮试点改革，普遍采取因村施策方式推进"制度嵌入"，分化出五大改革模式类型。不同模式因为都符合 SSEP 框架的内在逻辑(制度内容契合"状态"，实施方式嵌入当地社会)，由此都取得预期改革绩效。由此启示，新一轮试点改革应以村庄为改革基本单元，在遵循 SSEP 框架内在逻辑的前提下，通过分类实施选择适合本村的改革模式。（3）在微观激励层面，重塑产权观念构建目标行为激励机制，避免陷入嵌入性悖论困境。研究发现，上述嵌入性改革模式可能具有悖论效应，即当制度结构不完善时，社会嵌入只能在短期内支持改革，久而久之反而会拖延改革模式发育成为自我实施机制。为避免这种悖论效应，需要提升 SSEP 框架中"制度结构"对目标行为的激励能力，要求在坚持集体所有制度框架下，将农户资格权界定为成员权并为其提供固化式保障，促使农民对宅基地产生"财产拥有感"、"流转安全感"和"相互尊重产权意识"，为激活目标行为提供广泛的社会认知和行为基础。

本书的边际贡献主要如下：（1）在数据占有上，实地走访了第一轮承担宅改专项任务的 13 个试点县（市、区）中的 50 余个试点村庄，并对若干特色村庄进行了重点调研，收集到相当丰富的一手质性数据和量化数据，可供同行学者参考。（2）在研究方法（论）上，通过引入"制度嵌入"变量将主流的制度分析（SSP）模型修正为 SSEP 框架，并应用该框架分析和解释了我国首轮宅改模式的运行机制，证明其是一个非常有效且可靠的宅改模式分析框架，可供同行学者借鉴使用。（3）在学术观点上，指出农村发展的不平衡性决定了我国要以"制度嵌入"方式推进宅基地改革。这种改革模式具有合理性、多样性和可行性的同时，也有其自身固有的局限性；正确定位宅基地"三权"关系，提升改革内容和实施方式对目标行为的激励能力，可有效优化这种嵌入式改革模式。该学术观点对于新一轮试点改革具有重要的指导意义和参考价值。

目前，中国新一轮宅基地制度试点改革已经启动，地区发展的不平衡性依然存在，新一轮试点地区仍要采取制度嵌入方式推进改革。本书笔者及研究团队拟进一步深入新一轮试点改革实地，展开更丰富的田野调查和更深入的理论研究。

目　　录

第 1 章

导　论

本章系"研究之研究"部分，目的是对本书所要研究的问题进行界定，主要回答下列三个问题：为什么要选这个题？如何研究这个问题？研究这个问题有何理论意义和现实意义？就此，需要分别对选题的现实背景、研究现状与问题提出、研究目的和研究意义、整体思路与研究方法、研究创新等方面进行论证或说明。

1.1　选题与研究价值

1.1.1　选题缘由

中华人民共和国成立初期，于 1954 年就在《中华人民共和国宪法》中规定，土地及农民房屋均属于农民私有财产。在房地一体思维下，当时并无"宅基地"的概念。1956 年通过的《高级农业生产合作社示范章程》首次出现了"房屋地基"的概念，但指出"社员原有的房屋地基不入社"，因而仍属于农民私有财产。1962 年《农村人民公社工作条例（修正草案）》第二十一条规定："生产队范围内的土地，都归生产队所有。生产队所有的土地，包括社员的自留地、自留山、宅基地等等，一律不准出租和买卖。"这是新中国成立后第一次出现"宅基地"概念。同时，该条例第四十五条规定"社员的房屋，永远归社员所有"，开始实行宅基地与其上的房屋相分离的制度安排①。

1963 年中共中央出台《中共中央关于各地对社员宅基地问题作一些补充规定的通知》，详细规定了宅基地制度的五点核心内容："集体所有＋农户使用＋无偿

---

① 刘守英. 农村宅基地制度的特殊性与出路［J］. 国家行政学院学报，2015（3）：18－24，43.

取得＋限制流转＋面积管制"；同时该通知规定，宅基地上的房屋等附着物归农民私有，可以买卖；房屋出卖以后，宅基地使用权即随之转移给新房主，但宅基地的所有权仍归生产队所有。自此，在中国经济社会制度整体变革进程当中，宅基地制度一直没有改变"集体所有＋农户使用＋无偿取得＋限制流转＋面积管制"等核心内容，仅在操作层面进行了逐步完善和推进，逐步发展为农民集体所有制下的"一户一宅"使用制度，后期则在人多地少的地区提倡实行"户有所居"的居住保障制度等。例如，《中华人民共和国土地管理法》（2019 年修正）（以下简称《土地管理法》）第六十二条第一款明确规定："农村村民一户只能拥有一处宅基地，其宅基地面积不得超过省、自治区、直辖市规定的标准。"同时，第二款规定了实行"户有所居"这一例外条件："人均土地少、不能保障一户拥有一处宅基地的地区，县级人民政府在充分尊重农村村民意愿的基础上，可以采取措施，按照省、自治区、直辖市规定的标准保障农村村民实现户有所居。"

在集体化和改革开放初期，宅基地的这种使用制度基本得到了有效贯彻，土地资源尚处于节约集约利用状态，但很快就演变为乱占滥用土地建房和严重的闲置浪费现象。20 世纪 80 年代末至今，随着农村经济社会发展，农民收入增长较快，建房需求不断膨胀，大部分农民建新不拆旧，纷纷占用村庄周边或道路两侧的荒地、林地乃至耕地建造新房，而且占用的面积往往超过当地政府规定的法定面积。由此导致各地农村村庄周边、公路两侧无序建造起一栋栋小洋楼，但老村内部出现了严重的空心化现象，破旧、废弃、倒塌的住宅和禽畜舍一栋又一栋，脏乱差现象严重。20 世纪 90 年代末期之后，中国的城镇化进程明显加快，宅基地的闲置浪费现象更为严重。据统计，在 2000～2011 年 11 年间，我国农村人口减少了 1.33 亿，农村居民点用地却增加了 203 万公顷[1]。据李婷婷等（2019）的调查，2018 年 140 个样本村庄宅基地空置率平均为 10.7%，最高的达到 71.5%[2]。在闲置农房方面，有媒体认为全国有近 2 500 万套农村房屋处于空置状态[3]。另有估算更高，认为全国农村至少有 7 000 万套闲置房屋[4]。

农村宅基地资源的巨大浪费，既不利于农村经济社会发展，又不利于农民带资进城和更好的融入城市，必将严重阻碍乡村振兴和城乡融合发展步伐，因此，宅基

① 杨玉珍. 农户闲置宅基地退出的影响因素及政策衔接——行为经济学视角 [J]. 经济地理, 2015 (7)：140－147.

② 李婷婷, 龙花楼, 王艳飞. 中国农村宅基地闲置程度及其成因分析 [J]. 中国土地科学, 2019 (12)：64－71.

③ 21 世纪经济报道. http：//finance. sina. com. cn/roll/2019－04－29/doc－ihvhiqax5646577. shtml.

④ 常钦. 让闲置农房成为促农增收的"黄金屋" [N]. 人民日报, 2018－07－08 (10).

地制度改革势在必行。2014 年 12 月 31 日，中共中央办公厅、国务院办公厅联合印发了《关于农村土地征收、集体经营性建设用地入市、宅基地制度改革试点工作的意见》。紧接着，全国人大常委会审议通过了《关于授权国务院在北京市大兴区等三十三个试点县（市、区）行政区域暂时调整实施有关法律规定的决定（草案）》，选取了浙江省义乌市、安徽省金寨县、江西省余江县等 15 个县（市、区）作为农村宅基地制度改革试点地区，标志着农村宅基地制度改革正式进入试点改革阶段。

第一轮试点改革在改革方式、改革内容和改革时间等方面都有调整。首先，在改革方式上，由分类改革到"三块地"联动改革。《关于农村土地征收、集体经营性建设用地入市、宅基地制度改革试点工作的意见》的初衷，是将农村"三块地"改革分类进行，即将 33 个试点县（市、区）分为三类，每一类进行"一块地"改革。但是，当改革进行到 2016 年 9 月时，国土资源系统采取了"三块地改革试点联动"的方式统筹推进，以增强改革的整体性和协调性，让"三块地"改革形成共振效应①。自此，每一个试点地区所从事的改革任务由之前的一项变为三项，当然还是以最初承担的为重点，兼顾另外两项。其次，在改革内容上，由初期的"两探索两完善"改革到闲置宅基地盘活利用改革，再到"三权分置"改革。2015 年初规定的改革内容为"完善宅基地权益保障和取得方式"、"探索宅基地有偿使用制度"、"探索宅基地自愿有偿退出机制"和"完善宅基地管理制度"（简称为"两完善、两探索"）。2016 年《中共中央国务院关于深入推进农业供给侧结构性改革加快培育农业农村发展新动能的若干意见》首次提出"探索农村集体组织以出租、合作等方式盘活利用空闲农房及宅基地，增加农民财产性收入"。当改革进行到 2018 年初之时，中共中央一号文件《中共中央国务院关于实施乡村振兴战略的意见》提出了宅基地"三权分置"改革，要求在落实集体所有权和保障农户资格权的基础上适度放活宅基地使用权。此后，在"三权分置"框架下多次提出探索闲置宅基地和闲置农房的盘活利用改革，直到将这一改革任务写入《土地管理法》2019 年修正版。最后，在改革时间上，也将截止时间进行了两次调整。第一次，将原定于 2017 年底截止的时间，延后至 2018 年 12 月 31 日；后又根据各地改革进展将改革结束时间再延后至 2019 年 12 月 31 日。

总之，本轮宅基地制度试点改革开展以来，各试点地区紧扣中央改革任务，结合自身资源禀赋特征，探索适合自身的改革模式，给理论界提出了一系列全新的研究任务。

---

① 谢玮. 宅基地制度改革的"硬骨头"怎么啃？——江西余江、安徽金寨"宅改"试点调查［J］. 中国经济周刊，2017 - 07 - 17.

1.1.2 研究价值

本书将选题定为"嵌入式改革何以推行──农村宅基地制度试点改革模式研究"，选题在制度嵌入视角下及时研究了刚刚结束的第一轮试点改革的实践模式，具有非常重要的现实和理论意义。

1. 学术价值：采用"制度嵌入"理论视角，能够有效突破新制度经济学的强制性制度变迁理论之不足，有望取得更具现实解释力的理论成果

（1）农村宅基地制度试点改革，在政策学视野里是一种公共政策行动，在新制度经济学的视野里则是一种制度变革，属于由政府主导推动的强制性制度变迁。

（2）新制度经济学的制度分析策略有两个特点：一是在个人主义方法论的基础上坚持理性选择模型，从而将制度变迁简化为两种制度之间的比较静态分析[①]；二是秉承新古典范式从客观信息角度而不是主观知识（建构）角度理解制度变革的意义和价值。因此，强制性制度变迁分析范式虽然也会关注原有非正式制度对新注入正式制度的干扰作用，但是从制度规范改变个体行为（偏好）的角度来理解这种干扰作用的，忽略了个体行为的干扰是由其所处的社会结构和社会关系决定的，更忽略了新注入的正式制度的重新建构过程，即正式制度在嵌入社会结构和社会关系的过程中，会被重新建构而生成有别于其原有文本意义的新制度。

（3）新经济社会学对制度的分析是一种嵌入性分析，认为经济制度不会以某种必然发生的形式从外部环境中自动生成，而是被社会建构的[②]。国家可以通过一定的制度安排将其嵌入社会或者让公众参与公共服务，实现国家与社会的共治[③]。

（4）本书拟基于新经济社会学的制度嵌入理论视角，将农村宅基地制度试点改革理解为"外部制度注入→新旧制度冲突→新旧制度耦合→制度的社会建构"过程，可以解释各试点地区所推行的正式制度在嵌入乡土社会过程中被重新建构的现象，较之主流的强制性制度变迁理论更加契合中国农村实际，有望取得更具现实解释力的理论成果。

[①] 周业安、杨祜忻、毕新华. 嵌入性与制度演化——一个关于制度演化理论的读书笔记 [J]. 中国人民大学学报，2001（6）：58－64.

[②] 马克·格兰诺维特. 梁玉兰，译. 作为社会结构的经济制度：分析框架 [J]. 广西社会科学，2001（3）：90－95.

[③] Peter B Evans ed. State － Society Synergy：Government and Social Capital in Development [M]. Berkeley：University of California，1997.

2. 应用价值：运用各种比较方法研究"改革模式"，可以更全面更深刻地总结提炼试点改革经验

"模式"是一种重要的科学操作与科学思维方法，是对原型客体某种本质特征的抽象和简化，是沟通实践和理论的中介和桥梁。"模式方法"（建模）是社会科学研究的重要方法（自然科学多称为模型方法）。建立模式：一要从客观原型出发，从现实问题出发；二要抽象出本质要素，简化次要因素；三要认识事物的变化过程，制定操作程序①。据此，本书拟运用"模式方法"，对代表性试点地区的宅改经验进行实地调查、本质抽象及比较归类，这与现有的仅针对部分或个别试点地区的一般性调查研究相比，可以更好地总结提炼试点经验并科学评估其推广价值。

1.2　研究现状与研究目标

1.2.1　研究现状 *

综观学界已有的关于本轮宅基地制度试点改革方面的研究，发现已有研究在如下五个方面取得了丰富成果。

1. 紧随试点改革步伐，对部分试点地区改革实况及其经验展开追踪调研

（1）追踪某一试点地区的改革绩效及其经验。由于江西省余江县的试点改革一直走在全国前列，因而专门对余江宅基地制度改革进行调研分析的文献相对较多，如陈美球等②、张乃贵③、钟荣贵等④、张晓平等⑤；张军涛等⑥。针对其他试点

＊ 本节内容及后述 2.1 节内容，以阶段性成果《改革开放四十年中国农村宅基地制度改革的学术史回顾与展望》，发表于《金融教育研究》2018 年第 6 期。

① 查有梁. 什么是模式论？ [J]. 社会科学研究，1994（2）：4.

② 陈美球，等. 农村宅基地制度改革中的困境与对策——基于余江县试点的跟踪调研 [C] // 2016 中国新时期土地资源科学与新常态创新发展战略研讨会暨中国自然资源学会土地资源研究专业委员会 30 周年纪念会论文集. 2016（7）：46 - 52.

③ 张乃贵. 完善"一户一宅"的"余江样板"——江西省余江县宅基地制度改革的启示与建议 [J]. 中国土地，2017（11）：46 - 48.

④ 钟荣桂，吕萍. 江西余江宅基地制度改革试点经验与启示 [J]. 经济体制改革，2018（2）：13 - 18.

⑤ 张晓平，何昌明，胡紫红. 农村宅基地退出中的冲突识别——基于全国"宅改"试点余江县的调查分析 [J]. 中国国土资源经济，2018（11）：76 - 82.

⑥ 张军涛，张世政. 农村宅基地制度改革中政策工具选择与运用的逻辑——以江西余江区为例 [J]. 农业经济问题，2020（10）：51 - 60.

地区的调研文献也日渐增多，如包晨晨等①对新疆伊宁的调研，林楠等②、韩立达③、刘守英等④对四川省泸县的研究等。

（2）有的文献侧重于对不同试点地区改革模式之间的横向比较。如顾龙友⑤⑥对江西余江、安徽金寨等五个县（市、区）的试点改革进行了调研，并就村庄规划、集体经济组织成员资格认定和宅基地有偿使用等几个关键性问题进行了比较和思考。胡银根等⑦以金寨、蓟州、义乌三个典型试点地区为例，揭示了不同治理结构下宅基地的有偿退出模式。吕萍等⑧基于浙江德清、义乌和江西余江的试点经验，分析了农村宅基地制度改革的方向。唐健等⑨比较了五省宅基地制度改革的绩效。储梦园等⑩比较了宁夏平罗、浙江义乌和福建晋江等地的试点做法和经验。

2. 激辩本轮试点改革应否允许宅基地使用权的市场化流转

（1）少数学者持反对流转的观点。陈锡文⑪撰文指出，农村集体土地入市要慎重，并对部分学者提出的"土地是生产要素，要素就要自由流动"的观点持否定态度。

（2）多数学者持支持流转的观点。蔡继明⑫指出，现行土地管理法的相关规定剥夺了农民平等参与工业化城市化的权利，堵塞了农民获得土地财产收益的渠道，并造成大量宅基地闲置、"空心村"频现的现象，因此，应赋予农村集体建设用地以及宅基地使用权完整的用益物权能，包括出租、转让、抵押、担保和继承等各项

---

① 包晨晨，王雨玉，王美玲，等.新疆伊宁市农村宅基地制度改革前期试点工作研究［J］.河南农业，2016（23）：1.

② 林楠，李川，杨雨山，等.宅基地退出改革试点的成效总结——以四川省泸县为例［J］.江西农业，2017（9）：115.

③ 韩立达，赵美美，吴懈，等.我国宅基地审批制度改革研究——以全国宅基地制度改革试点泸县为例［J］.安徽农业科学，2016，44（34）：194－197.

④ 刘守英，熊雪锋.经济结构变革、村庄转型与宅基地制度变迁——四川省泸县宅基地制度改革案例研究［J］.中国农村经济，2018（6）：2－20.

⑤ 顾龙友.对农村宅基地制度改革试点实践的思考（上）——基于5县（市、区）的调查［J］.中国土地，2017（12）：25－27.

⑥ 顾龙友.对农村宅基地制度改革试点实践的思考（下）［J］.中国土地，2018（1）：36－38.

⑦ 胡银根，王聪，廖成泉，等.不同治理结构下农村宅基地有偿退出模式探析——以金寨、蓟州、义乌3个典型试点为例［J］.资源开发与市场，2017，33（12）：1411－1416.

⑧ 吕萍，陈卫华，钟荣桂，等.关于农村宅基地制度改革方向的思考［J］.中国土地，2017（12）：22－24.

⑨ 唐健，王庆宾，谭荣.宅基地制度改革绩效评价——基于全国5省土地政策实施监测［J］.江汉论坛，2018（2）：36－41.

⑩ 储梦园，刘同山.农村宅基地制度改革的试点经验［J］.农村经营管理，2020（1）：25－26.

⑪ 陈锡文.农村宅基地改革的焦点和核心是什么［J］.中国乡村发现，2016（5）：1－9.

⑫ 蔡继明.土地管理法修改：应体现"同地同权同价"原则［N］.人民政协报，2017－01－05（003）.

权能。赞成在本轮试点改革中解禁宅基地市场化流转的学者还有很多，如夏正智[①]、孙胜玉[②]、狄亚娜等[③]、翟全军等[④]、陈然等[⑤]。

（3）折中观点及后续发展。宋志红[⑥]的观点较为折中，其认为中国区域发展不平衡，应分区域逐步推进宅基地使用权有条件的对外流转。三权分置改革后这一争议不再持续，学界普遍赞同宅基地使用权可以而且应当单独自由的流转，以实现农民宅基地和房屋的财产权。代表性文献有李丽等[⑦]、包欢乐[⑧]、岳永兵[⑨]等。胡振红等[⑩]进一步认为，宅基地使用权转让改革为宅基地制度总体改革的关键内容，需要厘清宅基地的双重功能（居住保障与资产资本功能）及其变化趋势，因此尝试提出一套适应宅基地使用权"双重功能"变化新态势、兼顾土地"双资目标"（于农户为资产，于国家为资源）的农村宅基地制度改革的总体方案。

3. 深入探索有利于促进进城落户农民有偿退出宅基地的体制和机制

（1）在基本制度创新方面达成了较高共识。陈藜藜等[⑪]所倡导的"构建政府—市场—村民（政府引导、市场配置与村民自治相结合）协同治理机制"极具代表性。黄健元等[⑫]比较了宅基地收回、宅基地流转和宅基地退出三种方式之异同，认为宅基地退出是在当前制度框架内的最优选择，实质上也是因为它体现了政府引导与村民自治相结合的优势。同理，魏后凯[⑬]也强调必须依靠政府引导和市场化途

---

① 夏正智. 农村现行宅基地制度的突出缺陷及改革取向 [J]. 江汉学术，2015，34（6）：29－35.

② 孙胜玉. 农村宅基地流转的法律制度缺陷及相关对策 [J]. 辽东学院学报（社会科学版），2017，19（5）：50－54.

③ 狄亚娜，宋宗宇. 宅基地使用权的现实困境与制度变革——基于三省（市）法院 2004～2013 年 428件裁判文书的数据分析 [J]. 农村经济，2016（5）：10－16.

④ 翟全军，卞辉. 城镇化深入发展背景下农村宅基地流转问题研究 [J]. 农村经济，2016（10）：10－17.

⑤ 陈然，陈晓枫. 农村宅基地使用权流转制度创新——基于增加农民财产性收入的视角 [J]. 福建农林大学学报（哲学社会科学版），2016，19（3）：29－33.

⑥ 宋志红. 宅基地使用权流转的困境与出路 [J]. 中国土地科学，2016，30（5）：13－20.

⑦ 李丽，吕晓，张全景."三权分置"背景下宅基地使用权流转的法学视角再审视 [J]. 中国土地科学，2020（3）：16－23.

⑧ 包欢乐."三权分置"背景下宅基地使用权流转制度的变革 [J]. 福建农林大学学报（哲学社会科学版），2020（3）：101－106，112.

⑨ 岳永兵. 宅基地使用权转让政策嬗变、实践突破与路径选择 [J]. 西北农林科技大学学报（社会科学版），2020（10）：20－27.

⑩ 胡振红，叶桦. 农村宅基地转让制度改革目标及总体方案研究 [J]. 贵州社会科学，2018（4）：147－156.

⑪ 陈藜藜，宋戈，邹朝晖. 经济新常态下农村宅基地退出机制研究 [J]. 农村经济，2016（7）：42－48.

⑫ 黄健元，梁皓. 农村宅基地退出制度的源起、现实困境及路径选择 [J]. 青海社会科学，2017（6）：132－139.

⑬ 魏后凯，刘同山. 农村宅基地退出的政策演变、模式比较及制度安排 [J]. 东岳论丛，2016，37（9）：15－23.

径，实施分类、分层、多样化的策略，推动进城落户农民自愿有偿退出宅基地。

（2）探讨宅基地退出的影响因素。例如，邹秀清等[①]从乡村社会资本角度探讨了农户宅基地退出的制约因素问题，认为要引导农户自愿有序退出，应找到符合农村社会现实的着力点，提升农户社会信任水平，扩大农户社会网络，发挥社会规范的驱动作用。孙鹏飞等[②③]得出了相类似的研究结论，即社会网络对农户退出行为产生了显著的积极影响。韩文龙等[④]的研究认为，农户宅基地的退出意愿受到农民显性权属意识、隐性权属意识和资源禀赋等因素的影响。杨卫忠分析了宅基地有偿退出的扩散效应[⑤]。

（3）在更具体的激励机制方面则有基于不同角度的政策设想。楚德江[⑥]、孙雨婷[⑦]认为要推进农村宅基地退出机制，应做到完善产权确权登记，在逐步放开入市限制的同时停止对农村新增宅基地的审批，并大幅提高退出补偿标准。郭贯成[⑧]建议政府在制定和完善宅基地退出相关政策时，应注意就业和社会福利保障要先行于宅基地退出等方面的问题。岳永兵[⑨]则从正确认识宅基地退出目的、全面客观评估宅基地价值、稳妥选择退出路径、完善相关管理环节四个方面提出了建立宅基地退出机制的建议。另外，庄开明等[⑩]还提出了"批量退出"和"零散退出"两种模式建议。

4. 重启宅基地有偿使用制度方面的研究，呈现为两个研究阶段

（1）研究冷淡阶段。自1993年6月国务院取消宅基地"三项收费"后，一直到2009年3月18日《国土资源部关于促进农业稳定发展农民持续增收推动城乡统筹发展的若干意见》，才重新要求积极探索在集体经济组织内建立宅基地有偿使用

① 邹秀清，武婷燕，徐国良，等. 乡村社会资本与农户宅基地退出——基于江西省余江区522户农户样本［J］. 中国土地科学，2020（4）：26-34.
② 孙鹏飞，赵凯，周升强，等. 风险预期、社会网络与农户宅基地退出——基于安徽省金寨县626户农户样本［J］. 中国土地科学，2019（4）：42-50.
③ 孙鹏飞，赵凯. 社会资本对农户宅基地退出行为的影响——基于安徽金寨县的调研数据［J］. 南京农业大学学报（社会科学版），2020（8）：128-141.
④ 韩文龙，刘璐. 权属意识、资源禀赋与宅基地退出意愿［J］. 农业经济问题，2020（3）：31-39.
⑤ 杨卫忠. 农村宅基地使用权有偿退出的扩散效应研究——以浙江省嘉兴市得胜村为例［J］. 中国土地科学，2020（7）：61-68.
⑥ 楚德江. 农村宅基地退出机制构建：价值、困境与政策选择［J］. 内蒙古社会科学（汉文版），2016，37（5）：104-110.
⑦ 孙雨婷. 基于农户意愿角度的农村宅基地退出机制探究——以山东省禹城市4个空心村为例［J］. 安徽农业科学，2018，46（1）：210-214.
⑧ 郭贯成，戈楚婷. 推拉理论视角下的农村宅基地退出机制研究——基于南京市栖霞区农户意愿调查［J］. 长江流域资源与环境，2017，26（6）：816-823.
⑨ 岳永兵. 宅基地退出：内涵、模式与机制建立［J］. 改革与战略，2016，32（11）：135-138.
⑩ 庄开明，黄敏. 完善农村宅基地退出与补偿机制的思考［J］. 农村经济，2017（7）：13-19.

制度，提高宅基地利用率。但学界对此问题的研究热情依然冷淡，仅有田菊萍[①]、杨遴杰[②]、余文杰等[③]极少文献。

（2）研究重启阶段。一直到 2014 年 12 月中央两办印发《关于农村土地征收、集体经营性建设用地入市、宅基地制度试点改革工作的意见》，明确本轮宅基地制度试点改革内容之一就是"探索宅基地有偿使用制度"之后，这方面的研究才逐步增多。如有的探索了有偿使用的财税规制路径[④]；有的探索了宅基地有偿使用法律制度[⑤]；有的提出了宅基地有偿使用制度的基本设想[⑥⑦]；有的调查了农户有偿使用意愿的影响因素[⑧⑨]；有的探讨了有偿使用制度的性质变迁、制度分化及现实问题等[⑩]；还有的探讨有偿使用的村民自治路径，有效解决宅基地有偿使用资金"谁来收、向谁收、收多少、怎么用、可持续"等关键问题[⑪]。

5. 全面开启宅基地"三权分置"改革研究

2018 年 1 月 2 日，中共中央、国务院发布《中共中央　国务院关于实施乡村振兴战略的意见》，明确提出探索宅基地所有权、资格权、使用权"三权分置"改革，要求落实集体所有权，保障农户资格权和适度放活使用权。面对这一深刻的制度变革，学界开始积极探索与此相关的重大问题，主要取得了三方面的研究成果，标志着农村宅基地制度改革研究进入新时代。

（1）进一步阐述了宅基地"三权分置"改革的重大意义。分析相对全面的要数董祚继[⑫]，他认为宅基地"三权分置"有利于重塑城乡土地权利关系；统筹解决了稳定与放活的矛盾，有利于凝聚农村土地制度改革共识；有效破解了宅基地一律

① 田菊萍. 农村宅基地有偿使用机制初探 [J]. 中国土地, 2011 (12)：39 – 40.
② 杨遴杰. 宅基地有偿使用不能止步不前 [N]. 中国国土资源报, 2012 – 05 – 15 (003).
③ 余文杰, 占一熙. 农村宅基地有偿使用价款会计核算刍议 [J]. 当代经济, 2014 (12)：120 – 121.
④ 赵晓洁. 论我国农村宅基地有偿使用的财税规制路径 [J]. 改革与战略, 2015, 31 (10)：93 – 96.
⑤ 程晓燕, 尚情. 宅基地有偿使用法律问题研究 [J]. 农村经济与科技, 2016, 27 (12)：30, 32.
⑥ 杨雅婷. 我国宅基地有偿使用制度探索与构建 [J]. 南开学报（哲学社会科学版）, 2016 (4)：70 – 80.
⑦ 岳永兵, 刘向敏. 宅基地有偿使用改革的探索与思考 [J]. 中国土地, 2017 (12)：48 – 50.
⑧ 孟中杰. 农户宅基地有偿使用意愿的影响因素研究 [D]. 天津：天津师范大学, 2016.
⑨ 胡银根, 吴欣, 王聪, 等. 农户宅基地有偿退出与有偿使用决策行为影响因素研究——基于传统农区宜城市的实证 [J]. 中国土地科学, 2018 (11)：22 – 29.
⑩ 夏柱智. 土地制度改革背景下的宅基地有偿使用制度探索 [J]. 北京工业大学学报（社会科学版）, 2018, 18 (1)：14 – 20.
⑪ 刘圣欢, 杨砚池. 农村宅基地有偿使用的村民自治路径研究 [J]. 华中师范大学学报（人文社会科学版）, 2020 (7)：60 – 67.
⑫ 董祚继. "三权分置"——农村宅基地制度的重大创新 [J]. 中国土地, 2018 (3)：4 – 9.

限定在集体经济组织内部的制度障碍，对形成可复制可推广的改革做法和经验是极大的推动；丰富了宅基地产权体系，有利于唤醒大量沉睡的农村土地资产；打通了城乡要素流转的"中梗阻"，有利于释放农业农村发展活力。其他文献多侧重于分析"三权分置"对激活宅基地资源活力及增加农民财产性收入方面的作用，代表性文献有刘守英①、郑风田②、晓叶③等。

（2）探索宅基地"三权分置"的法律表达，主要围绕资格权及使用权的权利性质和权利关系展开争论，至今尚未取得共识。一种观点认为，"三权分置"后农户资格权是一种身份性质的成员权④⑤，指向一种身份资格和取得权利的资格⑥，其内容应当包括对宅基地使用权的申请取得、无偿保有和恢复等功能⑦；与之相应，宅基地使用权则为用益物权⑧⑨⑩。另一种观点认为，"三权分置"后农户资格权是依分配请求权或成员资格取得的宅基地使用权⑪⑫；那么，使用权就成为次级用益物权，非本集体成员或城镇居民取得的是房屋所有权与宅基地租赁权，并不享有宅基地使用权⑬。还有一种折中观点，认为农户资格权应包括宅基地分配资格和宅基地使用权两种权利，具有人身权和财产权的双重属性⑭或复合性权利⑮。

（3）探索宅基地"三权分置"的基本实现形式。董祚继通过分析如何落实集体所有权、保障农户资格权、适度放活使用权，初步探讨了宅基地"三权分置"

---

① 刘守英. 宅基地"三权分置"影响几何 [J]. 时事报告, 2018 (3): 45.

② 郑风田. 让宅基地"三权分置"改革成为乡村振兴新抓手 [J]. 人民论坛, 2018 (10): 75 – 77.

③ 晓叶. 宅基地"三权分置"的政策效应 [J]. 中国土地, 2018 (3): 1.

④ 张力, 王年. "三权分置"路径下农村宅基地资格权的制度表达 [J]. 农业经济问题, 2019 (4): 18 – 27.

⑤ 程秀建. 宅基地资格权的权属定位与法律制度供给 [J]. 政治与法律, 2018 (8): 29 – 41.

⑥ 耿卓. 宅基地"三权分置"改革的基本遵循及其贯彻 [J]. 法学杂志, 2019 (4): 42.

⑦ 刘宇晗, 刘明. 宅基地"三权分置"改革中资格权和使用权分置的法律构造 [J]. 河南社会科学, 2019 (8): 80 – 86.

⑧ 徐忠国, 卓跃飞, 吴次芳, 等. 农村宅基地三权分置的经济解释与法理演绎 [J]. 中国土地科学, 2018 (8): 16 – 22.

⑨ 韩立达, 王艳西, 韩冬. 农村宅基地"三权分置": 内在要求、权利性质与实现形式 [J]. 农业经济问题, 2018 (7): 36 – 45.

⑩ 高海. 宅基地"三权分置"的法律表达——以《德清办法》为主要分析样本 [J]. 现代法学, 2020 (5): 112 – 125.

⑪ 刘国栋. 论宅基地"三权分置"政策中农户资格权的法律表达 [J]. 法律科学, 2019 (1): 196.

⑫ 宋志红. 宅基地"三权分置"的法律内涵和制度设计 [J]. 法学评论, 2018 (4): 149 – 150.

⑬ 高圣平. 农村宅基地制度: 从管制、赋权到盘活 [J] 农业经济问题, 2019 (1): 60 – 72.

⑭ 孙建伟. 宅基地"三权分置"中资格权、使用权定性辨析——兼与席志国副教授商榷 [J]. 政治与法律, 2019 (1): 125 – 138.

⑮ 陈耀东. 宅基地"三权分置"的法理解析与立法回应 [J]. 广东社会科学, 2019 (1): 223 – 230.

的基本实现形式。潘璠①认为，利用宅基地建设租赁住房，是使城市土地需求与周边农村土地供给实现对接的具体实现形式，也是宅基地"三权分置"创新之处。朱启臻②强调要在维持乡村结构稳定的前提下进行"三权分置"改革，以增加农民财产性收入。向勇③基于试点经验的基础上，探索了宅基地立法的制度根基问题。曾旭晖等通过对江西余江与四川泸县改革模式的比较，探索传统农区宅基地"三权分置"的实现路径④。

6. 探索闲置宅基地的盘活利用方式

（1）有关闲置宅基地的概念。祁全明⑤在回顾学界关于闲置宅基地和闲置农房的概念界定时，发现多数学者并未有效区分两者，而是"将闲置农房视为闲置宅基地的一种情形而没有单独给予界定"。与此类似，李婷婷⑥将宅基地整治等同于闲置宅基地（含其上农房）的盘活利用，并详细评介了六种整治模式。此外，李国祥⑦则明确区分了闲置宅基地和闲置农房的盘活利用性质，认为前者侧重于"（复垦）整治"，而后者侧重于"再利用"。

（2）探究宅基地大量闲置的原因，多认为整体上源于宅基地制度的落后性质⑧，或者说是根源于城乡二元体制下的产权制度和管理制度⑨⑩。细分之下，则有无偿取得且长期持有⑪⑫，使用权流转受限⑬⑭，退出机制缺失⑮等多维度制度性根源。

---

① 潘璠. 宅基地"三权分置"须有序推进 [N]. 经济日报, 2018–01–23（009）.
② 朱启臻. 宅基地"三权分置"的关键是使用权适度放活 [J]. 农村工作通讯, 2018（3）: 57.
③ 向勇. 试点经验与自发秩序: 宅基地立法的制度根基 [J]. 中国土地科学, 2019（7）: 26–32.
④ 曾旭晖, 郭晓鸣. 传统农区宅基地"三权分置"路径研究——基于江西省余江区和四川省泸县宅基地制度改革案例 [J]. 农业经济问题, 2019（6）: 58–66.
⑤ 祁全明. 我国农村闲置宅基地的现状、原因及其治理措施 [J]. 农村经济, 2015（8）: 21–27.
⑥ 李婷婷. 中国农村闲置宅基地闲置现状及整治模式 [M]// 魏后凯, 等主编. 农村绿皮书: 中国农村经济形势分析与预测（2018–2019）. 北京: 社会科学文献出版社, 2019（5）: 229.
⑦ 李国祥. 做好农村宅基地制度改革试点和盘活闲置农房工作 [J]. 中国党政干部论坛, 2019（11）: 63–66.
⑧ 刘守英. 城乡中国的土地问题 [J]. 北京大学学报（哲学社会科学版）, 2018（3）: 79–93.
⑨ 房德恩. 乡村振兴背景下宅基地"三权分置"的功能检视与实现路径 [J]. 中国土地科学, 2019, 33（5）: 23–29.
⑩ 李婷婷, 龙花楼, 王艳飞. 中国农村宅基地闲置程度及其成因分析 [J]. 中国土地科学, 2019（12）: 64–71.
⑪ 宋志红. 宅基地"三权分置"的法律内涵和制度设计 [J]. 法学评论, 2018（4）: 142–153.
⑫ 孟祥仲, 辛宝海. 明晰使用产权: 解决农村宅基地荒废问题的途径选择 [J]. 农村经济, 2006（10）: 13–15.
⑬ 董祚继. "三权分置"——农村宅基地制度的重大创新 [J]. 中国土地, 2018（3）: 4–9.
⑭ 杨遂全, 张锰霖, 钱力. 城乡一体化背景下农村闲置房屋的出路 [J]. 农村经济, 2015（1）: 13–18.
⑮ 欧阳安蛟, 蔡锋铭, 陈立定. 农村宅基地退出机制建立探讨 [J]. 中国土地科学, 2009, 23（10）: 26–30.

（3）探讨盘活利用的实现路径。大多认为要按照"三权分置"思路，放开、搞活宅基地和农民房屋使用权[1][2][3]，包括搭建城乡统一的土地市场交易平台、增加市场交易半径、设置可长可短的交易期限[4]。朱丽丽的博士学位论文是目前所能见到的第一篇专门研究如何盘活利用闲置宅基地的文献[5]。另外，张勇等[6]全面回顾了闲置宅基地盘活利用方面的研究进展。

1.2.2　研究目标

1. 对研究现状的简短评述

综上可知，已有研究已经触及宅基地制度改革的各个方面，取得相当丰富的研究成果，但对试点改革模式的研究尚有很大改进空间：（1）在研究方法上，已有研究对不同地区改革模式进行比较时，要么地区个案较少，要么基于的是间接经验（二手资料）或纯理论分析。（2）在研究内容上，已有研究虽然发现不同地区采取了不同的改革模式，但对改革模式的形成原因、主要类型、运行机制及其绩效、局限性及其优化等方面，尚缺乏全面系统的深入研究。（3）在追踪政策变化上，已有研究尚没有在宅基地"三权分置"框架下，将"两探索、两完善"的原定改革内容与新近所定的"闲置宅基地的盘活利用"等有机结合起来。

2. 研究目标

本书基于新经济社会学的一个理论分支——"制度嵌入"理论，构建一个贯穿研究始终的分析框架。在分析框架的指引下，尽可能深入更多的试点地区进行实地调研。基于调研一手数据，全方位探索第一轮宅基地制度试点改革的历史起点和嵌入性改革模式的形成原因、主要类型、运行机制及其绩效、局限性及其优化等内容，借此提炼试点改革核心经验，为新一轮试点改革乃至未来的全面改革提供理论依据和经验参照。这即是本书的总研究目标，可进一步分解为如下六个子研究目标：

子目标一：历史起点。对新中国成立以来的宅基地制度进行文本分析，探明本

①　魏后凯. "十四五"时期中国农村发展若干重大问题 [J]. 中国农村经济, 2020 (1)：2 – 16.
②　郑风田. 让宅基地"三权分置"改革成为乡村振兴新抓手 [J]. 人民论坛, 2018 (10)：75 – 77.
③　叶兴庆. 有序扩大农村宅基地产权结构的开放性 [J]. 农业经济问题, 2019 (4)：4 – 10.
④　韩立达, 王艳西. 农村宅基地"三权分置"：内在要求、权利性质与实现形式 [J]. 农业经济问题 2018 (7)：36 – 45.
⑤　朱丽丽. 农村宅基地渐进式盘活路径研究 [D]. 中国科学技术大学, 2020.
⑥　张勇, 周丽, 贾伟. 农村宅基地盘活利用研究进展与展望 [J]. 中国农业大学学报, 2020 (5)：129 – 141.

轮宅基地制度改革面临的历史起点。

子目标二：模型识别。在所构建的分析框架指引下，运用调查研究方法收集相关数据，对试点地区所推行的宅基地制度改革模式予以识别和分类比较。

子目标三：运行机制。在分析框架指引下，运用多案例比较方法，探明不同改革模式所共同具有的运行机制特征。

子目标四：模式绩效。通过实证方法，分析"制度嵌入"诸因素对改革绩效的影响情况，借此对该类改革模式的绩效进行评价。

子目标五：模式局限。在制度嵌入视角下，深入分析该种改革模式自身固有的局限性。

子目标六：模式优化。针对模式固有的局限性，进一步探明其优化策略，并阐述其政策含义。

1.3　调查过程

1.3.1　全国性调研

1. 调研过程

为保证本书研究建立在扎实的实地调研基础之上，笔者从最早承担宅基地专项试点改革任务的 15 个县（市、区）中选择了 13 个试点县（市、区）作为实地调研地区。2018 年 12 月初至 2019 年 2 月中旬，笔者带领一位研究助手①采取自驾车走村入户的方式，先后对湖北宜城、陕西高陵、宁夏平罗、青海湟源、四川泸县、云南大理、湖南浏阳、安徽金寨、天津蓟州、江苏武进、浙江义乌、福建晋江 12 个第一批试点县（市、区）进行了实地调研。由于新疆伊宁和西藏曲水两地地处边疆，而我们自驾车调研的时间为冬季，因担心两地高寒结冰路滑，加上语言不通，只好放弃。2020 年 8 月 30 日至 9 月 1 日，我们补充了对江西余江的实地调研。整个实地调研过程历时两个余月，行程共计两万余千米，一共对上述 13 个试点县（市、区）中的 50 余个试点村进行了实地调研。之后，还组织人员对湖南浏阳的

---

① 该助手是笔者的夫人，副教授，民俗学硕士。她在研究生学习期间接受过人类学调查方面的专门训练，擅长农村田野调查。在两个多月的田野调查过程中，她一共撰写了十余万字的田野笔记，为本书研究奠定了扎实的数据基础。

田溪村和上洪村，陕西高陵的张南联村、四川泸县的谭坝村四个特色村庄组织了专项调研。全国性调研路线及时间如表1-1所示。

表1-1   全国性调研的路线及时间

时间	调研线路
2018年12月5日~ 2019年1月5日	调研路线一：出发城市→湖北宜城→陕西高陵→宁夏平罗→青海湟源→四川泸州→云南大理→湖南浏阳→出发城市
2019年1月19日~ 2019年2月1日	调研路线二：出发城市→安徽金寨→天津蓟州→江苏武进→浙江义乌→出发城市
2019年2月11日~ 2019年2月14日	调研路线三：出发城市→福建晋江
2020年8月30日~ 2020年9月1日	调研路线四：出发城市→江西余江

2. 所获数据

（1）撰写了十余万字的田野调查笔记（含对相关人士的访谈记录）。（2）收集了13个试点县（市、区）有关宅改的官方文件汇编及典型案例资料库。（3）其他，包括宣传手册、现场照片若干等。（4）调查问卷共计730份，包括后面到江西余江、四川泸县调研增补的问卷。

1.3.2　重点地区调研

江西余江的改革启动早，走在全国前列，在全国的影响非常大，是本书需要重点调研的地区。自2015年初试点改革启动至今，笔者及研究团队密切关注江西余江的改革进程，为完成五个研究任务而对该地区的改革先后进行了五轮直接或间接的调研工作。2020年8月30日至9月1日，笔者还自驾车带领调研助手，再赴江西余江进行实地调研，目的是回访宅改完成之后当地出现的新情况、新问题。针对江西余江的调研情况及数据详见表1-2。

表1-2　江西余江的重点调研情况

轮次	调研任务	调研时间	调研方式	所获数据	成果名称
第1轮	指导名下研究生撰写学位论文	2015年8月，2016年4月，2016年8月	观察、访谈、问卷	制度文本；325份问卷（作者亲自收集的730份问卷不包括这些）；14例访谈记录	《基于SSP范式的农村宅基地制度改革绩效研究——以江西省余江县（试点县）为例》
第2轮	指导大学生参加第15届"挑战杯"竞赛	2017年1月（因为本县学生利用寒假调研，日期未精确记录）	观察、访谈、问卷	制度文本；320份问卷，有效回收306份（作者亲自收集的730份问卷不包括这些）；9例访谈记录	《村民理事会"理"顺农村宅基地改革路——江西省余江县探索大发达地区宅改经验的调查报告》获某省赛一等奖，全国三等奖。本书作者为第一指导教师
第3轮	协助民进中央余江调查组进行调研	2017年8月27~31日	实地观察、座谈会、访谈	制度文本、访谈记录	合作撰写的研究报告《提升宅改红利，推进乡村振兴——余江县农村宅基地制度改革试点思考及推广建议》，获某省省长及其他领导同志的肯定性批示
第4轮	向余江"三项试点改革"赠书并回访	2018年5月11~12日	访谈	制度文本、最新改革数据	所赠书为《制度嵌入人的逻辑：农村宅基地制度改革试点的"余江模式"解析》。该书系本书作者利用前三次直接和间接调研的数据完成的
第5轮	指导名下研究生撰写学位论文	2019年1月15~20日	结构式访谈和问卷调查	制度文本；问卷212份（作者亲自收集的730份问卷不包括这些）	《宅基地"三权分置"背景下农民住房财产权抵押融资功能实现的制度障碍及对策研究——基于江西余江（试点）调查》
全国性调研之一	重点回访	2020年8月30日~9月1日	实地观察、访谈	调研日志、现场照片	一

1.3.3 特色村落专项调研

在本书研究期间，笔者组织发起并以第一指导教师身份指导三个学生团队，对试点地区一些有改革特色的试点村庄进行专项调研，撰写调研报告参加"挑战杯"全国大学生课外学术科技作品竞赛。这种方式可以有效地利用国家社科基金提供的研究平台，实现科研与育人的双重目标。调研情况及研究成果详见表1-3。

表1-3　　　　　　　　　　特色村落的专项调研情况

组别	调研任务	调研时间	调研对象	调研方式	所获数据	成果获奖
第1组	《农房共享、融通城乡：农村闲置房屋盘活利用的可行模式探索——基于陕西高陵、湖南浏阳两地三案例的调查研究》	2019年2月11~13日	陕西高陵张南联村	实地观察、访谈	制度文本、访谈记录	第16届"挑战杯"大学生课外学术作品竞赛全国一等奖
		2019年2月23~24日	陕西高陵张南联村	电话访谈（成交农户）	访谈记录	
		2019年5月28~30日	湖南浏阳田溪村、上洪村	实地观察、访谈	访谈记录	
第2组	《"嵌套式"制度改革铺就乡村振兴路——四川泸县谭坝村三年脱贫振兴的经验及启示》	2019年1月20~25日	四川泸县谭坝村与相邻村	实地观察、访谈、问卷	问卷168份、访谈记录10例	第16届"挑战杯"大学生课外学术竞赛某省赛区三等奖
第3组	《乡村振兴灵活多样供地方式探索——全国东中西部六省六类典型案例的调查报告》	2020年9月~2021年4月	江西婺源"旅游整村搬迁"模式、浙江义乌"乡村有机更新模式"、山东平原"合村并居"模式、陕西高陵"城乡要素融合"模式、湖南浏阳"旅游民宿"模式和四川泸县"整村原址发展"模式	实地观察、访谈、问卷	717份问卷数据，42人次访谈记录，22份田野日志，600余张现场图片和若干制度文本	第17届"挑战杯"大学生课外学术作品竞赛江西赛区一等奖，正参加全国竞赛

上述数据因时间不同，类型也不一样，如果在此处对它们进行描述或详细介绍，会产生极大的混乱感，为此，下文在使用数据的时候再对其进行详细介绍。

1.4 基本思路与研究方法

1.4.1 基本思路

本书遵循"提出问题→分析问题→解决问题"的一般研究思路，在历史分析基础上，遵循归纳与演绎相结合的逻辑，按"模式形成→模式识别→模式类型→模式运行→模式绩效→模式局限→模式优化"的技术路线，构建研究基本思路，直观如图1-1所示。

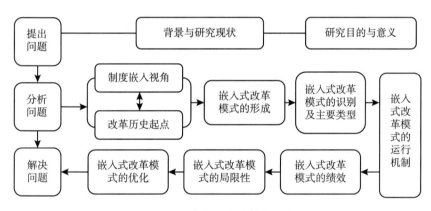

图1-1　本书研究的基本思路

1.4.2 研究方法

1. 比较研究法

比较法是本书最主要的研究方法，将贯穿本书研究始终。（1）现实案例与理论模式的比较（匹配）。按照研究逻辑，一般会先在理论上分析出主要的改革模式类型，然后将现实案例与之匹配，借此识别出典型改革模式。（2）不同类型模式之间的比较，目的是通过比较探明不同类型改革模式在构件上是否一致，在运行机制上是否一致。（3）同一模式内的案例比较，目的是充分发挥案例研究法的理论建构优势，探索典型改革模式的固有局限性。（4）对影响因素的实证比较，目的是通过比较，了解不同的嵌入因素对改革绩效的影响情况。（5）历史与现实的比较，即将历史难题（困局）作为参照点，分析典型改革模式在解决历史遗留问题的针对性和有效性。

2. 调查研究法

凡涉及乡村非正式规范的内容分析，凡要了解干部群众对政策的认知、态度等，均采用调查研究方法。包括非结构式访谈、结构式问卷调查和统计分析、实地观察等具体方法。调查对象有试点地区的相关干部、自然村内的村民理事会成员，以及农户户主等利益相关者。

3. 质性分析法

凡涉及政策、法律、法规等质性数据，均借助 NVivo 质性分析软件，根据研究目标，要么采用主流文本分析中的主题分析、评估分析和类型建构分析方法，要么采用扎根分析以建构一个解释性理论。

4. 博弈分析法

任何制度变革都是利益的调整和博弈过程，因此，在分析试点地区宅基地制度改革模式的运行机制时，将构建动态博弈模型，描述各利益相关者之间的博弈行为及其博弈均衡。

1.5 研究创新

（1）在数据占有上，本书研究人员实地考察了第一轮承担宅改专项任务的13个试点县（市、区）中的50余个试点村庄，还对湖南浏阳、陕西高陵、四川泸县、浙江义乌、江西婺源等地的若干个特色村庄进行了专项调研。本书立项前后，还对江西余江进行了多达5轮的重点调研。由此，本书收集到相当丰富的一手质性数据和量化数据，可供同行学者参考。

（2）在研究方法（论）上：①宏观分析框架，本书借鉴新经济社会学的制度嵌入理论，引入"嵌入"变量刻画中央和县级制度向村庄社会的嵌入性特征，由此将主流的制度绩效影响机理模型（SSP）修正为 SSEP 分析框架，并贯穿本书研究始终。②中观研究方式，坚持了"四个结合"的研究逻辑，即历史分析与现实研究相结合、理论分析与实证研究相结合、质性研究与量化分析相结合及多种比较方法相结合。其中，特别重视将多种比较方法结合在一起，有现实案例与理论模式的匹配比较，有不同类型模式之间的比较，有同一模式内部的案例比较，有不同嵌入性影响因素的比较，还有历史与现实的匹配性比较。③具体分析技术，根据不同内容选择适当的质性方法（制度文本分析和多案例比较）或量化方法（问卷调查及统计分析）或两种方法组合（第8章），注意对不同性质和来源的数据进行交叉验证。总之，在方法（论）上的创新主要体现在，运用所构建的 SSEP 框架分析和解释了我国首轮宅改模式的运行机制，证明了该分析框架的有效性和可靠性，可供同行学者分析宅改模式或其他制度变革模式时借鉴和使用。

（3）在学术观点上，本书总结提炼了第一轮宅改试点核心经验，指出我国农村发展的不平衡性决定了必须以"制度嵌入"方式推进宅基地改革，这种改革模式具有合理性、多样性和可行性，但也受制于嵌入性自身所具有的悖论效应而难以发展成为自我实施机制。需要正确定位宅基地"三权"关系，提升改革内容和实施方式对目标行为的激励能力，以有效优化这种嵌入式改革模式。

第 2 章

文献回顾与理论框架

　　本章的研究目的，是通过回顾与本书研究相关的研究文献和理论文献，构建一个贯彻始终并指导研究的分析框架。但是，面对浩如烟海的文献，需要基于文献树的结构性思路，从"树根"（宅基地）概念切入，逐步梳理与之相关的"主干""次干"等概念或命题，才能最后寻找到本书研究的理论支撑，构建分析框架。为此，本章分析思路如下：宅基地→宅基地制度→宅基地制度问题（制度失灵）→宅基地制度变革和应对→制度变革的主流理论→制度嵌入理论→理论支撑→分析框架。该分析路程可分为三个阶段：一是从"宅基地到宅基地制度变革"部分，属于学术史回顾；二是从"制度变革的主流理论到制度变革的制度嵌入理论"，属于相关理论回顾；三是从"理论支撑到分析框架"，属于分析框架构建。

2.1　学术史回顾*

2.1.1　宅基地的概念及制度特征

　　在中国民间，房屋和地基是不能分离的。通常所说的房屋、"宅"、"宅子"包含了地上的建筑物和宅基地。如果进行房屋交易，一般是地随房走或房随地挪①。1962 年《农村人民公社工作条例（修正草案）》规定，社员的宅基地归生产队所有，一律不准出租和买卖。"宅基地"一词第一次出现，由此开创了宅基地与其上

---

　　* 本节主要内容及前述 1.2.1 节内容，以阶段性成果《改革开放四十年中国农村宅基地制度改革的学术史回顾与展望》，发表于《金融教育研究》2018 年第 6 期。

　　① 陈小君，蒋省三. 宅基地使用权制度：规范解析、实践挑战及其立法回应［J］. 管理世界，2010（10）：1 – 12.

房屋相分离的制度安排①。自此，"宅基地"概念日渐清晰，一般是指农村集体经济组织为满足本集体经济组织成员的生活需要和从事家庭副业生产的需要，而分配给其家庭使用的住宅用地及附属用地②，包括住房、厨房、厕所、禽畜舍等辅助用房以及庭院、天井等用地。宅基地和依附于其上的房屋是农民安居乐业的基本物质保障，同时又是农民手中最重要的实物资产③。对农户而言，宅基地是家庭重要资产；对国家而言，宅基地是重要资源。因此，宅基地（使用权）兼有居住保障与资产资本的双重功能④。

1963 年中共中央出台《中共中央关于各地对社员宅基地问题作一些补充规定的通知》，详细规定了宅基地制度的五点核心内容："集体所有 + 农户使用 + 无偿取得 + 限制流转 + 面积管制"。赵树枫高度概括为"一宅两制、房地分离、无偿取得、长期使用"⑤，基本抓住了中国农村宅基地制度的核心要素。

自此，在中国经济社会制度整体变革进程当中，宅基地制度围绕"集体所有 + 农户使用 + 无偿取得 + 限制流转 + 面积管制"等核心内容在操作层面不断予以完善和推进，逐步发展为农民集体所有制下的"一户一宅"使用制度，后期则在人多地少的地区提倡实行"户有所居"的居住保障制度。其他方面则几乎没有进展，在各项土地制度改革中成为改革最为落后⑥、利益争议最大的一项土地制度安排⑦。

2.1.2 改革开放以来的研究历程

1. 分析改革开放初期的建房乱象及有偿使用改革

在集体化和改革开放初期，宅基地的无偿使用制度基本得到了有效贯彻，土地资源尚处于节约利用状态。但是，随着改革开放纵深推进，农民收入持续增加导致

---

① 刘守英. 农村宅基地制度的特殊性与出路 [J]. 国家行政学院学报, 2015 (3): 18 – 24, 43.
② 刁其怀. 宅基地退出概念辨析 [J]. 中国土地, 2017 (3): 32.
③ 徐忠国, 卓跃飞, 吴次芳, 李冠. 农村宅基地问题研究综述 [J]. 农业经济问题, 2019 (4): 28 – 39.
④ 胡振红, 叶桦. 农村宅基地转让制度改革目标及总体方案研究 [J]. 贵州社会科学, 2018 (4): 147 – 156.
⑤ 赵树枫. 改革农村宅基地制度的理由与思路 [J]. 理论前沿, 2009 (12): 10 – 12, 15.
⑥ 刘守英. 城乡中国的土地问题 [J]. 北京大学学报 (哲学社会科学版), 2018 (3): 79 – 93.
⑦ 胡新艳, 罗明忠, 张彤. 权能拓展、交易赋权与适度管制——中国农村宅基地制度的回顾与展望 [J]. 农业经济问题, 2019 (6): 73 – 81.

建房需求递增，宅基地的无偿分配和无偿使用制度很快就催生出一波又一波的乱占滥用土地建房现象。为此，1990 年 1 月，国务院批转国家土地管理局《关于加强农村宅基地管理工作的请示》，提出进行农村宅基地有偿使用试点改革，探索逐步建立和完善土地使用费管理制度，由此推动了改革开放之后农村宅基地制度的首轮改革。

在学术发展史上，荣昌旭等①首次分析了农民"建房热"的致因及其解决路径，认为长期实行的宅基地无偿使用制度……成为农村"建房热"不断升温的症结，变无偿使用为长期有偿占有是解决上述问题的关键。马良平②则指出，中办发 [1982] 39 号文中的"用经济手段鼓励建房少用耕地，国家对私人宅基地和单位建筑用地按（土地）不同等级征收使用税"的规定即为实行宅基地有偿使用的法律依据。郑润梅③、林文怡④讨论了农村宅基地有偿使用的运行机制问题。其他文献则侧重于总结提炼有偿使用制度试点地区的经验。如周志湘⑤从必要性、原则、做法和效果四个方面总结提炼了山东省的试点经验。李忠孝等⑥系统探讨了农村宅基地有偿使用制度的合理性及收费标准，以及其在吉林省推广应用的情况。

总之，这一阶段的学术观点共识度极高，多认为无偿无期限占用制度是村民滥占、多占地基建房的制度性根源，解决之策就是对超占部分实行有偿使用制度，至于如何推行也是共识大于分歧。

2. 探讨有偿使用改革取消后对宅基地的管理和整治措施

有偿使用制度试点改革实践表明，它对滥占耕地建房现象确有一定的扼制作用，但同时也加剧了农民的负担，一定程度上引发了农村社会矛盾。为此，1993 年 6 月 20 日，国务院为减轻农民负担，宣布取消农村宅基地有偿使用费、宅基地超占费和土地登记费。

自此，学界不再继续探讨宅基地有偿使用制度的改革问题，转而研究"三项费用"取消后的宅基地管理、整治及如何处罚非法占地建房行为等问题，主要取

---

① 荣昌旭，武友林，杨允亮. 农村宅基地应长期有偿占用 [J]. 经济问题探索，1989 (12)：39 - 40.

② 马良平. 浅谈农村宅基地的有偿使用 [C]//中国土地学会. 中国土地问题研究——中国土地学会第三次会员代表大会暨庆祝学会成立十周年学术讨论会论文集. 中国土地学会，1990：2.

③ 郑润梅. 论农村宅基地有偿使用的运行机制 [J]. 山西农业大学学报，1992 (4)：333 - 335，373.

④ 林文怡. 完善农村宅基地有偿使用政策系列的思考 [C]//中国土地学会. 中国土地学会首届青年学术年会论文集. 中国土地学会，1992：7.

⑤ 周志湘. 山东省农村宅基地使用制度改革初探 [J]. 中国土地科学，1991，5 (3)：10 - 16，22.

⑥ 李忠孝，赵宏松，李成员. 农村宅基地有偿使用与收费标准的研究 [J]. 吉林农业大学学报，1993 (4)：94 - 98.

得下列研究成果。（1）总结各地加强宅基地管理的典型经验。如高诚①认为山东省邹平县的经验是加强土地管理队伍的建设及严把土地审批关等。傅世武②分析了晋江市实行的宅基地"两图一表"（现状图、规划图和"十年早知道一览表"）管理模式及其良好效果。许光辉③研究了河北省曲周县"宅田挂钩"这一管理新模式的有效实行情况。（2）探索针对宅基地粗放利用的整理、整治或清理之策。高彦伟④指出了宅基地整理工作的四个目标，分别是通过"空心村"治理，充分利用闲置土地，切实保护耕地；实施村庄规划，改善村容村貌；调处宅地纠纷，促进农村稳定；在全体村民中树立起"一户一宅""集体所有"等新观念。其他文献则从不同角度探讨相关整治策略，包括村庄规划、转变用地观念、引进市场竞争机制⑤；保证资金到位、利益兼顾、部门协调及遵循市场规范⑥⑦；建立农民自愿动迁和自我负担的市场推拉机制⑧；等等。（3）探讨对非法占地建房行为的处罚问题⑨⑩等。

总之，这一阶段的研究多为政策探讨，理论深度不够，表明自中央取消"三项费用"后，理论界对宅基地制度改革方面的研究热情跌入低谷。

3. 在《中华人民共和国物权法》框架下探讨宅基地使用权的物权实现机制

2005 年 7 月 8 日，全国人大常委会办公厅发布《关于公布〈物权法（草案）〉征求意见的通知》专门规定了"宅基地使用权"，表明要将宅基地使用权纳入物权保护范畴。自此，学界以公开讨论《中华人民共和国物权法（草案）》（以下简称《物权法（草案）》）为契机，集中探讨了宅基地使用权的初始取得制度、"一户一宅"制度、物权实现制度等若干重大问题，以奋起的姿态带领宅基地制度改革研究走出低谷。

---

① 高诚. 取消"三项收费"后我们是怎样管理宅基地的 [J]. 中国土地, 1994 (12): 30.
② 傅世武. 规范农村宅基地管理的一种好形式 [J]. 经济工作导刊, 1997 (11): 36.
③ 许光辉. 宅基地管理新模式：宅田挂钩 [J]. 河南国土资源, 2002 (7): 12-13.
④ 高彦伟. 关于宅基地管理中存在的问题及对策的探讨 [C]//中国测绘学会. 全面建设小康社会：中国科技工笔者的历史责任——中国科协2003年学术年会论文集（下）. 中国测绘学会, 2003: 1.
⑤ 徐日辉, 倪才英, 曾珩. 浅析农村宅基地整理 [J]. 中国土地科学, 2001 (5): 39-42.
⑥ 胡新民. 农村宅基地整理纵横谈——来自金华市的实践与思考 [J]. 中国土地, 2002 (10): 38-39.
⑦ 沈华祥, 陈先彰, 范建平, 董国平. 创建良性运行机制——浙江省嵊州市农村宅基地整治经验谈 [J]. 中国土地, 2002 (12): 33-34.
⑧ 顾海英. 上海市城镇化过程中引入市场机制促进农村宅基地整理——兼论现行农村宅基地运行机制的不足 [C]//浙江省土地学会、宁波市土地学会、浙江省土地整理中心. "土地整理与城市化"研究文集. 2003: 12.
⑨ 臧晋运. 农村宅基地使用费取消后对非法占地建住宅的处罚措施 [J]. 中国土地, 1994 (1): 36.
⑩ 石长厚. 昔日宅地超占费——坚持取消；今日宅基地超占者——依法查处 [J]. 中国土地, 1994 (5): 43.

（1）探索如何完善宅基地的初始取得制度。这方面有更多的学者指出，现行宅基地初始取得制度中的行政审批色彩太过严重，忽视了"农民集体"这一所有权人的角色和作用，主张今后的改革应在私法范畴内强化他物权取得原理①。持类似观点的还有唐俐②、施适③、谭（Jun Tan）④ 等。也有学者强调公权力介入的重要性，既因为要强化土地用途管制以保护土地资源⑤，也因为要防止宅基地过分扩张而损害社会公共利益⑥。

（2）反思"一户一宅"制度缺陷及其克服路径。本问题的讨论一直延续至今，且共识性很强，多认为当前立法对"户"的界定比较模糊，难以防范一户多宅、一户大宅及与之相伴随的空心村现象。今后应从继承、建房期限、使用权取得方式及落实有偿使用等方面着手完善相关法律制度。代表性文献有周洪亮等⑦、潘瑞泉⑧、杨等（Yang Xin - yue et al.）⑨、张德龙⑩、申惠文⑪，等等。

（3）积极探索宅基地使用权物权化的实现机制。首先，激评《物权法（草案）》中有关宅基地使用权流转的限制性规定。①赞成使用权流转的学者占绝大多数。有的基于物权平等保护原则主张宅基地使用权流转⑫；有的从市场效率原则出发，认为《物权法（草案）》对农村房屋和宅基地使用权自由流转的限制过分强调了其社会保障性⑬，不如遵从自由市场更富效率⑭；还有的从城乡一体化发展视角

---

① 高圣平，刘守英. 宅基地使用权初始取得制度研究［J］. 中国土地科学，2007（2）：31 - 37.

② 唐俐. 社会转型背景下宅基地使用权初始取得制度的完善［J］. 海南大学学报（人文社会科学版），2009，27（6）：635 - 640.

③ 施适. 论宅基地使用权初始取得制度的缺陷及其完善［J］. 甘肃政法学院学报，2015（3）：125 - 132.

④ Jun TAN. A Probe into Reform of Rural Homestead Acquisition System［J］. Asian Agricultural Research，2013（10），pp. 47 - 50.

⑤ 喻文莉. 论宅基地使用权初始取得的主体和基本方式［J］. 河北法学，2011（8）：130 - 137.

⑥ 田建强. 论农村宅基地使用权的取得方式——以构建和谐农村为视角［J］. 中国国土资源经济，2009，22（8）：22 - 24，47.

⑦ 周洪亮，陈晓筠. 从"一户一宅"的视角探讨农村宅基地使用权取得［J］. 中国农业大学学报（社会科学版），2007（1）：98 - 105.

⑧ 潘瑞泉. "一户一宅"法律制度的困境与出路［D］. 西南政法大学，2011.

⑨ Yang Xin - yue，Wei Chao - fu，Liu Yong，et al. Rural housing land consolidation in the hilly area of Chongqing：A rural household perspective［J］. Sensor letters，2012，Vol. 10，No. 1 - 2，pp. 529 - 599.

⑩ 张德龙. 关于农村宅基地使用权"一户一宅"的反思［J］. 山西农业大学学报（社会科学版），2014，13（3）：231 - 235.

⑪ 申惠文. 农村村民一户一宅的法律困境［J］. 理论月刊，2015（8）：101 - 106.

⑫ 靳相木. 对《物权法（草案）》宅基地使用权条款的修改建议［J］. 山东农业大学学报（社会科学版），2005（3）：89 - 90.

⑬ 付坚强，陈利根. 我国农村宅基地使用权制度论略——现行立法的缺陷及其克服［J］. 江淮论坛，2008（1）：97 - 101.

⑭ 徐祖林，左平良. 自由市场及对自由市场限制的法哲学分析——从农村房屋及宅基地使用权流转问题说起［J］. 湖南社会科学，2006（5）：79 - 82.

提出赞成的主张①。②反对和折中的观点相对较少。如陈柏峰②从宅基地社会保障属性的角度提出反对意见；孟勤国③则从宅基地分配原则是物权法立法本义的角度提出反对意见。折中的观点则认为，完全放开和完全禁止都存在较大的弊端④⑤。其次，承接上述争论，一些学者在肯定宅基地流转的基础上积极探索相应的产权改革，富有启发意义的改革主张主要有两类：一是在所有权和使用权之外再设置一个土地租赁权，解决"地随房走"后给宅基地使用权带来的不稳定问题⑥。二是在城乡一体化思维下构建城乡统一的建设用地市场，以此突破现行法律制度对宅基地流转的种种限制⑦，或探索农村宅基地使用权向城镇居民转让的最低价保护制度⑧。

4. 在市场取向改革加速背景下探索宅基地的流转问题

2008 年 10 月，中共十七届三中全会《中共中央关于推进农村改革发展若干重大问题的决定》中要求，逐步建立城乡统一的建设用地市场，……在符合规划的前提下与国有土地享有平等权益。2013 年 11 月，中共十八届三中全会《中共中央关于全面深化改革若干重大问题的决定》提出，要使市场在资源配置中起决定性作用；建立城乡统一的建设用地市场；赋予农民更多财产权利等。在这种市场化取向改革日益加速的背景下，学界更加全面深入地探讨宅基地流转、抵押、退出等重大问题，将宅基地制度改革研究推向学术繁荣阶段。

（1）围绕市场应否在宅基地资源配置中起决定性作用出现了更加激烈的观点交锋。陈锡文⑨指出，市场配置资源的机制只能在依规划而分类的土地市场中才能起决定性作用，农地和建设用地不能混淆，各类建设用地也不能混淆，也不能错误地认为中共十八届三中全会决定中提出的"赋予农民更多财产权利"就是允许自

① 冯文嘉. 对宅基地市场化的设想 [J]. 当代经济管理, 2009, 31（4）: 42 - 45.
② 陈柏峰. 农村宅基地限制交易的正当性 [J]. 中国土地科学, 2007（4）: 44 - 48.
③ 孟勤国. 物权法开禁农村宅基地交易之辩 [J]. 法学评论, 2005（4）: 25 - 30.
④ 朱岩. "宅基地使用权" 评释——评《物权法（草案）》第十三章 [J]. 中外法学, 2006（1）: 86 - 91.
⑤ 汪军民. 宅基地使用权的立法问题探讨 [J]. 湖北大学学报（哲学社会科学版）, 2006（5）: 595 - 598.
⑥ 韩世远. 宅基地的立法问题——兼析物权法草案第十三章 "宅基地使用权"[J]. 政治与法律, 2005（5）: 30 - 35.
⑦ 赖德华. 宅基地流转不宜受限制 [J]. 中国土地, 2005（11）: 33 - 34.
⑧ 王崇敏, 孙静. 农村宅基地使用权流转析论 [J]. 海南大学学报（人文社会科学版）, 2006（2）: 242 - 247.
⑨ 陈锡文. 深化经济体制改革推动市场配置资源作用——学习贯彻十八届三中全会精神笔谈 [J]. 经济研究, 2014, 49（1）: 4.

由买卖农民承包的耕地和使用的宅基地。蔡继明、王成伟（2014）① 则认为，国家土地利用规划的制定与土地用途管制的实施，也必须建立在市场对土地资源配置起决定性作用的基础之上，充分尊重土地市场的规律，依据由土地市场形成的反映土地资源稀缺性及其机会成本的土地价格。农民集体宅基地的使用权同样是农民住房财产权的组成部分，应允许农村集体宅基地使用权转让、出租、抵押和担保。

（2）进一步论证宅基地使用权抵押融资的必要性和可行性。多数学者认为，农民房屋可以抵押与宅基地使用权禁止抵押之间存在矛盾，随着宅基地社会保障功能的弱化，其使用权应当随同房屋一起抵押融资。在 2015 年 8 月国务院印发《关于开展农村承包土地的经营权和农民住房财产权抵押贷款试点的指导意见》之后，这种共识更为明显。代表性文献有陈雨菡②、朱宝丽③、刘乾等④、胡建⑤，等等。

（3）全面探索农村闲置宅基地的置换及退出问题。针对日益严重的宅基地闲置及空心村、空心户现象，学界主要集中探讨了下列三大问题：①探讨闲置宅基地的置换及退出模式，提出了多种改革思路。蔡国立、徐小峰⑥系统介绍了宅基地退出的上海模式、嘉兴的"两分两换"模式、天津宅基地换房模式、江苏宅基地储备模式、重庆"地票"交易模式等。同类的代表性研究还有张秀智等⑦、张占录等⑧、卢艳霞等⑨、徐保根等⑩。②实证调查农民退出闲置宅基地的意愿及其影响因素。多认为农户退出空闲宅基地的意愿较低，且受到农民职业分化、经济收入、外出形式、离乡时间、资产价值观念等因素的影响。代表性文献有 Hongxia

① 蔡继明，王成伟. 市场在土地资源配置中同样要起决定性作用 [J]. 经济纵横，2014（7）：23 - 27.

② 陈雨菡. 关于宅基地抵押的法律问题研究 [J]. 法制与社会，2010（2）：89 - 90.

③ 朱宝丽. 农村宅基地抵押的法律约束、实践与路径选择 [J]. 生态经济，2011（11）：34 - 37.

④ 刘乾，杨俊孝. 法律视角下的农村宅基地使用权抵押研究 [J]. 湖南农业科学，2012（12）：38 - 40，43.

⑤ 胡建. 农村宅基地使用权抵押的立法嬗变与制度重构 [J]. 南京农业大学学报（社会科学版），2015，15（3）：93 - 100，125.

⑥ 蔡国立，徐小峰. 地方宅基地退出与补偿典型模式梳理与评价 [J]. 国土资源情报，2012（7）：37 - 41.

⑦ 张秀智，丁锐. 经济欠发达与偏远农村地区宅基地退出机制分析：案例研究 [J]. 中国农村观察，2009（6）：23 - 30，94 - 95.

⑧ 张占录，张远索. 基于现状调查的城市郊区农村居民点整理模式 [J]. 地理研究，2010，29（5）：891 - 898.

⑨ 卢艳霞，胡银根，林继红，等. 浙江农民宅基地退出模式调研与思考 [J]. 中国土地科学，2011，25（1）：3 - 7.

⑩ 徐保根，杨雪锋，陈佳骊. 浙江嘉兴市"两分两换"农村土地整治模式探讨 [J]. 中国土地科学，2011，25（1）：37 - 42.

Chen 等[1]、陈霄[2]、彭长生等[3]、张正峰等[4]、李瑞琴[5]、杨玉珍[6]，等等。③探讨闲置宅基地退出的补偿机制。此类文献普遍赞同凡自愿退出的都应获得一定的补偿，但对补偿标准及其测算办法则有不同的路径和方法。如许恒周[7]运用 CVM 法和 Tobit 计量模型，测算了山东省临清市农户退出宅基地的平均受偿意愿价格及其影响因素。胡银根等[8]依据宅基地对农民的功能效用对其价值进行了定量测算。其他代表性文献还有彭长生[9]、陈丽娜和尹奇[10]等。

2.1.3 试点改革以来的研究动态

2015 年 2 月，全国人大常委会审议通过的《全国人民代表大会常务委员会关于授权国务院在北京市大兴区等三十三个试点县（市、区）行政区域暂时调整实施有关法律规定的决定（草案）》，选取了 15 个县（市、区）作为农村宅基地制度改革试点地区，标志着农村宅基地制度改革正式进入试点阶段。

与此相一致，相关的学术研究进入一个专注于农村宅基地制度试点改革的新阶段，并取得相当丰富的研究成果。（1）紧随试点改革步伐，对部分试点地区改革实况及其经验展开追踪调研。（2）激烈辩论本轮试点改革应否允许宅基地使用权的市场化流转。（3）深入探索有利于促进进城落户农民有偿退出宅基地的体制和机制。（4）重启宅基地有偿使用制度方面的研究。（5）全面开启宅基地"三权分

---

① Hongxia Chen, Luming Zhao, Zhenyu Zhao. Influencing factors of farmers' willingness to withdraw from rural homesteads: A survey in zhejiang, China [J]. Land Use Policy, 2017, Vol. 68, No. 11, pp. 524 – 530.

② 陈霄. 农民宅基地退出意愿的影响因素——基于重庆市"两翼"地区 1012 户农户的实证分析 [J]. 中国农村观察, 2012 (3): 26 – 36, 96.

③ 彭长生, 范子英. 农户宅基地退出意愿及其影响因素分析——基于安徽省 6 县 1413 个农户调查的实证研究 [J]. 经济社会体制比较, 2012 (2): 154 – 162.

④ 张正峰, 吴沅箐, 杨红. 两类农村居民点整治模式下农户整治意愿影响因素比较研究 [J]. 中国土地科学, 2013, 27 (9): 85 – 91.

⑤ 李瑞琴. 农村宅基地退出的农户响应研究——基于四川省成都市 12 村 486 个样本农户的分析 [J]. 农业技术经济, 2014 (4): 43 – 52.

⑥ 杨玉珍. 农户闲置宅基地退出的影响因素及政策衔接——行为经济学视角 [J]. 经济地理, 2015, 35 (7): 140 – 147.

⑦ 许恒周. 基于农户受偿意愿的宅基地退出补偿及影响因素分析——以山东省临清市为例 [J]. 中国土地科学, 2012, 26 (10): 75 – 81.

⑧ 胡银根, 张曼, 魏西云, 等. 农村宅基地退出的补偿测算——以商丘市农村地区为例 [J]. 中国土地科学, 2013, 27 (3): 29 – 35.

⑨ 彭长生. 农民分化对农村宅基地退出补偿模式选择的影响分析——基于安徽省的农户调查数据 [J]. 经济社会体制比较, 2013 (6): 133 – 146.

⑩ 陈丽娜, 尹奇. 宅基地退出: 兼顾效率与公平的补偿标准 [J]. 中国人口·资源与环境, 2013, 23 (S2): 380 – 383.

置"改革研究。（6）探索闲置宅基地的盘活利用方式。

由于本书的研究也属于该领域，为了显现本书研究内容与已有相关研究的区别，更好地论证本书选题，而将这部分文献回顾放置在导论中，敬请读者参见 1.2.1 节。

2.1.4 学术脉络的总结性梳理

为更加清晰地梳理和总结中国农村宅基地制度变革的学术研究史，我们对前面的研究成果（2.1.1 节中的概念与性质界定除外）进行再一次挖掘和整理，梳理结果如表 2-1 所示。

综上可知，改革开放 40 多年来，有关中国农村宅基地制度改革方面的研究大体上与国家改革阶段相适应，呈现出特征较为明显的六个研究阶段，即初步探索有偿使用、关注宅基地管理、物权法相关条款讨论、市场化流转问题争鸣、对试点改革的调查研究，以及相关的"三权分置"和闲置宅基地盘活利用改革等。在研究的价值取向上基本坚持了"土地公有制性质不改变、耕地红线不突破、农民利益不受损"三条底线。之后中共中央又提出第四条改革底线——确保粮食生产能力不降低，本质上是耕地红线不突破的逻辑延伸。之所以如此，主要是受到两方面因素的驱动：一是当时制度运行中的非效率或非公平现象，使之呈现出强烈的现实问题意识；二是国家相关政策或法律制度的出台，使之体现出显著的政策导向性特征。

回顾各改革阶段的相关研究主题不难发现，最重要的共识性成果主要有二：一是普遍认同无偿分配和无限期占用的宅基地使用制度，是农民滥占耕地建房以及与之相伴随的一户多宅、一户大宅、空心村等问题的制度性根源，对超占部分实行有偿使用制度是解决它的根本之策。二是在宅基地初始取得、利用过程管理、超占部分退出等基本问题上取得了相当一致的共识，但在具体路径和操作程序上则又提出了很多不同的思路和办法，为当前和今后的改革提供了有益借鉴。然而，自《物权法（草案）》公开讨论至今，最激烈的学术争鸣主要是应否允许宅基地使用权突破本集体经济组织范围进行市场化流转问题。进一步探究激辩双方的观点，可发现争鸣的背后其实源于论者在下列两个问题上的认识差异：一是关于宅基地的物品特性，究竟是社会保障品还是一般性经济要素？二是对农民经济理性的先验性假定——农民会不会随意出卖自家的宅基地？从而需不需要政府来为农民守财（限制流转）。凡持宅基地具有保障品属性或假定农民会随意出卖宅基地的学者多支持限制流转政策，反之则反对限制流转的政策，除此之外则是一些折中的看法。随着宅基地"三权分置"改革的推进，该争论所显示的理论困局，即宅基地的保障功能与财产功能之间的矛盾有望得到破解。

表2-1

对宅基地制度变革学术史的总结性梳理

改革阶段	驱动因素		研究主题	共识或成果	分歧或争鸣	研究价值
	现实问题	政策法律				
制度沿袭：1978~1988年	大体沿袭人民公社时期的产权制度安排，相关学术研究尚未启动					
有偿使用：1989~1993年	"建房热"对耕地资源的滥占和破坏	国务院批转国家土地管理局《关于加强农村宅基地管理工作的请示》(1990年1月)	初步探索宅基地的有偿使用制度	认为无偿无期限占用制度是制度性根源；解决之策就是对超占部分实行有偿使用	基本上没有	在学理上指出了问题的根本，为当前"探索有偿使用制度"奠定了基础
强化管理：1994~2004年	持续的滥占耕地"建房热"	1993年6月中央明令取消宅基地有偿使用费、宅基地超占费和土地登记费	总结提炼宅基地管理和整治方面的地方经验	强化宅基地管理和整治，可以有效遏制建房热对土地资源的粗放利用	基本上没有	研究热情跌入低谷，可可为当前试点中村庄规划及宅基地管理提供有益借鉴
物权确立：2005~2008年	宅基地的隐性流转、粗放利用等现象日益严重	《物权法(草案)》征求意见稿的颁布和讨论	在《中华人民共和国物权法》框架下深入探索宅基地使用权实现方面的若干重大问题	(1)明确宅基地为用益物权是一个重大的制度进步；(2)主张在宅基地初始取得中淡化行政审批色彩，在私法范畴下使得物权取得逻辑；(3)指出"一户一宅"制度存在若干隐患，亟须完善	激烈辩论《中华人民共和国物权法》应否放开宅基地流转	在《中华人民共和国物权法》制度框架下，一户取得、一宅，从初始取得、一宅、全使用权流转等方面，全面探讨了宅基地中的物权问题，以备起的姿态将相关研究常出化
流转争鸣：2009~2014年	空心村、空心户、宅基地闲置利用现象日益严重	加速推进的市场化取向改革：从逐步建立用地市场统一的建设用地市场(2008年)到建立城乡统一的建设用地市场(2013年)	在加速推进市场化取向改革背景下，探讨宅基地流转、抵押，闲置宅基地退出及补偿等若干重大问题	(1)多主张宅基地使用权可突破本集体经济组织范围流转，随同房屋所有权流转，随同房屋抵押融资；(2)多主张建立闲置宅基地的退出和补偿机制；(3)众多调查显示农民的退出意愿很低	激烈辩论市场应否在宅基地资源配置中起决定性作用	在宅基地使用权抵押、闲置宅基地退出和补偿等基本问题上达成了一定的共识，在具体方法和改革路径方面，提供了多种改革思路

续表

改革阶段	驱动因素		研究主题	共识成果	分歧或争鸣	研究价值
	现实问题	政策法律				
试点改革：2015年至今	空心村、空心户、宅基地闲置现象日益严重	《全国人民代表大会常务委员会关于授权国务院在北京市大兴区等33个试点县（市、区）行政区域暂时调整实施有关法律规定的决定（草案）》	专注于调查研究本轮试点改革中的若干重大问题	(1) 对试点地区的改革经验进行了追踪调查和比较；(2) 深入探索有利于闲置宅基地的自愿有偿退出体制和机制；(3) 重启宅基地有偿使用制度方面的研究	激烈辩论本轮试点改革应否允许宅基地市场化流转	对试点改革展开全面调查，并继续深化热点问题研究
"三权分置"：2018年至今	(1) 宅基地财产权实现的现实需要；(2) 宅基地流转困局亟须破解	《中共中央国务院关于实施乡村振兴战略的意见》（2018年"中央一号文件"），明确宅基地"三权分置"改革	宅基地"三权分置"制度改革相关理论和实践问题	(1) 进一步详细阐述宅基地"三权分置"的重大意义；初步探索了"三权分置"的基本实现形式。(2) 开始在"三权分置"框架下探索农房盘活利用问题	暂无重大分歧	有望破解长期以来关于宅基地应否突破集体经济组织范围流转的理论困局

2.2 相关理论回顾

2.2.1 制度变迁的主流理论

1. 制度与制度变迁

本书的研究对象是"农村宅基地制度试点改革模式",其中的"制度"是除"宅基地"之外另一个极为关键的概念。那么,究竟什么是制度呢?

主流制度经济学中关于"制度"的定义有很多种,如舒尔茨将制度定义为一种涉及社会、政治及经济行为的行为规则[1];青木昌彦认为制度是关于博弈如何进行的共有信念的一个自我维持系统[2];柯武刚和史漫飞将制度定义为人类相互交往的规则,并将其分为从人类经验演化出来的"内在制度"和被自上而下地强加和执行的"外在制度"[3];等等。因此,要给制度下一个统一的定义肯定是做不到的。或许正因为这样,有学者认为,从各个学科"制度"概念的交集来看,制度通常指稳定重复的规则[4],这种规则可以是正式的,如宪法、产权制度和合同等;也可以是非正式,如行为规范和社会习俗等。通常情况下,即便是在最发达的经济体系中,非正式制度也约束着人们行为选择的大部分空间,而正式制度只决定着行为选择总体约束的一小部分。

但是,严谨地说,本书研究对象中的制度(农村宅基地制度),更像是一种公共政策。所谓公共政策,是指通过政治的和集体的手段系统地追求某些目标。然而,在制度经济学家看来,政策行动本身就可以看作制度变革过程,两者具有相互包容性。例如,有学者认为:"制度经济学是厂商理论与政策分析的补充,关注的是制度选择与人类行为之间的联系,而生产经济学则关注行为与产品及服务产出之间的联系,因而制度经济学对政策分析的影响更大。……制度分析包括经济性、权

---

① 青木昌彦. 比较制度分析 [M]. 周黎安, 译. 上海: 上海远东出版社, 2001: 28.

② T. W. 舒尔茨. 制度与人的经济价值的不断提高 [M]//R. 科斯, A. 阿尔钦, D. 诺斯, 等. 财产权利与制度变迁——产权学派与新制度学派译文集. 上海: 上海三联书店、上海人民出版社, 2005: 253.

③ 柯武刚, 史漫飞. 制度经济学: 社会秩序与公共政策 [M]. 韩朝华, 译. 北京: 商务印书馆, 2004: 36 – 37.

④ 胡仕勇. 制度嵌入性: 制度形成的社会学解读 [J]. 理论月刊, 2013: 158.

利与知识三个层次的分析。经济性回答的问题是什么制度更有效？权利分析回答的问题是在经济性的规程中谁的偏好更重要？谁有什么可以交易？哪个制度更为有效地满足谁的目的？知识分析回答的问题是偏好和目标如何形成？技术和制度如何变化？[①]"公共政策分析同样要回答这些问题，如政策目标、政策选择、政策执行及其偏差、政策绩效等。因此，制度经济学家普遍关注公共政策与制度之间的互动关系[②]。

就此而言，当下正在进行的农村宅基地制度试点改革，其实质是一种公共政策行动，但在制度经济学视野里也是一种制度变革。因此，本书遵循中央及地方上的有关农村宅基地制度试点改革的主流话语，将本次公共政策行动仍称为"……制度改革"。但是，要研究"农村宅基地制度试点改革"，要揭示该改革的基本内容、方式方法、改革绩效等，这些方面实际上在一些官方发布的文本中会披露。学术界的重要任务是要在理论上揭示各种"改革模式"究竟依靠什么样的内在机理才能成功，这种改革模式对于其他同类地区有没有借鉴意义，由此需要构建一个贯穿研究始终的解释性框架，保证本书在研究逻辑上做到"形散而神不散"，而这需要进行理论视角的分析和选择。

2. 新制度经济学的强制性制度变迁

从西方新制度经济学理论视角看，本轮宅基地制度试点改革属于一项由政府主导推动的制度变迁，即要在短时期内在改革地区注入新的具有强制力的正式制度，属于强制性制度变迁。当正式制度注入前，调节宅基地资源配置的非正式规范早已存在并发挥作用；新的正式制度注入后，必然会与已有的非正式规范产生交互作用：两种制度协调则会产生互补的效应，反之则会产生制度冲突。与之相对的是诱致性制度变迁。诱致性制度变迁是由个人或一群（个）人，在响应获利机会时自发倡导、组织和实行的制度变迁；与此相对，强制性制度变迁则由政府命令和法律引入和实行[③]。诱致性制度变迁难以排除外部性和"搭便车"等问题的干扰，且往往因谈判成本高和实施难度大而导致制度供给不足。与此不同，强制性制度变迁能够有效降低制度的实施成本，在制度供给方面具有规模效应，因而往往居于主导地位。

---

① 阿兰·斯密德. 制度与行为经济学 [M]. 刘璨，吴水荣，译，中国人民大学出版社，2004：27.

② 柯武刚，史漫飞. 制度经济学：社会秩序与公共政策 [M]. 韩朝华，译. 北京：商务印书馆，2004：38.

③ 林毅夫. 关于制度变迁的经济学理论：诱致性变迁与强制性变迁 [M] //R. 科斯，A. 阿尔钦，D. 诺斯，等. 财产权利与制度变迁——产权学派与新制度学派译文集. 上海：上海三联书店、上海人民出版社，2005：371 - 403.

但是，强制性制度变迁也有若干不足：（1）所推行的新制度多是政府意志的产物，满足的也是政府一方的利益偏好，难以获得其他利益相关者的一致同意，因此容易招致制度变革受众（非正式制度）的强硬反对，或遭遇"上有政策、下有对策"式的柔性抵抗，使新推行的制度变质走样。（2）面对不确定的未来，且受信息不完全及社会科学专业知识不足的影响，政府的理性必然受到制约（有限理性）。在这种情况下，由政府所推动的强制性制度变迁有时会出现制度供给过剩，有时又会出现供给不足，新推行的制度还可能很快变为一种过时无效的制度，如此种种情况，均有损制度变革的效率目标。（3）公共经济学理论表明，政府及其代理人（公职人员）并非大公无私的，在行使公职的过程中难免掺有私人利益诉求。在这种情况下，由政府推动的强制性制度变迁往往是一种"非帕累托改进"，即制度变革使一部分人利益增加的同时，却要以另一部人的利益损失为代价，有损制度变迁的公平性。为了有效规避强制性制度变迁的上述不足及其危害，政府应创设一种有利于各方合作博弈的民主协商机制，以倾听受众的声音，适当满足他们的利益诉求，寻求政府与民众利益的契合点，吸引民众参与到制度变革中来，提高制度变迁的效益[①]。

2.2.2　新经济社会学的制度嵌入理论

从方法论的角度来说，西方新制度经济学囿于新古典范式，其制度分析策略具有如下两个特点：一是在个人主义方法论的基础上坚持理性选择模型，从而将制度变迁简化为两种制度之间的比较静态分析[②]，二是从信息角度（理性计算）而不是从知识（建构）的角度[③]理解制度的意义和价值，由此决定了西方新制度经济学的理论局限性，即强制性制度变迁分析范式虽然也会关注原有非正式制度对新注入正式制度的干扰作用，但是从制度规范或改变个体行为（偏好）的角度来理解这种干扰作用的，看不到个体行为的干扰本身是由其所处社会结构所决定的，更看不到新注入的正式制度本身在嵌入原有社会结构的过程中，会被重新建构而生成有别于其原有文本意义的新制度的过程。因此，主流的新制度经济学的强制性制度变迁理论，难以胜任本书的研究任务。

---

① 梁木生，彭伟. 论强制性制度变迁的弊端及其应对 [J]. 湖北经济学院学报，2005（6）：92 - 95.

② 周业安，杨祜忻，毕新华. 嵌入性与制度演化——一个关于制度演化理论的读书笔记 [J]. 中国人民大学学报，2001（6）：58 - 64.

③ 柯武刚，史漫飞. 制度经济学：社会秩序与公共政策 [M]. 韩朝华，译. 北京：商务印书馆，2004：61.

与此不同，新经济社会学对制度的分析是一种"嵌入性"分析，认为经济制度不会以某种必然发生的形式从外部环境中自动生成，而是被社会建构的[①]；经济制度是一种社会性建构[②]。制度的嵌入往往是一个宏大的、多重因素交织在一起的整体性的构造过程[③]。而且，国家可以通过一定的制度安排将国家嵌入社会或者让公众参与公共服务，实现国家与社会共治[④]。因此，"嵌入性"分析是对传统社会科学研究传统的一种革新。业内周知，传统社会科学研究偏好采用要素分解或称解析分析方法，即多倾向于将整体分解成部分（要素），从部分之间、部分与整体之间的联系和区别中寻找事物构成和发展的规律。与此不同，新经济社会学是将所要研究的问题（无论是经济、政治、行为）与社会结构联结起来，在"嵌入性"中探寻事物的根本属性和发展变化规律。

2.3 SSEP 分析框架构建

2.3.1 制度嵌入对制度变迁的影响路径

在研究中引入"嵌入性"这个概念时存在两个有待解决的问题：（1）概念的操作性问题，即 A 嵌入 B 后，是否可以分别析出它们进行对比分析？如果可以析出，则为"可分析策略"；反之则反是。（2）嵌入的层次或范围问题。由于格兰诺维特区分了"关系性嵌入"和"结构性嵌入"两种形式，由此带来的问题就是"嵌入"究竟是指哪一种？前者是指行为主体嵌入人际关系之中，其行为受到人际关系的显著影响，这一条学术脉络后来发展为"社会资本"理论；后者是指行动者嵌入更为广阔的社会结构网络中，在这种嵌入中，个体行为受到非正式制度，如文化和传统等社会背景性因素显著的影响。

具体到本书，不难观察到，现实中对宅基地制度试点改革产生影响的因素，不

---

① 马克·格兰诺维特. 作为社会结构的经济制度：分析框架 [J]. 梁玉兰，译. 广西社会科学，2001（3）：90 – 95.

② Granovetter, Mark and Swedberg, Richard, eds. The Sociology of Economic Life [M]. Westview Press, 1992：6 – 19.

③ 胡仕勇. 制度嵌入性：制度形成的社会学解读 [J]. 理论月刊，2013（3）：157 – 160.

④ Peter B. Evans ed. State – Society Synergy：Government and Social Capital in Development [M]. Berkeley：University of California，1997.

仅有传统村落环境、村居习俗等社会背景性因素，还有土地资源禀赋、经济发展状况等经济性因素。因此，前述"结构性嵌入"概念中的"结构"除了有社会背景性因素外，还应当包括更广泛的外延，尤其包括土地要素及其他经济资源的禀赋状况等经济方面的因素，因而使用"社会经济结构"界定制度嵌入的环境，可能更为恰当。我们将这种既嵌入社会结构，又嵌入经济环境的制度嵌入简称为"双重嵌入"。

综上所述，如果采取"可分析策略"及"双重嵌入"的分析思路，不难发现"嵌入式制度变革的逻辑路径"，具体表现为"外部制度（文本意义上的制度）嵌入→新旧制度冲突→新旧制度耦合→新制度生成（文本意义具体化与实施方式在地化）"的"社会化性的建构"[①] 过程。直观如图 2 - 1 所示。

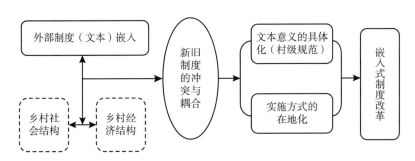

图 2 - 1　制度嵌入影响制度变革的逻辑路径

2.3.2　嵌入式改革模式的 SSEP 分析框架

本书的比较研究对象是试点地区农村宅基地制度的"改革模式"，应用的是社会科学研究中的重要方法——"模式方法"（建模）。查有梁[②]认为，建立模式一要从客观原型和现实问题出发；二要抽象出本质要素；三要认识事物的变化过程并制定操作程序。无疑，这三者是构建本书研究之分析框架（模式）必须关照的三个结构性要素。

爱伦·斯密德（Allan A. Schmid，1999，2004）[③] 创建的"状态—结构—绩

① 甄志宏. 从网络嵌入性到制度嵌入性——新经济社会学制度研究前沿 [J].，江苏社会科学，2006（5）：97 - 100.

② 查有梁. 什么是模式论? [J]. 社会科学研究 1994（2）：4.

③ 爱伦·斯密德（Allan A. Schmid）教授先后在两本著作中论及 SSP 分析框架，一本为《财产、权力和公共选择——对法和经济学的进一步思考》，黄祖辉等译，上海：上海三联书店，上海人民出版社 1999 年版；另一本为《制度与行为经济学》，刘璨、吴水荣译，中国人民大学出版社 2004 年版。前一本书将笔者姓名译为爱伦·斯密德，后一本则译为阿兰·斯密德。

效"（SSP）模型，是一个较为成熟的描述制度变革及其绩效发生机理的通用模型（模式），符合上述建模的三个基本要求，可以作为本书建立改革模式的原型。在 SSP 框架中，状态（situation）主要指物品的特性及其对于人的行为和福利的影响。尽管从长期的技术变革看，这些物品特性也许会发生变化，但在制度绩效分析中，它们是给定的。不同的物品特性带来不同的人类相互依赖关系，包括人们在物质（技术）上、心理上、金钱上（市场价格效应）或政治上的相互依赖性。结构（structure）既包括静态的制度内容，又包括动态的制度实施方式。前者主要指新推行的行为规则，如合同规则、制定规则的规则等；后者则主要关注这些规则是如何被推行的，包括制度实施主体及其权力结构，制度实施受体及其权利结构，制度实施方式即交易类型（谈判型、管理型和身份—捐赠型）等。绩效（performance）着重指新推行的制度规则是如何改变了财富和机会在不同个体或团体间的分配状况。传统的以自由、效率和经济增长为绩效考察的标准被认为过于抽象，且没有意义，必须表明所指的自由、效率或 GNP 增长是对谁或哪个团体有利。

运用 SSP 框架分析某项由政府主导的制度改革绩效，大致有如下四步（爱伦·斯密德，1999）：第一步，明确具体的物品或资源对象，继而分析该物品或资源的特性及由它所决定的人类相互依赖性，这即是状态分析。第二步，揭示与公共选择有关的权利结构的特征，包括新推行的制度内容——权利如何分配，及制度的实施机制，即交易类型（谈判型、管理型和身份—捐赠型）。第三步，分析制度结构是如何控制和引导初始的相互依赖性，从而将结构变量与制度绩效联系起来，借此提出有关制度绩效的假设。此处的关键点是要考察财富和机会在不同的个人或团体间是如何分配的。第四步是经验检验，通过观察不同时空下同一物品不同权利结构的绩效来验证假设。

然而，由于制度嵌入影响制度变革的结果是"新制度生成"，在这个过程中，制度文本上的意义被具体化，实施方式被在地化，从而对"初始的相互依赖性"产生作用，由此影响制度绩效。据此，我们可通过引入"嵌入"（embeddedness）这一概念工具，将 SSP 模型修正为 SSEP 模型①，构建本书研究的分析框架。直观如图 2－2 所示。

---

① 与本书 SSEP 框架相似的分析框架有 SSCP 分析框架，它共有两种：一是在爱伦·斯密德的制度绩效影响的"状态—结构—绩效" SSP 范式中，增加了"行为"（conduct）要素；二是在产业经济学哈佛学派的"市场结构—企业行为—市场绩效" SCP 的分析框架内，增加了"产权结构"（structure）。因此，本书构建的"状态—结构—嵌入—绩效"的 SSEP 范式，与上述两种框架都不相同。

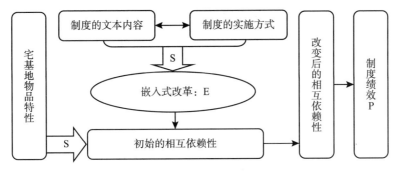

图 2-2 嵌入式宅改模式的 SSEP 分析框架

图 2-2 显示，本书研究将会从下列四个维度分析试点地区推进宅基地制度改革所形成的一般模式（共性），并对模式类型（个性）进行比较。

（1）状态（物品特性 + 相互依赖性）。主要任务是系统了解试点县（市、区）的宅基地物品物性及由其所决定的关于宅基地资源占用方面的初始相互依赖性，以此精准把握试点地区宅基地制度改革所面临的外部环境（或称"状态"，situation）。主要内容如下：①试点县（市、区）的人口、产业及经济发展状况比较；②国土资源禀赋比较；③农村居民占用宅基地资源的历史和现状比较（初始的相互依赖性）。

（2）制度内容及其嵌入。前期调研发现，试点地区三项试点办公室都根据中央相关文件精神制定了适用于本地的宅基地试点改革制度体系。为此，本书研究不仅要了解中央关于宅基地制度改革的顶层设计内容，还要了解试点县（市、区）所推行的宅改制度文本内容。主要任务如下：①中央试点改革目标、任务和内容（主要为"两完善两探索"）；②试点县（市、区）所定的改革目标任务、制度内容（主要在乡村振兴视野下分析村庄规划、权益保障和依法取得、有偿使用制度、有偿（或无偿）退出、"三权分置"与宅基地流转等内容）。③制度内容嵌入村庄的情况，目的是了解县（市、区）级制度下沉过程中所发生的制度耦合，即制度的社会建构情况，具体体现为"村级宅改实施方案"。

（3）制度实施方式及其嵌入。目的是在制度嵌入视角下了解各试点县（市、区）推进宅基地改革的制度实施方式，主要研究内容如下：①各试点地区为推进宅改所进行的组织创新（或称体制创新）；②分析各试点地区为推进宅改所进行的利益交换机制；③博弈分析：描述各利益相关者［县（市、区）、乡、村、组、农民］的行为动机、策略空间、行为互动及其博弈均衡，以精准刻画各试点地区推进宅改的利益博弈和动员机制。

（4）制度绩效。按 SSEP 模型，"绩效"（performance）着重指新推行的制度规则是如何改变了财富和机会在不同个体或团体间的分配状况。为此，本维度的主要研究内容如下：①整体性绩效分析和比较。主要分析和评价该试点地区是否完成了中央所定的改革目标和改革任务。②分配性绩效的分析和比较。站在县（市、区）、乡、村三级政府、乡村干部、村民理事、农户等各利益相关者立场，分析他们在本轮宅基地制度改革当中的利益获得和受损情况。

本章小结

本章共分三节，逐步完成了学术史回顾、相关理论回顾和分析框架构建三个研究任务。

首先，三节的研究内容具有内在的逻辑联系。我们从界定"根概念"（宅基地）入手，逐步梳理与之相关的"主干""次干"等概念或命题，然后寻找到本书研究的理论支撑，进而构建起本书分析框架。具体而言，本章分析思路是，宅基地→宅基地制度→宅基地制度问题（制度失灵）→宅基地制度变革和应对→制度变革的主流理论→制度变革的制度嵌入理论→理论支撑→分析框架。

其次，在2.1节的学术史回顾中发现：（1）重要共识主要有两点，一是普遍认同无偿无限期占用的宅基地使用制度，是农民滥占耕地建房以及与之相伴随的一户多宅、一户大宅、空心村等问题的制度性根源，对超占部分实行有偿使用制度是解决它的根本之策。二是在宅基地初始取得、利用过程管理、超占部分退出等基本问题上取得了相当一致的共识，但在具体路径和操作程序上则提出了很多不同的思路和办法。（2）最激烈的学术争鸣是，应否允许宅基地使用权突破本集体经济组织范围进行市场化流转，或称无障碍流转。争鸣的背后其实源于论者在下列两个问题上的认识差异：一是关于宅基地的物品特性，究竟是社会保障品还是一般性经济要素？抑或二者皆是。二是对农民经济理性的先验性假定——农民会不会随意出卖自家的宅基地？从而需不需要政府来为农民守财（限制流转）。（3）随着宅基地"三权分置"改革的推进，该争论所显示的理论困局有望得到破解。

再次，2.2节的研究发现，由于本轮试点改革采取的是"顶层设计与基层探索有机结合"的改革模式，因而主流的制度变迁理论难以解释制度下沉地方过程中的重新建构现象。与之相对，新经济社会学的制度嵌入理论能更好地解释这一制度建构现象。为此，本书明确选择新经济社会学的制度嵌入理论作为本书研究的理论支撑，将宅基地制度试点改革理解为"外部制度注入→新旧制度冲突→新旧制度耦合→制度的社会建构"过程，以解释各试点地区所推行的正式制度在嵌入乡土社会过程中被重新建构的现象，具体体现为各试点村庄制订的"村级宅改实施方案"。

最后，2.3 节的研究发现：艾伦·斯密德教授所构建的 SSP 制度影响框架深刻揭示了制度变革绩效的生成机理，但是，该框架没有解释制度嵌入乡土社会过程中的"制度建构"现象，无法胜任本书研究任务。为此，我们在该分析框架中添加了一个重要影响变量——制度嵌入，将 SSP 框架改进为 SSEP 分析框架。在此特别指出的是，SSEP 与其他两类也简称为 SSCP 的分析框架存在重大区别。其他简称为 SSCP 框架的共有两类：一是在爱伦·斯密德的"状态—结构—绩效"SSP 范式中，增加了"行为"（conduct）要素；二是在产业经济学哈佛学派的"市场结构—企业行为—市场绩效"SCP 的分析框架内，增加了"产权结构"（structure）。

综上所述，本章完成了预定研究目的，即通过回顾与本书研究相关的研究文献和理论文献，构建了一个贯彻始终并指导研究的分析框架。

第 3 章

试点地区宅基地制度嵌入式
改革模式的历史起点*

正所谓无史不能成今！中国农村宅基地制度变迁进行到当下的试点改革阶段，势必有其历史方面的深层次原因。虽然第 2 章第 1 节（2.1）已从学术发展史的角度略窥全豹之一斑，但为客观起见，还需从制度文本自我述说的角度对历史以来的制度变革所陷入的矛盾困局予以考察。为此，在探索嵌入式改革模式之前，需要对本轮宅基地制度改革面临的事实与逻辑起点进行系统化探索。

本章的研究目的是，通过对中华人民共和国成立以来宅基地制度文本进行分析，考察制度文本自述的政策问题、问题致因及解决方案，借此分析各问题之间的逻辑关系，揭示当下试点改革所无法回避的矛盾性困局，为分析本轮试点改革模式寻找到客观的历史起点。

3.1 方法与数据

3.1.1 研究思路

前文已述，中华人民共和国成立初期土地和农民房屋均属农民私有财产，在房地一体的思维下，当时并无"宅基地"之概念。1956 年通过的《高级农业生产合作社示范章程》出现了"房屋地基"一词，但指出其"不入社"，因而仍属农民私有财产。1962 年《农村人民公社工作条例（修正草案）》规定宅基地归生产队所有，一律不准出租和买卖，这是正式制度文本第一次使用的"宅基地"概念。自

---

* 本章主要内容，以阶段性成果《中国农村宅基地制度变革困局探究——基于新中国成立以来的制度文本分析》，发表于《江西财经大学学报》2021 年第 1 期。

此，我国正式确立起宅基地与其上房屋相分离的制度安排①，其基本特征可概括为"一宅两制、房地分离、无偿取得、长期使用"②。之后，伴随市场化改革进程，宅基地制度具有极为明显的半计划半市场的混合性质③，在各类土地制度当中成为最落后④⑤、问题最多的一项制度安排。

那么，有史以来中国农村宅基地制度究竟存在哪些问题呢？对此，学术界主要分"自上而下"（从理论开始）和"自下而上"（从经验开始）两条研究路径进行探索。从方法论上讲，科学研究既可始于理论，亦可始于经验，是理论与经验不断循环的探索过程⑥，因而两条研究路径都是必需的。但是，已有研究绝大多数属于"自上而下"式研究路径。研究者要么先行构建一个理论框架⑦⑧，要么基于某个理论视角⑨⑩⑪⑫⑬，要么遵循某条逻辑主线⑭⑮⑯⑰⑱⑲⑳，对中华人民共和国成立以来尤其

① 刘守英. 农村宅基地制度的特殊性与出路 [J]. 国家行政学院学报，2015（3）：18-24，43.

② 赵树枫. 改革农村宅基地制度的理由与思路 [J]. 理论前沿，2009（12）：10-12，15.

③ 徐国忠，卓跃飞，吴次芳，等. 农村宅基地问题研究综述 [J]. 农业经济问题，2019（4）：28-38.

④ 刘守英. 城乡中国的土地问题 [J]. 北京大学学报（哲学社会科学版），2018（3）：79-93.

⑤ 胡新艳，罗明忠，张彤. 权能拓展、交易赋权与适度管制——中国农村宅基地制度回顾与展望 [J]. 农业经济问题，2019（6）：73-81.

⑥ 陈晓萍，徐淑英，樊景立. 组织与管理研究的实证方法（第二版）[M]. 北京：北京大学出版社，2012（6）：18-20.

⑦ 张义博. 我国农村宅基地制度变迁研究 [J]. 宏观经济研究，2017（4）：35-42，54.

⑧ 郭贯成，李学增，王茜. 新中国成立70年宅基地制度变迁、困境与展望——一个分析框架 [J]. 中国土地科学，2019（12）：1-9.

⑨ 陈小君，蒋省三. 宅基地使用权制度：规范解析、实践挑战及其立法回应 [J]. 管理世界，2010（10）：1-12.

⑩ 曾芳芳，朱朝枝，赖世力. 法理视角下宅基地使用权制度演进及其启示 [J]. 福建论坛（人文社会科学版），2014（8）：12-16.

⑪ 郑兴明. 农村土地制度再创新的内在规律、困境与路径——基于城镇化与农民市民化协同发展的视角 [J]. 社会科学，2014（12）：52-59.

⑫ 张勇. 农村宅基地制度改革的内在逻辑、现实困境与路径选择——基于农民市民化与乡村振兴协同视角 [J]. 南京农业大学学报（社会科学版），2018（11）：118-127.

⑬ 杜焱强，王亚星，陈利根. 中国宅基地制度变迁：历史演变、多重逻辑与变迁特征 [J]. 经济社会体制比较，2020（5）：90-99.

⑭ 丁关良. 1949年以来中国农村宅基地制度的演变 [J]. 湖南农业大学学报（社会科学版），2008（4）：9-21.

⑮ 喻文莉，陈利根. 农村宅基地使用权制度嬗变的历史考察 [J]. 中国土地科学，2009（8）：46-50.

⑯ 朱新华，陈利根，付坚强. 农村宅基地制度变迁的规律及启示 [J]. 中国土地科学，2012（7）：39-43.

⑰ 周江梅，黄启才. 改革开放40年农户宅基地管理制度变迁及思考 [J]. 经济问题，2019（2）：69-75.

⑱ 董新辉. 新中国70年宅基地使用权流转：制度变迁现实困境、改革方向 [J]. 中国农村经济，2019（6）：2-27.

⑲ 刘国栋、蔡立东. 农村宅基地权利制度的演进逻辑与未来走向 [J]. 南京农业大学学报（社会科学版），2020（10）：115-124.

⑳ 丁宇峰、付坚强. 新中国土地政策演进视野下的宅基地"三权分置"制度选择 [J]. 经济问题，2019（11）：89-95.

是改革开放以来宅基地制度变革问题予以探讨。得到的共识性结论有，农村宅基地及房屋是农民实现安居乐业的基本物质保障，同时又是农民手中最重要的实物资产（徐忠国等，2019），本应兼具居住保障和财产权利两种功能，然而，长期以来在城乡二元体制下过于重视居住保障功能，限制使用权的流转范围①②并使退出机制缺失③，导致一户多宅、空心户、空心村的广泛存在④。与之相对，基于"自下而上"路径的研究则极为少见，代表性文献有周小平和高远瞩⑤的研究，该文通过词频分析探索了改革开放 40 年宅基地政策的变革意图。但是，由于词频分析仅是文本分析的初级方法，还有更高阶的主题分析、评估分析和类型建构分析等多种方法⑥，因而基于"自下而上"式研究路径探索宅基地制度问题仍有很大的作为空间。

为此，本章拟从下列两个方面推进已有研究：一是在研究方法上，采用"自下而上"式研究路径，在对制度文本进行系统化编码的基础上，对新中国成立以来宅基地制度文本进行主题分析、评估分析和类型建构分析。二是在研究内容上，基于"问题—致因—应对"之逻辑架构，运用上述方法，探索新中国成立以来宅基地制度变革过程中希望解决的政策问题，分析各问题解决方案之间的矛盾，以揭示宅基地制度变革困局并思考应对之策。

3.1.2 数据搜集和整理

（1）数据检索：①通过对中共中央、全国人大、国务院及其属下的自然资源部等官方网站进行直接搜索；②通过阅读相关期刊文章⑦⑧⑨或研究专著⑩对相关制

---

① 董祚继. "三权分置"——农村宅基地制度的重大创新 [J]. 中国土地, 2018 (3)：4 – 9.

② 杨遂全，张锰霖，钱力. 城乡一体化背景下农村闲置房屋的出路 [J]. 农村经济, 2015 (1)：13 – 18.

③ 欧阳安蛟，蔡锋铭，陈立定. 农村宅基地退出机制建立探讨 [J]. 中国土地科学, 2009, 23 (10)：26 – 30.

④ 李婷婷，龙花楼，王艳飞. 中国农村宅基地闲置程度及其成因分析 [J]. 中国土地科学, 2019 (12)：64 – 71.

⑤⑨ 周小平，高远瞩. 改革开放 40 年中国农村宅基地管理政策演进与前瞻——基于宅基地相关政策的文本分析 [J]. 河海大学学报（哲学社会科学版），2018 (5)：1 – 7, 90.

⑥ 伍多·库卡茨. 质性文本分析：方法、实践与软件使用指南 [M]. 朱志勇，范晓慧，译. 重庆：重庆大学出版社，2017 (9)：64 – 118.

⑦ 丁关良. 1949 年以来中国农村宅基地制度的演变 [J]. 湖南农业大学学报（社会科学版），2008 (4)：9 – 21.

⑧ 张义博. 我国农村宅基地制度变迁研究 [J]. 宏观经济研究, 2017 (4)：35 – 42, 54.

⑩ 赵树枫，李廷佑，张强等. 农村宅基地制度与城乡一体化 [M]. 北京：中国经济出版社，2015 (3)：182 – 227.

度的整理，按其提示检索。

（2）数据搜集：在尽量穷尽已有制度文本的基础上，遵循理论抽样法则，使资料搜集达到"没有新的类属或相关主题出现"①。据此，本书一共收集到 60 份正式制度文本，包括宪法和相关法律、相关政策性文件（包括章程、条例、通知、意见等）和国务院递交给全国人大常委会的有关土地改革的两份总结报告。数据名称如表 3-1 所示。

表 3-1 　　　新中国成立以来农村宅基地制度文本：1950～2020 年（节选）

编号	颁发时间	制度名称
1	1950.06	《中华人民共和国土地改革法》
2	1954.09	《中华人民共和国宪法》（第 1 部）
3	1956.06	《高级农业生产合作社示范章程》
4	1962.09	《农村人民公社工作条例修正草案》（《人民公社六十条》）
5	1963.03	《中共中央关于各地对社员宅基地问题作一些补充规定的通知》
6	1981.04	《国务院关于制止农村建房侵占耕地的紧急通知》
7	1982.02	《村镇建房用地管理条例》——（1986 年《土地管理法》，已将其明令废止）
8	1982.10	《中共中央办公厅国务院办公厅转发书记处农村政策研究室城乡建设环境保护部（关于切实解决滥占耕地建房问题的报告）的通知》
9	1982.12	《中华人民共和国宪法》（第 4 部）
10	1985.10	《村镇建设管理暂行规定》
11	1986.03	《中共中央国务院关于加强土地管理、制止乱占耕地的通知》
12	1986.06	《中华人民共和国土地管理法》
13	1988.04	《中华人民共和国宪法（修正案）》
14	1988.12	《中华人民共和国土地管理法》（1988 年 12 月 29 日第一次修正）
15	1989.07	《国家土地管理局关于确定土地权属问题的若干意见》（1995 年 5 月 1 日起停止执行）
16	1990.01	国务院批转国家土地管理局《关于加强农村宅基地管理工作请示的通知》
17	1993.06	《中共中央办公厅、国务院办公厅关于涉及农民负担项目审核处理意见的通知》
18	1995.03	国家土地管理局关于印发《确定土地所有权和使用权的若干规定的通知》
19	1995.06	《中华人民共和国担保法》

① 朱丽叶·M. 科宾，安塞尔姆·L. 施特劳斯 . 质性研究的基础：形成扎根理论的程序与方法（第三版）[M]. 朱光明，译 . 重庆：重庆大学出版社，2015（3）：19，26.

编号	颁发时间	制度名称
20	1997.04	《中共中央、国务院关于进一步加强土地管理切实保护耕地的通知》
21	1998.07	《国务院关于进一步深化城镇住房制度改革加快住房建设的通知》
22	1998.08	《中华人民共和国土地管理法》（1998 年 8 月 29 日修订）
23	1999.05	《国务院办公厅关于加强土地转让管理严禁炒卖土地的通知》
24	2000.06	《中共中央国务院关于小城镇建设有关政策》
25	2000.11	《关于加强土地管理促进小城镇健康发展的通知》
26	2004.10	《国务院关于深化改革严格土地管理的决定》
27	2004.11	《国土资源部关于加强农村宅基地管理的意见》
28	2005.12	《中共中央国务院关于推进社会主义新农村建设的若干意见》
29	2007.03	《中华人民共和国物权法》
30	2007.12	《国务院办公厅关于严格执行有关农村集体建设用地法律和政策的通知》
31	2007.12	《中共中央国务院关于切实加强农业基础建设进一步促进农业发展农民增收的若干意见》
32	2008.01	《国务院关于促进节约集约用地的通知》
33	2008.07	《国土资源部关于进一步加快宅基地使用权登记发证工作的通知》
34	2008.10	《中共中央关于推进农村改革发展若干重大问题的决定》
35	2008.12	《中共中央国务院关于 2009 年促进农业稳定发展农民持续增收的若干意见》
36	2009.12	《中共中央国务院关于加大统筹城乡发展力度进一步夯实农业农村发展基础的若干意见》
37	2010.03	《国土资源部关于进一步完善农村宅基地管理制度切实维护农民权益的通知》
38	2011.11	《国土资源部、中央农村工作领导小组办公室、财政部、农业部关于农村集体土地确权登记发证的若干意见》
39	2012.12	《关于加快发展现代农业进一步增强农村发展活力的若干意见》
40	2013.11	《中共中央关于全面深化改革若干重大问题的决定》
41	2014.01	《关于全面深化农村改革加快推进农业现代化的若干意见》
42	2015.01	《关于农村土地征收、集体经营性建设用地入市、宅基地制度改革试点工作的意见》
43	2015.02	《全国人民代表大会常务委员会关于授权国务院在北京市大兴区等三十三个试点县（市、区）行政区域暂时调整实施有关法律规定的决定》
44	2015.02	《中共中央国务院关于加大改革创新力度加快农业现代化建设的若干意见》
45	2015.08	《国务院关于开展农村承包土地的经营权和农民住房财产权抵押贷款试点的指导意见》

编号	颁发时间	制度名称
46	2015.11	《深化农村改革综合性实施方案》
47	2016.01	《关于落实发展新理念加快农业现代化实现全面小康目标的若干意见》
48	2016.11	《中共中央国务院关于完善产权保护制度依法保护产权的意见》
49	2017.02	《中共中央、国务院关于深入推进农业供给侧结构性改革加快培育农业农村发展新动能的若干意见》
50	2017.12	《国土资源部国家发展改革委关于深入推进农业供给侧结构性改革做好农村产业融合发展用地保障的通知》
51	2018.01	《中共中央国务院关于实施乡村振兴战略的意见》
52	2018.11	国家发改委《关于总结推广第二批国家新型城镇化综合试点阶段性成果的通知》
53	2018.12	国务院关于全国农村承包土地的经营权和农民住房财产权抵押贷款试点情况的总结报告
54	2018.12	国务院关于农村土地征收、集体经营性建设用地入市、宅基地制度改革试点情况的总结报告
55	2019.01	《中共中央国务院关于坚持农业农村优先发展做好"三农"工作的若干意见》
57	2019.08	《中华人民共和国土地管理法》修正案
58	2019.09	《中央农村工作领导小组办公室、农业农村部关于进一步加强农村宅基地管理的通知》
59	2019.10	农业农村部《关于积极稳妥开展农村闲置宅基地和闲置住宅盘活利用工作的通知》
60	2020.01	《中共中央国务院关于抓好"三农"领域重点工作确保如期实现全面小康的意见》

（3）数据整理：为了保证质性分析的精准性和可靠性，我们借助 NVivo12.0 软件对制度文本数据进行管理、编码和分析。在分析之前，将表 3-1 所列的 60 份制度文本逐一从相关政府网页上复制粘贴并整理为 Word 文档，导入 NVivo12.0 软件的"文件"之内。同时，为每一份制度文本构建一个"案例"并按属性予以分类，将每一个"案例"中的有关宅基地制度改革方面的内容摘录下来，为其撰写"案例总结"，导入至 NVivo 的备忘录中，为研究者快速阅读并有效掌握制度变迁的事实逻辑提供方便。

3.1.3 数据分析技术

本书综合采用主题分析、评估分析和类型建构分析等文本分析方法。这三种方法彼此独立却又相互关联，其中，主题分析是基础。主题分析侧重于识别、组织与分析主话题和次话题以及这些话题之间的关联性；评估分析是对内容进行考察、分类和评估；类型建构是在前期主题分析和评估分析的基础上，将案例组合成模式或组群，目的是区分而不是形成普通理论（伍多·库卡茨，2017）①。

主题分析需要对原始数据进行编码，以形成核心类目（主题）。所谓编码（coding），就是将原始数据打散，赋予概念和意义后，再以自己的方式重新组合成为一个具有组织性架构的过程（王为国，2009）②。在 NVivo 软件中，类目（categories）的形成过程即是节点（nodes）的创建过程，其内容必须通过编码方式产生，两个操作密不可分。但究竟是先建立节点再进行编码，还是直接编码产生节点，则需视情况而定。一般来说，在研究初期对于研究概念模糊不清时，可以一边浏览一边进行编码并形成节点；可如果研究者已先掌握研究构架，研究的概念也很明确，则可先建立节点再进行编码（刘世闵和李志伟，2017）③。

本章已有"问题—致因—应对"之逻辑架构，但对于研究概念并不是很明确，为此，特将那些有违公平、效率及生态的现象视为"政策问题"，至于各政策问题的致因及应对策略，则相对容易判断。为此，本章分三个阶段对数据进行分析。第一，通过人工方法逐句阅读表 3-1 所列的 60 份制度文本，查找文本自身所表述的与研究架构相关的语句及其同义词，将其创建为自由节点。第二，将属性相同的自由节点聚集，在"问题—致因—应对"的逻辑框架下创建"问题类别""问题致因""问题应对"等类目节点（在 NVivo 软件中称为"树状节点"），对文本进行主题分析。第三，在主题分析的基础上，对制度内容进行进一步的评估分析和类型建构分析。这三个阶段的分析并非一个前后相继的线性关系，而是一个循环往复、不断修正的分析过程。

为了保证编码的信度，本书采用多层次"协议编码"策略④，操作程序如下：（1）笔者邀请一位熟悉软件的研究生，依据"问题—致因—应对"逻辑框架各自独立编码，完成各树状节点的创建。（2）对树状节点之下的子节点（有的是原始代码）的名称及含义进行反复比较和协商，取得一致性共识。（3）运用 NVivo 软

---

① 伍多·库卡茨. 质性文本分析：方法、实践与软件使用指南 ［M］. 朱志勇，范晓慧，译. 重庆：重庆大学出版社，2017（9）：64-105.

② 王为国. 初步的资料分析 ［M］//郭玉霞，刘世闵，王为国，等. 质性研究资料分析：NVivo8 活用宝典. 台北：高等教育文化事业有限公司，2009（7）：221.

③ 刘世闵，李志伟. 质化研究必备工具 NVivo10 之图解与应用 ［M］. 经济日报出版社，2017（5）：86-87.

④ 伍多·库卡茨. 质性文本分析：方法、实践与软件使用指南 ［M］. 朱志勇，范晓慧，译. 重庆：重庆大学出版社，2017（9）：73.

件对各子节点进行编码一致性比较，对"一致百分比"比较低的子节点，查找存在差异的原因，协议后再独立修改子节点编码，然后再进行编码比较。如此反复数次，直到各个子节点的编码一致性达到 90% 以上为止。

3.2 分析过程

3.2.1 对制度文本的主题分析

（1）问题类别。制度文本对政策问题的表述有两种方式：一是直接讲明存在某个问题，这属于直接表达；二是以"明令禁止"（不得为某事）或"正面要求"（必须为某事）或"大力提倡"（应当为某事）等方式间接表达存在某个问题。编码结果详见表 3 - 2。

表 3 - 2　　　　　　　　　　问题类别的编码结果

问题类别（树节点）	子节点或原始代码（举例）	表达方式	叙述频数	文本数	跨越年份
农民房屋和宅基地（居住权益）受侵	不准强迫社员搬家，不得社员本人同意……不能占用社员的房屋	间接表达	3	3	2 年（1962 ~ 1963）
	有些地方发生乱伐宅基地内树木和出卖房屋的现象	直接表达			
村民乱占滥用耕地建房	农村建房乱占滥用耕地严重	直接表达	46	24	38 年（1981 ~ 2019）
	乱占耕地（建房）				
	乱占滥用土地（建房）				
	违法占地（建房）				
	占用耕地（建房）				
干部带头乱占地建房	干部带头占地建房	直接表达	7	6	18 年（1982 ~ 2000）
	以权谋地				
	以权谋私				
	违法批地				

问题类别 （树节点）	子节点或原始代码 （举例）	表达方式	叙述 频数	文本数	跨越年份
非法转让宅基地	非法交易农民集体土地 非法炒买炒卖土地（地皮） 非法转让土地 用地秩序混乱 违法买卖宅基地	直接表达	20	8	22 年 （1997 ~ 2019）
宅基地粗放利用与闲置	一户多宅 闲置（空闲）宅基地 空置住宅 空心村	直接表达	35	20	38 年 （1981 ~ 2019）
外部力量侵占宅基地	不得非法租用、占用农民集体所有土地搞房地产开发 禁止下乡利用农村宅基地建设别墅大院和私人会馆 防止外部资本侵占（吞）或控制	间接表达	8	8	12 年 （2007 ~ 2019）
农民住房财产权实现难	探索农民住房财产权抵押、担保、转让有效途径	间接表达	26	11	6 年 （2013 ~ 2019）

表 3 - 2 显示，中华人民共和国成立以来的宅基地制度文本一共阐述了七个务必解决的政策问题，分别是农民居住权益受侵、村民乱占滥用耕地建房、干部带头乱占地建房、非法转让宅基地、宅基地粗放利用与闲置、外部力量侵占宅基地、农民住房财产权实现难。

（2）问题致因。制度文本对"问题致因"的阐述语句并不多，编码结果详见表 3 - 3。

表 3 - 3 问题致因的编码结果

问题类别	致因提炼 （树节点）	具体陈述 （子节点或原始代码举例）	叙述频数	文本数	跨越年份
农民房屋及宅基地（居住权益）受侵	政策解释不清	有些地方……对社员宅基地政策解释不清，引起了群众一些误解，以致……引起群众不安	1	1	1 年（1963）

续表

问题类别	致因提炼 （树节点）	具体陈述 （子节点或原始代码举例）	叙述频数	文本数	跨越年份
村民乱占滥用 耕地建房	规划和 管理不足	有不少地方对农村建房缺乏全面的规划和必要的管理，（导致）……乱占滥用耕地的现象相当严重	2	2	5 年 （1981～1986）
	产权观念 扭曲	农村中不少干部和群众，存在着集体土地可以自由支配的错误观念			
干部带头乱占 地建房	产权观念 扭曲	农村中不少干部和群众，存在着集体土地可以自由支配的错误观念	2	2	1 年 （1986）
	法制观念 淡薄	有的干部目无法纪，以权代法，随意批准用地，甚至自批自用			
非法转让宅基地	利益驱动	出现了以开发"果园""庄园"为名炒卖土地、非法集资的情况	2	2	13 年 （1986～1999）
	违法成本低	有的违反宪法，买卖、租赁、擅自转让土地			
宅基地粗放 利用与闲置	取得环节 多占少用	多占少用、占而不用、超面积（标准）占用、占地过多	62	16	8 年 （2010～2018）
	退出环节 不畅通	退出不畅、收回（难）、责令退出（未落实）			
外部力量侵 占宅基地	下乡搞房产 开发并从中 牟利	（工商资本）非法租用、占用农民集体所有土地搞房地产开发	2	2	11 年 （2007～2018）
		（工商资本）下乡利用农村宅基地建设别墅大院和私人会馆			
农民住房财产权 实现难	地（权） 难随房走	宅基地只能分配给本村村民	11	9	16 年 （1995～2011）
		严禁城镇（市）居民购置宅基地			
		宅基地使用权不得抵押			

表 3-3 显示，制度文本一共阐述了十一个政策问题致因，其中：①直接陈述为"问题致因"的原始代码较少，主要分布于"政策解释不清""规划和管理不足""产权观念扭曲""法制观念淡薄"等树节点中；②其余树节点中的原始代码多是笔者根据逻辑关系从制度文本中搜索得到的，或多或少带有研究者的主观看法。

（3）问题应对。制度文本对"问题应对"方面的阐述语句相当丰富，编码结果详见表 3 - 4。

表 3 - 4　　　　　　　　　　问题应对的编码结果

政策目标	应对方案（树节点）	具体陈述（子节点或原始代码举例）	叙述频数	文本数	跨越年份
农民居住权益保障	无偿提供使用权	社员的宅基地，……都归生产队集体所有，一律不准出租和买卖	46	25	57 年（1963 ~ 2020）
		宅基地归各户长期使用，长期不变，生产队应保护其使用权，不能想收就收，想调剂就调剂			
		宅基地上的附着物（房屋、树木等），永远归社员所有。房屋出卖后，宅基地使用权即随之转移			
	确权登记颁证	由早期的单纯"确定土地权属"，到 21 世纪初综合强调的"确权登记颁证"，再到近年反复强调要加快推进的"房地一体"的确权登记颁证工作			
	多种方式保障	从一户一宅到户有所居			
严禁村民乱占滥用耕地建房	宣传教育	加强土地的国情、法制和国策等方面的宣传教育	126	75	38 年（1981 ~ 2019）
	供给侧管理	严格实行土地用途管制制度			
		强化村庄规划			
		强化宅基地用地计划管理			
		加强宅基地审批管理工作			
	需求侧管理	户有所居保障下的宅基地面积管制			
		推行（探索）宅基地有偿使用			
治理干部带头乱占地建房	宣传教育	教育广大干部用地要依法；增强土地忧患意识	9	9	15 年（1982 ~ 1997）
	加强管理	要求干部"主动检查，自觉纠正"			
		对干部建房实行严格的审查			
		推行特殊的报告和审批手续			
		实行"双重审批"制度			
	强化处罚	依法处罚、从严处罚、行政处分			

政策目标	应对方案（树节点）	具体陈述（子节点或原始代码举例）	叙述频数	文本数	跨越年份
严禁非法转让宅基地	禁止买卖	不得违规买卖宅基地	8	8	24 年（1995～2019）
	坚决查处	坚决查处土地使用权非法转让和农民集体土地非法交易的行为，对其依法处罚			
	禁止抵押	宅基地使用不得抵押			
治理宅基地粗放利用与闲置	有偿使用	对因历史原因形成超标准占用宅基地和一户多宅等情况，探索实行有偿使用	56	19	30 年（1990～2020）
	退出机制	探索进城落户农民在本集体经济组织内部自愿有偿退出或转让宅基地			
	盘活利用	积极稳妥地开展农村闲置宅基地和闲置住宅盘活利用工作			
防止外部力量侵占宅基地	限定宅基地使用权拥有者资格	农村住宅用地只能分配给本村村民	8	8	20 年（1999～2019）
		城镇居民不得到农村购买宅基地、农民住宅或"小产权房"			
		严禁为城镇居民在农村购买和违法建造的住宅发放土地使用证			
		在乡村振兴战略背景下"严格禁止下乡利用农村宅基地建设别墅大院和私人会馆"			
促进农民住房财产权实现	三权分置改革	探索宅基地"三权分置"，……适度放活宅基地和农民房屋使用权	42	24	7 年（2013～2020）
	适度放活使用权	探索宅基地"三权分置"，……适度放活宅基地和农民房屋使用权			
	赋予农房融资功能	推动农民住房（或房屋）财产权（含宅基地使用权）的抵押、担保、转让改革，或依法合规开展农民房屋财产权抵押融资			

表 3-4 显示，制度文本从不同角度对七个政策问题的应对方案进行了清晰阐述，一共有十九个应对方案，内容几乎涉及宅基地管理和产权改革的各个方面。

3.2.2 进一步的评估分析与类型建构分析

根据研究目的，本书不仅要运用主题分析方法识别出制度变革需要解决的政策问题，还需要评估政策制定者对各政策问题的关注程度，以了解不同历史阶段的核心改革任务。这需要作进一步的评估分析与类型建构分析。但在评估分析之前，需要先行对相关数据进行综述。

1. 数据综述

由于制度文本阐述问题致因的目的，是解释政策问题形成的因果机制，绝大多数问题致因的叙述频率、叙述文本数和叙述年份相当少，且未对所有问题致因予以直接阐述，因而由其无法分辨出问题的受关注程度。为此，下面的评估分析暂且舍弃表 3-3 中的信息（但会在讨论中涉及），仅对表 3-2 和表 3-4 所示的"问题类别"（实质上为"问题自身"）和"问题应对"的叙述频次、叙述文本数及跨越年份三类数据进行综述和比较，结果详见表 3-5。

表 3-5　　　　　　　　　　相关数据综述

		农民居住权益保障	村民乱占滥用耕地建房	干部带头乱占地建房	非法转让宅基地	宅基地粗放利用与闲置	外部力量侵占宅基地	农房财产权实现难	中位数
问题自身	叙述频次	3	46	7	20	35	8	26	20.0
	文本数	3	24	6	8	20	8	11	8.0
	跨越年份	2	38	18	22	38	12	6	18.0
问题应对	叙述频次	46	126	9	8	56	8	42	42.0
	文本数	25	75	9	8	19	8	24	19.0
	跨越年份	57	38	15	24	30	20	7	24.0

2. 评估分析

在表 3-5 中，因各行数据的单位不同，权重也难以确立，给各维度的综合比较带来一定的困难。为此，特设计两层简明比较标准，分三步进行评估：（1）单一指标评估。在各行内以中位数为基准，将高于"中位数 +2"的范围视为"高度关注"，低于"中位数 -2"的范围视为"低度关注"，处于"中位数 ±2"范围内的视为"中度关注",完成同一指标受关注程度的评估。由于"跨越年份"指标表达的是政策问题受关注的持续时间,并非关注程度的高低问题,故而此处不予评估(会在下面类型建构分析时用到)。(2)问题维度的整体评估。如果某问题维度在"叙述频次"和"叙述文本数"两个指标上均为"高度关注",则视该问题维度整体处于"高度关注"状态;如果两个指标均为"低度关注",则视该问题维度整体处于"低度关注"状态;其余情况视该问题维度整体处于"中度关注"状态。(3)问题的综合评估。当"问题自身"维度和"问题应对"维度的评价结果不一致时,则以值高的维度为依据,因为无论政策文本是在着力阐述"问题自身"还是着力阐述"问题应对",都表明了对该政策问题的关注,评估结果详见表 3 – 6。

表 3 – 6   政策问题受关注程度的评估结果

		农民居住权益保障	村民乱占滥用耕地建房	干部带头乱占地建房	非法转让宅基地	宅基地粗放利用与闲置	外力侵占宅基地	农房财产权实现难
问题自身	高度关注		√			√		√
	中度关注				√			
	低度关注	√		√			√	
问题应对	高度关注	√	√					
	中度关注					√		√
	低度关注			√	√		√	

表 3 – 6 显示,在七个政策问题当中,共有四个问题受到了高度关注,它们分别是"农民居住权益保障"(应对维度)、"村民乱占滥用耕地建房"(自身和应对维度)、"宅基地粗放利用与闲置"(自身维度)和"农房财产权实现难"(自身维度)。在这四个问题当中,只有"村民乱占滥用耕地建房"在问题自身和问题应对两个维度上都受到了高度关注,表明该政策问题的解决在宅基地制度改革中处于核心枢纽位置。

3. 类型建构分析

根据前表显示的"跨越年份(受关注时间)"和"受关注程度",可进一步对各政策问题进行类型建构分析,分析结果详见表 3 – 7。

表3-7   政策问题的类型建构分析结果

问题	维度	综合受关注情况			类型建构分析结果
		关注程度	关注时间	起止年份	
农民居住权益保障	应对	高	57年	1963~2020	集体化以来一直在应对的问题
村民乱占滥用耕地建房	自身	高	38年	1981~2019	改革开放以来的核心改革内容
	应对	高	38年	1981~2019	
宅基地粗放利用与闲置	自身	高	38年	1981~2019	
干部带头乱占地建房	自身	低	18年	1982~2000	已解决的政策问题
	应对	低	15年	1982~1997	
非法转让宅基地	自身	中	22年	1997~2019	持续至今但关注不高的政策问题
外部力量侵占宅基地	自身	低	12年	2007~2019	
	应对	低	20年	1999~2019	
农房财产权实现难	自身	高	6年	2013~2019	党的十八大以来制度改革的新任务

　　表3-7显示，将"政策问题"的受关注程度和其受关注时间结合起来分析，一共得到五种问题类型，揭示了中华人民共和国成立以来宅基地制度变革在不同历史阶段的改革目标或核心任务。

　　（1）集体化以来受到高度关注的问题类型是"农民居住权益保障"。由于受到高度关注的是"应对"维度，表明人民公社化将农民所有的宅基地（屋基）收归生产队集体所有后，政府就将农民居住权益保障作为宅基地制度的首要应对目标，且一直不变持续至今。保障的核心手段是无偿为农民提供宅基地使用权，体现出一种权利交换的特性。

　　（2）改革开放以来高度关注的问题类型有两个，分别是"村民乱占滥用耕地建房"和"宅基地粗放利用与闲置"。这两个问题合在一起，分别从手段和结果两个层面揭示了改革开放以来宅基地制度改革的核心内容——解决宅基地占用中的侵占耕地和效率低下等问题。

　　（3）党的十八大以来高度关注的问题类型是"农房财产权实现难"，表明在"让市场机制在资源配置中起决定性作用"理念的指引下，宅基地制度的改革目标有了调整，将实现宅基地的财产性功能放在一个非常重要的位置上，使其成为当前及未来改革的新任务。

（4）近20年来持续至今但关注度不高的问题类型有两个，分别是"非法转让宅基地"和"外部力量侵占宅基地"。从性质上讲，这两个问题具有内在的一致性，因为在宅基地非法转让中的转入者主要是非本集体经济组织成员，即"外部力量"。但两者也有明显的区别：前者着眼的主体是农民，后者着眼的主体是强势的城市资本。

（5）已经消亡且关注度较低的问题是"干部带头占地建房"。由于中央在治理该问题时采取了特别治理措施（如对干部建房采取双重审批制度），可能加速了该问题的消亡。

3.3　分　析　结　果

3.3.1　历史遗留问题及其构成的两个"二难困局"

除去已经消亡的"干部带头乱占地建房"问题外，其余六个政策问题在解决方案上有着紧密的逻辑联系：

（1）实施"农民居住权益保障"的核心手段是长期无偿地为农民提供宅基地使用权（以下简称"无偿居住保障"），它是"村民乱占滥用耕地建房"问题产生的制度性根源。因为无偿提供宅基地使用权，会在无形中纵容甚至鼓励村民乱占滥用耕地建房，广大干部在其中起到了不好的带头作用。表3-3中，制度文本将"村民乱占滥用耕地建房"问题产生的原因阐述为"规划和管理不足"和"产权观念扭曲"，讲的是直接原因而非制度性根源。

（2）"村民乱占滥用耕地建房"必然导致一户大宅、一户多宅等现象普遍存在，其结果便是"宅基地粗放利用与闲置"问题的产生。这一点在表3-3当中得到了比较恰当的阐述。

（3）对"粗放利用与闲置"问题的治理，本质上要求农民不得多占且不得转让宅基地，由此又催生出"农房财产权实现难"的问题。其背后的传导逻辑有两点：一是为了治理"粗放利用与闲置"，须以"一户一宅"甚至"一户一居"为法定标准严控多占地建房的行为，这必将导致农民无房宅可转；二是严禁将无偿取得的宅基地"转让"给"外部力量"以获利，致"地不随房走"，催生出"农房财产权实现难"问题。两方面治理的结果，进一步强化了宅基地的居住保障功能。

很明显，表3-3对该问题形成原因的编码分析，抓住了问题的根本。

上述政策方案上的逻辑联系揭示了宅基地制度改革所处的两个"二难困局"。（1）困局1。在占用环节，制度既要为农民"无偿提供居住保障"，又希望"严控乱占滥用耕地建房"行为以治理"粗放利用与闲置"问题；但由于"无偿保障"是"乱占滥用耕地建房"的制度性根源，表明它与治理"乱占滥用耕地建房"和"粗放利用与闲置"两个问题在改革目标上存在方向性冲突，两个方面无法同时兼顾。（2）困局2。在流转环节，相关制度既要"严禁转让"以强化宅基地的居住保障功能，又要求宅基地具备"可转让性"为"农房财产权实现"创造条件，因而"无偿保障"又与"农房财产权实现"在改革目标上存在方向性冲突，两者也无法同时兼顾。

为直观起见，我们将上述各个政策问题解决方案的逻辑联系（实线箭头所示）及其相互冲突所构成的改革困局（虚线所示）绘制成图，详见图3-1。

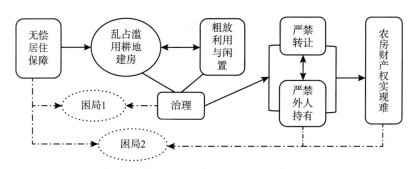

图3-1　问题解决方案的逻辑联系及其相互冲突所构成的改革困局

3.3.2　试点改革面临的共同难题：须在关键问题上进行取舍

图3-1所揭示的两个"二难困局"表明了本轮试点改革所面临的共同难题。正如3.1节所述，已有研究从不同角度指出了宅基地制度的缺陷，如计划经济色彩浓厚、改革滞后、过于重视居住保障功能、流转范围受限、退出机制不畅、粗放利用、闲置普遍等，但并未从深层逻辑上揭示这些缺陷的逻辑关系，更没有看到当下宅基地制度改革所面临的两个"二难选择"困局。与此不同，本章在继承已有研究观点的基础上，综合运用主题分析、评估分析和类型建构分析这三大基本的文本分析方法，总结了不同历史阶段制度变革所面对的核心政策问题及其解决方案上的冲突，发现了两个改革困局：一是"无偿保障"与治理"乱占滥用＋粗放利用"的不可兼得性；二是由"无偿保障"导致的"禁止流转"又与实现"农房财产

权"的不可兼得性。这一发现是对已有研究观点的整合和深化，对于我们分析当下试点改革的宏观路径具有非常重要的启示。

也就是说，各试点地区推行的宅基地制度试点改革并没有一个两全其美的办法，只能在矛盾困局中作取舍式决策。整体而言，在当前及未来相当长的一段时间内，中国面临的改革与发展大势是，在保障国家粮食安全（耕地保护）的前提下加快推进农村城镇化和农民市民化，这就要求宅基地的居住保障功能退居于财产性功能之后。在这样一个大背景下，试点改革与即将全面推行的宅基地制度改革应当淡化"无偿居住保障"功能，将注意力放在如何促进节约集约利用土地和实现农房财产权上面。

这就要求，试点地区应以某一时间节点为界，全面取消目前"无偿取得和无偿使用"的福利分配制度以激励对土地的节约集约利用行为，并区分不同类型的村庄，采取不同的农民居住权益保障方式，如在城郊农村，可将新增农村人口纳入城镇居民保障性住房体系；在一般农村，可在中心村附近规划一个集中居住区，允许农村新增人口采取跨村择位竞价方式有偿获取住宅建设用地①。同时，加快推进宅基地"三权分置"改革，尽可能拓展宅基地使用权的流转时空②，为实现农房（宅基地）财产性功能创造条件。目前，自然资源部已经将宅基地使用权的继承范围拓展至城镇居民③，一些地方政府也在大胆探索拓展宅基地使用权的流转范围④。所有这些，都在进一步佐证本书基于两组矛盾困局提出的"取舍式"对策建议的合理性与可行性。

当然，上述分析是一个参照原则，仅是考察现实改革模式的一个问题标准。不同的村庄应当根据自身资源禀赋特点，选择不同的具体改革模式。这正是下文所要详细探讨的问题。

---

① 本书调研发现，四川泸县、湖南浏阳等试点地区就曾有效实践了这种居住保障方式，值得其他同类地区借鉴和推广。

② 本书调研发现，在本轮宅基地制度试点改革中，四川泸县允许宅基地使用权在县内农村流转，期限为70年；湖南浏阳的"城乡合作建房"模式，允许宅基地使用权在省内城乡流转，期限为50年；陕西高陵区的"共享村落"模式，允许宅基地使用权在全国范围内流转（出租），期限为20年（期满后还可优先续期）。

③ 自然资源部对十三届全国人大三次会议第3226条建议进行了答复，认为"农民的宅基地使用权可以依法由城镇户籍的子女继承并办理不动产登记。参见中国网财经2020年10月20讯。网址：http：//finance. china. com. cn/news/20201020/5399920. shtml。

④ 例如，2020年10月5日，中共海南省委办公厅、海南省人民政府办公厅印发《关于大力发展农村市场主体壮大农村集体经济的十八条措施》的通知中要求：建立城乡统一的农村产权交易平台，逐步将……宅基地使用权纳入交易范围；鼓励农户自行通过协议将闲置宅基地或闲置农房流转给经营者。参见《海南日报》2020年10月16日网络版。网址：http：//www. hainan. gov. cn/hainan/5309/202010/242f9779e01244cb89b65d5dbc4eaed6. shtml。

本 章 小 结

本章借助 NVivo12.0 质性分析软件,对中华人民共和国成立以来 60 份宅基地制度文本进行了系统化编码和分析。主要研究结论如下:

(1) 中华人民共和国成立以来的宅基地制度文本一共阐述了七个务必解决的政策问题,分别是"农民居住权益保障""村民乱占滥用耕地建房""宅基地粗放利用与闲置""干部带头乱占地建房""非法转让宅基地""外部力量侵占宅基地""农房财产权实现难"。

(2) 其中有四个问题持续受到高度关注,表征了其所在历史阶段的核心改革任务:"无偿居住保障"是集体化以来一直在应对的问题,治理"乱占滥用耕地建房"和"粗放利用与闲置"是改革开放以来的重点改革内容,解决"农房财产权实现难"是中共十八大以来改革的新任务。

(3) 由于"无偿居住保障"与另外三个受到高度关注的政策问题在解决方案上存在方向性冲突,致使制度变革陷入两个"二难困局"而无法兼顾:一是"无偿居住保障"与治理"乱占滥用 + 粗放利用"的不可兼得性;二是由"无偿居住保障"导致的"限制流转"又与实现"农房财产权"的不可兼得性。

(4) 破解这两个变革困局并无两全其美之策,只能在矛盾困局中作取舍式决策。整体而言,在城镇化加速发展背景下,适时停止宅基地的无偿分配制度,并尽可能拓展宅基地使用权的流转时空,为激励宅基地的节约集约利用和实现农房财产权创造条件。但是,考虑到中国农村发展的不平衡性,应当允许不同村庄选择不同的改革方案,此即下文要讨论的问题。

由此,本章完成了预定研究目标,揭示了当下试点改革所无法回避的制度困局,为分析本轮试点改革模式寻找到客观的历史起点。

第 4 章

试点地区宅基地制度嵌入式
改革模式的主要类型

第 3 章通过对历史以来的制度文本分析，从制度自述的立场探明了历史遗留下的六个受到高度关注的政策问题及其逻辑关系，揭示了本轮宅基地试点改革所共同面临的改革难题，即两个"二难选择困局"。

本章的研究目的，是在这一历史困局背景下进一步探讨嵌入式改革模式的形成原因、识别方法及识别结果。首先，介绍本轮试点改革是一个"顶层设计与基层探索相结合"的改革方式，这是制度嵌入式改革模式产生的根本原因。然后，在 SSEP 框架下，探索嵌入式宅改模式的识别方法，从理论上界定嵌入式宅改模式的典型类型。最后，基于本书调查所获的质性数据，对嵌入式宅改模式进行匹配分析，对第一批主要承担宅基地改革任务的试点县（市、区）所采取的主要模式，进行模式界定。

4.1 试点地区宅基地制度嵌入式改革模式的形成

美国文化人类学家克利福德·吉尔兹（2000）认为，法律与民族志有相似之处——两者都"致力于在地方性实际状况中看到概括性的原则"。他在考察印度法律时发现，印度法律在其普及的过程中，将与之相遇的东西都变得各自独具特色，其领域呈颗粒状，将一种高度普遍性而又高度抽象的形式分化成一群高度个别化而又高度具体的许多个体现象表现出来，是一个化身的世界[①]。也就是说，在法律人类学家看来，法律（包括一般性的公共政策或普遍性制度）在其实施和发展的过

[①] 克利福德·吉尔兹. 地方性知识——阐释人类学论文集［M］. 王海龙，张家瑄，译. 北京：中央编译出版社，2000：223，255.

程中，会将"成纲成条"的普遍性规定，分化成为"具有多种含义和所指"的地方性知识。这一普遍性制度的地方分化现象在本轮宅基地制度试点改革中，也体现得淋漓尽致。

4.1.1 中央政府进行"顶层设计"

1. 坚持三条改革底线

2015年1月，中共中央办公厅、国务院办公厅颁发《关于农村土地征收、集体经营性建设用地入市、宅基地制度改革试点工作的意见》（以下简称《意见》）规定了五条基本原则，其中第二条基本原则——"坚守改革底线"要求："深化农村土地制度改革，必须确保土地公有制性质不改变、耕地红线不突破、农民利益不受损，坚持试点先行，总结完善后再逐步推开。"后有观点提出第四条改革底线："粮食生产能力不降低"，本质上是"耕地红线不突破"的逻辑延伸。

2. 明确具体改革目标

2015年1月，中共中央办公厅、国务院办公厅颁发《意见》规定了本轮试点改革的主要目标：健全……依法公平取得、节约集约使用、自愿有偿退出的农村宅基地制度。形成可复制、可推广的改革成果，为科学立法和修改完善相关法律法规提供支撑。紧接着，《国土资源部关于农村宅基地制度改革试点实施细则的通知》也提到："按照中央深化农村土地制度改革的有关要求，贯彻落实《意见》确定的总体要求、主要内容和组织实施规定，以切实保障和维护农民宅基地权益为出发点和落脚点，……建立健全'依法公平取得、节约集约使用、自愿有偿退出'的宅基地管理制度。"在此基础上，第二轮试点则在"三权分置"框架下提出了更加丰富的改革目标，即"为建立依法取得、节约利用、权属清晰、权能完整、流转有序、管理规范的农村宅基地制度提供实践经验"。

3. 明确总体的改革任务

2015年1月，中共中央办公厅、国务院办公厅颁发《关于农村土地征收、集体经营性建设用地入市、宅基地制度改革试点工作的意见》规定了本轮试点改革的内容，即"完善宅基地权益保障和取得方式""探索宅基地有偿使用制度""探索宅基地自愿有偿退出机制""完善宅基地管理制度"，简称为"两完善、两探索", 具体内容详见表4-1。

表 4-1   中央"两完善、两探索"的改革任务

中央明确的 改革任务	中央明确的具体内容
完善宅基地权益保障和取得方式	对依法取得、符合规定的宅基地予以确权登记颁证,确保农民现有宅基地用益物权权益。科学确定"一户一宅"的分配原则,改革农民住宅用地取得方式,探索农民住房保障在不同区域户有所居的多种实现形式,健全农民住房保障机制
探索宅基地有偿使用制度	按照规划引导宅基地合理布局,规范用地标准,提高节约集约利用水平。对因历史原因形成超标准占用宅基地和一户多宅的,以及非本集体经济组织成员通过继承房屋等占有的宅基地,由农村集体经济组织主导,探索有偿使用。配合农民住房财产权抵押担保转让试点,慎重稳妥探索农民住房财产权抵押担保中宅基地用益物权的实现方式和途径
探索宅基地自愿有偿退出机制	按照户籍改革的要求,现阶段不得以退出宅基地使用权作为农民进城落户条件。允许进城落户农民在本集体经济组织内部自愿有偿退出或转让宅基地。探索在县城范围内通过土地整治统筹利用农村闲置宅基地的制度安排
完善宅基地管理制度	编制村级土地利用规划,加强村庄宅基地总规模控制。改革宅基地审批制度,使用存量建设用地的,下放至乡级政府审批;使用新增建设用地的,下放至县级政府审批。发挥村民自治组织对宅基地的民主管理作用,新分配宅基地要通过村民会议或村民代表会议公议,并进行公示。探索建立农民集体对宅基地取得、使用、退出以及抵押担保等的审核和管理制度。县级政府要强化对乡(镇)、村宅基地管理和实施情况的监督

在此基础上,第二轮试点改革任务被进一步拓展为"五探索、两完善、两健全",即"完善宅基地集体所有权行使机制、探索宅基地农户资格权保障机制、探索宅基地使用权流转制度、探索宅基地使用权抵押制度、探索宅基地自愿有偿退出机制、探索宅基地有偿使用制度、健全宅基地收益分配机制、完善宅基地审批制度、健全宅基地监管机制"。

4.1.2 试点地区因地制宜进行差异化探索

1. 相关文件的提倡

2015年2月27日,全国人民代表大会常务委员会《关于授权国务院在北京市大兴区等三十三个试点县(市、区)行政区域暂时调整实施有关法律规定的决定》

要求："坚持从实际出发，因地制宜。"2015 年 1 月，中共中央办公厅、国务院办公厅颁发的《意见》也"鼓励试点地区结合实际，大胆探索。"《国土资源部关于深化统筹农村土地制度改革三项试点工作的通知》在第三条"坚守改革底线和基本原则，鼓励大胆探索创新"中规定："坚持顶层设计与基层探索有机结合、良性互动，因地制宜大胆试、大胆闯。既要全方位推进改革，又要突出重点进行差别化探索。"

2. 相关政策及解读

2015 年 3 月 24 日，时任国土资源部部长的姜大明发表的《在农村土地制度改革三项试点工作部署暨培训会议上的讲话》中指出："推进土地制度改革，必须明确路径选择……又要鼓励试点地区结合实际，大胆创新，探索总结出可复制、能推广、利修法的改革经验。"2015 年 7 月 2 日时任国土资源部副部长的王世元《在农村土地制度改革三项试点工作培训会议上的讲话》中也强调："（试点地区）对看得还不那么准、又必须取得突破的改革，可以选进行试点，摸着石头过河，尊重实践、尊重创造，鼓励大胆探索、勇于开拓，在实践中开创新路，取得经验后再推开……农民分享土地增值收益，具体方式试点地区可因地制宜确定。土地增值收益调节金的比例，要求从当地实际出发来合理确定。"2016 年 9 月 21 日时任国土资源部副部长的张德霖《在进一步统筹协调推进农村土地制度改革三项试点任务动员部署会上的讲话》中指出："要把鼓励基层改革创新、大胆探索作为抓改革落地的重要方法。既鼓励创新、表扬先进，也允许试错、宽容失败。"

3. "封闭运行"的强化

中共中央办公厅、国务院办公厅颁发《关于农村土地征收、集体经营性建设用地入市、宅基地制度改革试点工作的意见》和《国土资源部关于农村宅基地制度改革试点实施细则的通知》都要求："……切实做到封闭运行、风险可控，发现问题，及时纠偏。"此处的"封闭"有两层含义：一是指试点的内容封闭，即必须严格按照上述意见和实施细则确定的任务开展试点，不得超出该意见和实施细则范围；二是指试点的地区封闭，即只能在经授权的县（市）开展试点，其他地区不得开展。而且，"封闭运行"要求先有规范和制度，再进行实际操作，走一步看一步，不要大起大落；……不要产生"邻避效应"；领导干部要把握好，不要攀比，不要擅自行动。① 理论上讲，这种制度先行的"封闭运行"模式会进一步强化试点

---

① 参见 2015 年 3 月 23 日王世元副部长《在农村土地制度改革三项试点工作部署暨培训会谈上的解读》。

地区的个性化和差异性，使本轮试点改革表现出"嵌入式"改革特征。

4.1.3 试点地区嵌入式宅改模式的形成：以江西余江和陕西高陵为例进行比较

为进一步检验上面的分析，我们以江西余江和陕西高陵为例，对这两个试点地区的制度进行比较分析，以呈现具有同一性的中央改革精神嵌入地方后所形成的核心制度内容及其差异性。

1. 江西余江与陕西高陵试点实施方案结构形式的比较

改革之初（2015 年 3 月 25 日），时任国土资源部副部长的张德霖《在农村土地制度改革三项试点工作部署暨培训会议上的总结讲话》中指出，"下一步试点地区根据文件精神出台实施方案和政策文件等"，表明试点地区会根据中央文件制定本地的实施方案，这是试点地区推动宅改的综合性指导文件。事实确是如此，我们在调研中发现，所有试点县（市、区）都制定了适用于本地改革的试点实施方案，在遵循中央改革精神的前提下，各有特色。下面仅以江西余江和陕西高陵两个试点县（区）的试点实施方案为例，进行比较分析（见表 4-2）。

表 4-2　　　　　　　　江西余江与陕西高陵试点实施方案的形式比较

	江西余江	陕西高陵	比较结果	
			共同点	不同点
结构比较	六个部分：指导思想、基本原则、工作目标、工作任务、工作步骤、工作措施	六个部分：总体要求、试点目标、基本原则、主要内容、组织实施、保障措施	遵循中央精神，结构完整	在语义表达方式、措辞等方面有显著差异
基本原则比较	3 句话、24 个字：坚持底线，保障权益；政府引导，集体主导；合理利用，有序推进	4 句话、24 个字：坚持问题导向、坚持底线思维、坚持风险可控、坚持改革创新	都强调了底线思维和控制风险之意	高陵强调问题和创新；余江强调集体主导与有序推进
推动措施比较	4 句话、32 个字：成立机构，加强领导；动员群众，统一思想；强化措施，抓好落实；讲究方法，稳步实施	5 句话、38 个字：建立定期联席会议制度；坚持依法推进；建立公众参与制度；加强宣传引导；开展重点课题调研	都强调了领导机构、群众参与的问题	高陵更加强调"坚持依法推进"和"重点本书调研"，进一步突显出问题意识和专业化精神

2. 江西余江与陕西高陵对中央"改革任务"落实方式的比较

表4-1显示，中共中央明确下达了本轮宅基地制度改革的四大任务，简称为"两完善、两探索"，即"完善宅基地权益保障和取得方式""探索宅基地有偿使用制度""探索宅基地自愿有偿退出机制""完善宅基地管理制度"。这四大改革任务在各试点地区也表现出地方化差异。下面再以江西余江和陕西高陵为例，进行比较分析，以进一步证明制度下沉后体现出的地方化差异。比较结果详见表4-3。

表4-3   江西余江与陕西高陵落实"两完善、两探索"改革任务的比较

改革任务	江西余江	陕西高陵	核心差异
完善宅基地权益保障和取得方式	(1) 完善"一户一宅"合理分配机制；(2) 完善"户有所居"保障方式；(3) 保障宅基地用益物权	(1) 实现房地一体的不动产权证书发放全覆盖；(2) 完善户有所居的宅基地取得制度；(3) 优化农村土地空间布局	余江为传统农区，侧重于完善"一户一宅"无偿分配机制。高陵为城郊农村，侧重于确权颁证基础上的"户有所居"保障
探索宅基地有偿使用制度	(1) 强调宅基地的节约集约利用，开展农村土地综合整治，推进秀美乡村建设；(2) 对超占和一户多宅的收取有偿使用费	(1) 有偿使用方面强调"收少数人、少收费"原则；(2) 全域开展住房财产权抵押贷款；(3) 宅基地使用权参与农村集体资产股份权能改革	余江以有偿使用制度为手段，促进宅基地的节约集约利用。高陵以宅基地用益物权实现为目标，推动有偿使用制度改革
探索宅基地自愿有偿退出机制	(1) 建立宅基地集体内部流转制度，2017年开始允许县域范围内流转；(2) 探索闲置宅基地处置和利用方式——宜耕则耕、宜林则林、宜建则建	(1) 引导农民自愿退出，为集体经营性建设用地入市提供更多土地资源；(2) 建立完善退出后的统筹利用机制，兼顾农民财产权利和为经济建设提供用地保障；(3) 2018年推行的"共享村落"模式，允许宅基地使用权全国范围流转	余江侧重于探索对闲置宅基地的因地制宜处置和利用方式。高陵侧重于增加农民收入和集体经济发展
完善宅基地管理制度	(1) 加强总规模控制；(2) 建立健全宅基地管理办法，包括建房管理制度和宅基地审批制度；(3) 完善村民事务理事会制度	(1) 简化宅基地审批程序，下放审批权；(2) 充分发挥村民自治组织对宅基地的民主管理作用	余江的改革更为综合，可能是因为本地建房乱象严重，原有制度不够健全。高陵的改革更为精准，直接瞄准"审批制度改革"这一管理制度改革中的重点

综上可知，中央政府对本轮试点改革进行了"顶层设计"，规定了试点改革的底线、目标和任务，这是改革的共性。同时，中央政府又鼓励甚至要求各试点地区立足本地实际进行差异化探索和创新，这是改革的个性。而且，通过采取制度先行的"封闭运行"方式，进一步强化了这种共性和个性的有机结合，必将在制度嵌入框架下催生出各种极富地方特色的宅改模式。

4.2　试点地区宅基地制度嵌入式改革模式的类型识别

"模式识别"方法诞生于 20 世纪 20 年代，在 40 年代的计算机科学和 50 年代的人工智能科学的大力推动下，至 60 年代成长为一门相当成熟的学科领域。模式识别方法起初应用于计算机、人工智能及其他自然科学领域，后发展到经济、管理、社会、教育等社会科学领域。简单地说，模式识别是用某些特征量，对一组对象进行判别或分类，被分类的对象即为模式，分类的过程称为识别[1]。大体而言，模式识别可以分为基于统计学习理论的统计模式识别和基于语法的结构模式识别，[2] 不过这仍然属于计算机科学领域。本节的主要研究目的是要识别出不同试点地区采取的宅基地制度改革模式，只能借鉴自然科学模式识别理论和方法的基本思路，建立模式识别办法。

4.2.1　识别方法：宅改模式的特征向量选取

由于在同一个试点县（市、区）之内，不同村庄的宅基地资源特征存在巨大的差异，因而特征提取需要以村庄为基本分析单位。提取方法有二：一是要通过定性分析选取特征，得出与研究对象有关的条件；二是在判据表达上要反映特征量的特点（冉洪流和董瑞树，1992）。我们依据本书构建的 SSEP 框架，选择下列特征及其向量。

1. 从村级宅改"状态"中提取特征向量

第二部分已述，在本书构建的 SSEP 框架中，状态（situation）主要指（标的物）物品的特性及其对于人的行为和福利关系的影响。尽管从长期的技术变革视

---

① 冉洪流，董瑞树. 对模式识别特征选取的一点认识 [J]. 高原地震，1992（9）：59.
② 熊承义，李玉海. 统计模式识别及其发展现状综述 [J]. 科技进步与对策，2003（9）：173 – 175.

角来看，物品的特性可能会发生变化，但在制度绩效的分析当中，它们被假定不变。而且，不同的物品特性决定了人们之间不同的相互依赖关系，包括物质（技术）上、心理上、金钱上（市场价格效应）或政治上的相互依赖性。具体到宅基地的"状态"，则有下列一般性特征。

（1）对宅基地"状态"的一般理论分析。首先，宅基地是农民生产和生活的必需用地：一是用于建造住宅，实现其居住功能；二是充当家庭农业生产和生活的辅助性用地，如晒场、畜禽舍、农机具杂物间及庭院种植用地等。其次，宅基地与建造于其上的房子一起被农民视为财产，既是现财又是可世代相传的祖财（或祖业）。前者毋庸置疑，后者已得到众多研究的支持①②。笔者及其团队对江西余江的问卷调查也显示，在 306 位有效样本中（参见表 1 - 1 中的第二轮余江调研），有 185 位（60.5%）认为宅基地是农民世代相传的祖业。再次，宅基地还承载了农民尤其是外迁户（指户籍已迁出的原村民）的故土情结，是他们心目中的"根"。如美国人类学家雷德弗尔德（Redfield，R，1956）认为，赋予土地一种情感和神秘的价值是全世界农民特有的态度③。李伯华、刘艳、张安录等（2015）的调查也显示，乡土情结重是农户流转决策的主要障碍因子④。最后，从宏观角度讲，宅基地还对当地自然生态产生影响：一是在某些本不适合人居的生态脆弱地区，宅基地对生态有破坏作用。二是在某些具有良好生态环境的地区，当地的宅基地财产价值会因良好的生态资源而升值。

（2）由物品特性决定的相互依赖性。农村宅基地的物品特性是由它的居住使用功能、财产功能和情感功能所共同构成的，因此分别决定了如下三个层面的相互依赖性。首先，就居住使用功能而言，农村宅基地兼具稀缺性和非兼容性使用两种属性。稀缺性意味着某一村民的多占行为，是其他人少占甚至不占的机会成本；非兼容性使用特性，意味着在一宅之内扩大某一用途（如晒场）的面积，会减少其他用途（如建造牲畜舍）的面积。两者均会诱发村民尽量多占宅基地的竞争性行为。其次，就其财产功能而言，一是会诱发村民做出扩充宅基地面积、围建庭院、扩充户数等竞争性行为；二是会诱发村民产生私有产权幻觉，承认并尊重他人

---

① 桂华，林辉煌. 乡土社会的产权基础——基于农民土地祖业观的分析 [J]. 二十一世纪，2012 (4).

② 陈锋. "祖业权"：嵌入乡土社会的地权表达与实践——基于对赣西北宗族性村落的田野考察 [J]. 南京农业大学学报（社会科学版），2012 (4)：71.

③ Redfield, R. Peasant Society and Culture: An Anthropological Appoach to Civilization [M]. Chicago: Chicago University Press, 1956, p. 112.

④ 李伯华，刘艳，张安录，等. 城市边缘区不同类型农户对宅基地流转的认知与响应——以衡阳市鄙湖乡两个典型村为例 [J]. 资源科学，2015 (4)：654.

"私产"的合作性行为。如据我们对余江的第二轮调查显示,在306位有效样本中,有176位(57.5%)认为宅基地属于农民私有。最后,就其情感功能而言,农村宅基地是村民尤其是外迁户故土归属感的载体。村民之间会将外迁户视同本村人,默许甚至鼓励他们回村建房。前述问卷调查显示,在306位有效样本中,分别有278位(90.8%)认为户籍外迁的在国有企事业单位工作的原村民仍为本村人,有279位(91.2%)认为户籍外迁的外出经商且在城里购房的原村民仍为本村人。

仔细分析可知,上述与宅基地占用相关的"相互依赖性"特征,实质上可用两个极为重要的品性予以表征:一是稀缺性,二是利用价值。由此可进一步提取两个特征向量:一是稀缺性,可简单分为"高"和"低"两个向量;二是主要利用价值,分别有居住价值、经济价值和生态价值三个方面,现实中至少有"单纯居住价值""居住兼经济价值""居住兼生态价值"三个组合向量。与祖业观相关的宅基地文化价值,其最终还是体现为居住价值和经济价值。据此,我们可构建下列分析矩阵,分析的结果即是由物品特性所决定的"初始的相互依赖性",即围绕宅基地占用所形成的人与人之间的竞争与合作关系。分析结果详见表4-4。

表4-4　　　　　村庄宅基地资源(物品特性)的特征量提取矩阵

		宅基地的主要利用价值		
		单纯居住价值	居住兼经济价值	居住兼生态价值
宅基地的稀缺性	不稀缺	多占超占突出; 多分布在传统农区的非中心村	多占超占突出,多分布在城市郊区农村	①多占超占突出; ②多数分布在山林、水库等生态资源丰富的地区; ③少数分布在生态脆弱的贫困地区
	稀缺	单户居住面积较小,居住相对集中; 多分布在一般农村地区的中心村	单户居住面积较小,居住相对集中; 多分布在城市郊区农村	①单户居住面积较小,居住相对集中; ②多数分布在山林、水库等生态资源丰富的地区,但因交通不便,多数村民处于贫困当中; ③少数分布在生态脆弱的贫困地区

　　注:表内六格即为由物品两类特性(稀缺性+主要利用价值)所决定的"相互依赖性",即村民对宅基地资源所表现出来的对资源的争夺与合作关系。

2. 从村级宅改"目标"中提取特征向量

在本书构建的SSEP框架中,制度结构(structure)既包括静态的制度内容,又包括动态的制度实施方式。前者主要指新推行的行为规则,如合同规则、制定规则的规则等；后者则主要关注这些规则是如何被推行的，包括制度实施主体及其权力结构，制度实施受体及其权利结构，以及制度实施方式即交易类型（谈判型、管理型和身份—捐赠型）等。当下沉到村庄一级时，制度内容及其实施方式会在嵌入当地经济社会环境时发生二次的制度建构，指向并服从于村庄宅改目标。因此，从村级宅改目标中提取特征量，可更好地进行模式识别。由于村庄制定宅改目标离不开本村的宅基地物品特性及其所决定的初始依赖性，故而我们还需要在表4-4的矩阵中进行宅改目标的特征量提取。分析结果详见表4-5。

表4-5   村庄宅改目标的特征量提取矩阵

		主要利用价值		
		单纯居住价值	居住兼经济价值	居住兼生态价值
稀缺性	不稀缺	直接目标：处理多占超占部分，回到公平起点； 间接目标：改善村庄人居环境	直接目标：处理多占超占部分，回到公平起点； 间接目标：盘活利用闲置资源，增加经济收入	直接目标：处理多占超占部分，回到公平起点； 间接目标：（1）生态资源丰富地区，利用其盘活利用闲置宅地； （2）生态脆弱地区，资助原居民移居他村，以保护生态并扶贫
	稀缺	直接目标：进一步提升单位地块安居承载能力； 间接目标：提升农村城镇化水平	直接目标：进一步提升单位地块促进经济发展的能力； 间接目标：进一步提升农村城镇化水平	（1）在生态资源丰富地区，设法利用它，以提升单位地块促进经济发展的能力； （2）在生态资源脆弱地区，资助原居民移居他地，以保护生态兼扶贫

进一步说明：表内六格是在"物品特性"及"相互依赖性"相互作用下决定的村级宅改目标。理论上，一个村庄只有遵循这种目标，改革才能取得因地制宜的改革效果，嵌入式宅改模式由此形成。

4.2.2 识别结果：五种理论类型及其核心构件比较

前文已述，各地为顺利完成中央交办的改革任务，一定会结合自身资源禀赋，选择适合本地的宅改模式。为此，结合表4-4和表4-5，我们可在理论上推导出如下几种宅改模式，分析结果详见表4-6。

表4-6 村庄宅改模式的理论原型

		主要利用价值		
		单纯居住价值	居住兼经济价值	居住兼生态价值
稀缺性	不稀缺	以超占退出和人居环境改善为主要目标的"退出整治模式"	以超占退出和促进经济发展为主要目标的"盘活利用模式"	①以超占退出和生态资源利用为主要目标的"盘活利用模式"。②为保护脆弱生态为目标而资助原居民移居他村的"扶贫搬迁模式"
	稀缺	在"户有所居"保障目标下促进土地节约利用的"集中安居模式"	以提升城镇化水平促进经济发展的"统筹发展模式"	为保护脆弱生态而资助原居民移居他村的"扶贫搬迁模式"

表4-6显示，基于SSEP分析框架，对影响宅改制度绩效的因素提取特征及其向量，分析得到如下五类宅改模式：退出整治模式、盘活利用模式（经济型、生态+经济型）、集中安居模式、统筹发展模式和扶贫搬迁模式。基于此，我们进一步依据SSEP分析框架，可在理论逻辑上提炼出上述五类典型模式的核心构件。为进行直观比较，特将它们列入一张表格内，详见表4-7。

表4-7 基于SSEP框架的五类典型模式核心构件比较

典型模式	状态（S）		制度结构（S）及其嵌入（E）		绩效（P）
	宅基地稀缺性	相互依赖性	因地制宜目标	因地制宜措施	
退出整治模式	不稀缺	超占严重	超占退出、村庄整治	有偿/无偿；村集体与村民互动	一户一宅、村居环境改善
统筹发展模式	稀缺	土地经济价值上升，户有所居成为难题	经济发展＋居住保障	提高宅基地的集约化利用水平；跨区流转宅基地使用权	户有所居/经济发展/环境改善
盘活利用模式	不稀缺	超占严重	闲置房屋及宅基地盘活利用	村集体主导构建市场交易机制	村民收入增加
	良好生态资源	—	闲置房屋及宅基地盘活利用	村集体主导构建市场交易机制	村民收入增加
扶贫搬迁模式	不稀缺	超占危害生态/交通致贫	生态保护	扶贫搬迁＋宅改	户有所居/扶贫
	稀缺	生态脆弱/不适合人居/贫困	生态保护＋户有所居	生态移民＋宅改	户有所居/生态保护

续表

典型模式	状态（S）		制度结构（S）及其嵌入（E）		绩效（P）
	宅基地稀缺性	相互依赖性	因地制宜目标	因地制宜措施	
集中安居模式	稀缺	户有所居成为改革难题	居住保障	提高宅基地的集约化利用水平；跨村流转宅基地使用权	户有所居落实

表4-7清晰展示了五种理论类型的核心构件，包括状态（物品特性＋相互依赖性）及其制度结构的社会嵌入情况，主要包括因地制宜确定的改革目标和因地制宜确定的核心举措。下面先行介绍本书调研组对现实改革案例收集过程（田野调查），然后将其与这五种理论类型进行匹配分析，将现实改革模式进行类型化界定。

4.3　试点地区宅基地制度嵌入式改革模式的主要类型

4.3.1　嵌入式改革模式的主要类型：现实案例与理论模式的匹配分析

1. 现实案例采集过程

2018年6月，笔者主持申报的国家社科基金课题"制度嵌入视角下试点地区农村宅基地制度改革模式的比较研究"以一般项目获准立项（申报的是重点项目）。一般项目最大的约束是经费不够，但是本着踏实做事的初衷，我仍然打算按照申报书中所做研究计划，去往全国宅基地改革第一批试点县（市）进行实地调研。经过文献述评、开题、查阅相关文献、通读中央最新相关制度文本、设计问卷和访谈提纲等一系列前期准备工作，调研时间初步确定在2018年底至2019年初（全国宅基地试点改革工作原定于2018年底全部结束，后再次延至2019年12月）。为了不影响教学工作，我将自己本学期所承担的课程集中在前八周完成。

因为经费和时间都紧张，全国第一批宅基地改革试点县（市）中的西藏曲水县、新疆伊宁市路途太远，且冬季道路难行，所以打算舍弃对这两处的实地调研。此次对宅基地改革的调研涉及的地区广，路线长，且必须深入到农村和农户，我经过反复研究比对，认为自驾车是最经济最便利的交通方式。

2018 年 11 月底至 12 月初，课题调研势在必行。但是，课题组其他成员，从教师到研究生，都因为本学期课程没有结束而无法同行。我本打算一人自驾车前往，但妻子不放心。2018 年 10 月 10 日，我妻子意外摔倒导致左脚踝骨折，遵医嘱，100 天内不能下地行走，已向其单位请了病假。调研出发前，她的脚踝已处于良性恢复状态，拄单拐能勉强行动，所以她决定陪同我完成此次实地调研。她虽然不是团队成员，也不是经济学专业出身，但在硕士研究生阶段有过严谨的人类学方法训练，擅长田野调查并撰写调研日志，意外地成为我此次调研的得力助手。

我们反复研读地图，结合时间点，决定将调研分三阶段进行：

第一阶段（2018 年 12 月初至 2019 年 1 月初）：湖北宜城→陕西高陵→宁夏平罗→青海湟源→四川泸县→云南大理→湖南浏阳。

第二阶段（2019 年 1 月中旬至 2 月初）：安徽金寨→天津蓟州→江苏武进→浙江义乌。

第三阶段（2019 年 2 月中旬至 2 月底）：福建晋江→江西余江。

实际调研时间及路线稍有调整。

调研时间段和路线确定后，我召集课题组成员研讨，最终设计并打印好问卷。我们在网上采购了一千支草珊瑚牙膏，是送给访谈对象的小礼品（因为自驾车且路途遥远，礼品只能选体积小分量轻且实用性强的物品）。最后我们确定在 2018 年 12 月 5 日出发。因为是夫妻关系，我们在调研过程中住宿时方便同住一间房，所以，妻子作为非团队成员，参与到此次调研，在经费开销方面，除了吃饭，别无其他。

通过上述田野调研，我们对全国第一批承担宅基地制度改革任务的试点地区（西藏曲水县和新疆伊宁市除外）推行的宅改模式了然于胸，为下面的现实案例与理论模式的匹配分析准备了丰富的素材（包括制度文本访谈记录和田野笔记）。

2. 现实案例与理论模式的匹配分析

上述五类嵌入式宅改模式仅是理论上的预测，还需要将现实中的试点改革模式与这五类理论模式进行匹配性分析。为此，笔者根据亲赴 13 个省内的 13 个试点县（市、区）的实地调研资料及各地的宅改制度内容，将一些典型试点村庄的改革模式与五类理论模式进行匹配，得到下列分析结果。为了加强比较，我们将各模式的核心构件一并列出，比较结果详见表 4-8。

表 4－8　现实案例与理论类型的匹配

典型模式	状态（S）		制度结构（S）及其嵌入（E）		现实中的代表性改革案例（举例）
	宅基地稀缺性	相互依赖性	因地制宜的核心目标	因地制宜的核心举措	
退出整治模式	不稀缺	超占	居住保障已实现的前提下，通过"超占退出＋村庄整治"以改善人居环境	无偿退出（超点部分）与村庄整治	江西余江的大部分村庄
				有偿退出（扶贫）与整村改造	青海湟源和平乡马场台村
				退出整治与集约化安置	福建晋江内坑镇砌坑村
统筹发展模式	稀缺	土地经济价值上升，户有所居成为难题	经济发展＋居住保障	提高宅基地的集约化利用水平；跨区流转宅基地使用权	浙江义乌的大部分村庄（第一轮宅改完成后继续推进"乡村有机更新"模式）；江苏武进的大部分村庄（如嘉林镇双蓉村、嘉泽镇西城村、横山桥镇东城湾村）；福建晋江的若干村（如瓷灶村）；四川泸县的谭坝村；天津蓟州的小川芳裕村
盘活利用模式	稀缺、有良好外部需求	－	居住保障实现前提下的盘活利用	村集体主导构建市场交易机制	陕西高陵张南联村的"共享村落"模式
	良好生态或其他特色资源	－	居住保障实现前提下的盘活利用	村集体主导构建市场交易机制	湖南浏阳张坊镇的田溪村（旅游民宿）和上洪村（城乡合作建房）
			居住保障实现前提下的盘活利用	政府主导	云南大理银桥镇上阳波村的"古宅保护"模式
	不稀缺、有良好外部需求	超占	居住保障实现前提下的盘活利用	村集体主导构建市场交易机制	浙江诸暨东同山镇布谷村、岭北镇孚家湖村，白湖镇新泉村（非试点村）*

续表

典型模式	状态 (S)		制度结构 (S) 及其嵌入 (E)		现实中的代表性改革案例 (举例)
	宅基地稀缺性	相互依赖性	因地制宜的核心目标	因地制宜的核心举措	
扶贫搬迁模式	不稀缺	超占危害生态/交通不便致贫	生态保护+居住保障	扶贫搬迁+宅改（搬离原村址）	安徽金寨大部分村庄；青海湟源巴隆乡上浪湾村；云南大理凤仪镇三哨村
	稀缺	生态脆弱/不适合人居/贫困	生态保护+居住保障	生态移民+宅改（搬离原村址）	宁夏平罗的"集中安置"模式（如庙庙湖村）和"插花式安置"模式（如黄渠桥镇的四渠村）
集中安居模式	稀缺	户有所居成为改革难题	节约集约用地+居住保障	宅基地使用权跨村流转、择位竞价	湖南浏阳大瑶镇南山村的芙蓉小区和新河小区；沿溪镇的沙龙村蝴蝶花园小区。四川泸县的复兴村、田坝村。江苏武进（双龙村）、福建晋江、天津蓟州、湖北宜城等地多个的"集中安居"，无法一一列举（因数量多，当属此类型）近两年来处于舆论风口的山东"合村并居"模式，当属此类

注：闲置农房这样被盘活（人民眼·乡村振兴），人民日报，2020-11-06. http://society.people.com.cn/n1/2020/1106/c1008-31920698.html.

表4-8显示，五种理论模式具有非常好的概括性，现实中又会分化出更多更丰富的子类型。

（1）在"退出整治"模式中，分化出三种子类型。一是以江西余江大部分村庄改革为代表的无偿退出（超占部分）兼村庄整治模式（后文会详细介绍该改革模式）①；以青海湟源和平乡马场台村为代表的有偿退出与扶贫改造模式；以福建晋江砌坑村为代表的退出整治与集约化安置模式等。此处需要特别说明的是，"退出整治"模式是在原村址上进行宅改和村庄整治，而"扶贫搬迁"模式则是搬离原村址重新安置。余江模式将会在第5章予以详细研究，下一节会以田野笔记的方式，原汁原味地展现青海湟源的有偿退出与扶贫改造模式和福建晋江的退出整治与集约化安置模式。

（2）在"统筹发展模式"中，没有发现新的子类型，但各地改革举措不尽相同。例如，四川泸县的谭坝村将宅基地、集体经营性建设用地、农地等三块地的改革联动起来，推动了村庄人居环境、乡村工业和观赏农业等产业兴旺，三年内由一个省级贫困村，发展成为明星村（后文会详细研究该改革模式）。又如，浙江义乌的经济极为发达，城市化水平非常高（义乌是建在宅基地上的城市——宅改办某领导语），该市允许宅基地使用权在全市农村居民中流转，择位竞价，主要目的一是实现居住保障，二是为发展经济服务——一楼可建成店铺出租，其余楼层可建成出租房供外来务工者租住。四川泸县谭坝模式会在第7章中详细研究，下一节会以田野笔记模式原汁原味地展开浙江义乌的改造模式。

（3）在"盘活利用"模式当中，分化出四种子类型：一是陕西高陵张南联村的"共享村落"模式，在该模式中，土地资源稀缺、村民外出定居者多，故而房屋闲置普遍且有很好的外部需求（离西安市50千米）。二是湖南浏阳张坊镇田溪村的"旅游民宿"模式和上洪村的"城乡合作建房"。这两个村自然条件非常好，其一可以发展旅游，其二可以吸引城市居民来此居住养老，因而有盘活利用的可能性。三是以特色资源保护为主要目标的"古宅保护"模式。这类保护模式几乎各地都有，我们在实地调研中重点考察了云南大理银桥镇上阳波村的"古宅保护"模式。四是浙江诸暨市的闲置农房盘活利用模式，该市并非第一批试点县（市、区），其"状态"与陕西高陵张南联村稍有不同的是"宅基地不甚稀缺"，全国有很多这类地区，难以在上表中一一列出。陕西高陵张南联村的"共享村落"模式、湖南浏阳张坊镇田溪村的"旅游民宿"模式和上洪村的"城乡合作建房"模式，

---

① 笔者曾经专门研究过余江的嵌入式宅改模式，有兴趣的读者请参见《制度嵌入的逻辑——农村宅基地制度试点改革"余江模式"解析》，经济管理出版社，2017年。

将会在第 7 章中进行案例描述和比较分析。浙江诸暨市的闲置农房盘活利用模式并非第一批试点地区，未纳入我们田野调查对象。下一节会以田野笔记的方式，原汁原味地展现云南大理银桥镇上阳波村的"古宅保护"模式。

（4）在"扶贫搬迁"模式中，分化出两种子类型：一是土地资源不甚稀缺且多位于深山或水库周边，政府因为生态保护及扶贫需要，对原村庄进行整体搬迁的宅改模式。符合这种改革模式的试点村庄有安徽金寨的大部分村庄，青海湟源巴雁乡上浪湾村和云南大理凤仪镇三哨村，等等。二是因为生态脆弱不适合人居，实质上可将其看作土地资源稀缺的一种特殊状态。在这种情况下，政府因为生态保护及扶贫需要，而对原村庄实行了整体搬迁的宅改模式。典型模式有宁夏平罗的"集中扶贫搬迁"模式（如庙庙湖村）和"插花式移民"模式（如黄渠桥镇的四渠村）。下一节会以田野笔记的方式，原汁原味地展现其中的典型模式。"集中安居模式"没有发现新的子类型，但各地有不同的改革举措。大部分地区建造低层安居小区；在土地资源更加稀缺的地区，则会建造高楼（公寓）吸引村内外无宅基地建房的村民购房安居，如福建晋江内坑镇砌坑村就在村内宅基地上兴建有一栋十几层的高楼。虽如此，这种改革模式仍有共同特征，如土地资源稀缺引致居住保障困难，需要提高土地的集约化利用水平才能实现户有所居；或允许宅基地使用权跨村流转，结合择位竞价机制为安居小区筹措资金等。实际上，我们调研发现，这种模式在 2015 年宅改之前就在一些地方进行了探索和实践，如湖南浏阳南山村的芙蓉小区、湖北宜城流水镇的黄冲村安居小区等。

当然，此处需要特别说明的是，即使在每一个试点县（市、区）内，村庄之间的资源禀赋差异也非常大，改革类型极为多样，决定了上述理论模式与现实案例的匹配性分析无法穷尽所有个案，表 4－8 完全有可能遗漏某些子模式类型。

4.3.2 五类嵌入式改革模式的情境特征：田野调查（节选）

对于上述改革模式，本书将以三种方式予以呈现：一是基于本书构建的 SSEP 框架，从不同类型中择取三类典型案例，进行多案例比较，从中提炼嵌入式改革模式的运行机理，这是第 5 章的研究任务。二是从同类改革模式中择取多个典型案例进行比较，从中分析嵌入式改革模式的局限性，这是第 7 章的研究任务。三是对那些暂时用不上即不能充当其他研究素材的案例，以田野笔记的形式原汁原味（不加任何评论分析）地展现其特征，这是本节的研究任务。

1. "退出整治模式"列举

（1）青海湟源"有偿退出与扶贫改造"宅改模式的田野调查。

2018 年 12 月 18 日　周二　地点：青海湟源　天气：晴

上午在酒店休整半天，早早地吃了中饭，我们选择和平乡马场台村作为湟源调研的第一个点。这个村是湟源县宅改试点村之一，县里曾在这个村召开过现场动员大会。

马场台村离县城比较近，从"西倒一级公路"往西北方向开，不多一会左拐进入一条乡道，乡道弯弯曲曲，比较破旧，硬化的路面有些地方已经损坏，略感颠簸，路面也比较窄，会车时得将车速降至最慢。途经和平乡白水村，再往前，有一处路面大面积结冰，我们沿着别人的车辙，小心翼翼地通过。稍后，路面略变宽，也比较平坦，前方的天空湛蓝湛蓝，有一种豁然开朗的感觉。右边绵延着不高的山，山顶被雪覆盖。山脚距路边大约几十米的距离，是相对平整的草地，这个时节的草已经稀疏枯黄，覆盖着薄薄的一层雪，几匹马正悠闲地在雪地上低头觅食。

马场台村民居

　　往前再行了几分钟，便看到"马场台村"的村牌。马场台村一看就知道经过了旧村改造：村内房子排列整齐，排与列之间的道路全部硬化；家家户户独门独院，但院墙和院门的样式完全相同；院子大约五六十平方米，从院门往里看，坐北朝南的新平房，房子南面一排大玻璃窗，午后的阳光透过玻璃照进室内，明亮温暖，平添了几分祥和。一面向阳的墙根底下，七八位年纪较大的村民正在晒太阳，这一景象让我们感到很惊喜，因为相比于在宁夏一家一户去敲门访谈，这儿能看到一堆人集中在一处自然更有利于我们展开工作。村民们见到我们二人，都用惊奇的眼神打量着。当我们说明来意后，他们很友好地表示愿意配合。对于村里的宅基地改革，这几位村民们都表示很满意。并且告诉我们，村里有不少人家宅改前的面积很大，宅改后规定面积几乎比原来的小了一半，但大家都自愿退出超标的宅基地，支持宅改、支持旧村改造。问他们为什么愿意，村民笑着说，原来虽然大，但脏乱得很，现在新房子漂亮，村里也比原来干净多了。因为这些村民普遍识字不多，我只能挨个儿读问卷给他们听，但可以感受到他们在回答问题时很诚恳。

　　一个下午在马场台村转来转去，看到好几处墙根底下，村民们三五成群地一起晒太阳。其中有一处是几位妇女，一边晒太阳一边手里正在做女工，有用毛线织拖鞋的，有绣十字绣的。我夸她们活儿做得好，她们很谦虚地说："不好，不好，做着玩的。"问她们对于村里的宅基地改革什么看法，她们也都表示很满意，说建新房政府补贴了钱，差不多每家补了 8 万元。于是，我问她们，为什么马场台村能成为试点，别的村没有成为试点，尤其同一个乡的其他村，见到马场台村能补贴这么多钱盖新房，会不会觉得不公平。这几位妇女说是因为她们村全村人意见能统一，大家都愿意拆掉老房子盖新房，别的村户数更多，很难统一意见。

马场台村访谈晒太阳的村民

后来我们在一处墙根底下席地而坐的晒太阳的人群中，巧遇马场台村村支书。这位年轻的村支书，看着不超过三十岁，身材高大，脸上是标志性的高原红，很憨厚的样子。听我们说是调研宅基地改革的事，他毫不反感，更无任何防范的神情，也没问我们是不是和县里打了招呼，很自然地回答了我们的问题，并且填答了一份问卷。我们又问支书为什么马场台村能成为试点村，支书的答案和之前那几位妇女的答案是吻合的。支书告诉我们，当时召开村民大会，向村民征询意见，有百分之七十八的村民同意宅基地改革。我们指着村尾的几处旧房子，问这几家是怎么回事，支书说这几家是坚决不同意改的，不同意也不强迫，就让他们保留着，但是盖新房的补贴款自然也不会给这几家。

四点多之后，太阳热度渐渐下降，晒太阳的人群陆陆续续散了，我们从马场台村离开，路边山脚的马儿还在蓝天下雪地上悠闲地甩着尾踱着步。回程时，再次经过白水村，看见十来个村民在一处背风的墙角闲聊，我们赶紧停下车，对这些村民进行访谈并采集问卷。访谈中得知，白水村的宅基地改革模式不同于马场台村，不是整村改革，而是就地改造。

今天是此次调研过程中最顺利的一天，轻轻松松完成了两个村的访谈，采集有效问卷 28 份。

（2）福建晋江“退出整治与集约安置”宅改模式的田野调查。

2019 年 2 月 12 日　周二　天气　晴　地点：福建晋江

上午选定内坑镇的砌坑村为调研目的地。根据网上资料，砌坑村是晋江市 19 个试点村之一，主要举措是结合村庄整治对宅基地进行再分配，退出宅基地 196 宗、面积 105 亩，集中建设单体、多层、小高层安置楼用于村民安置。资产置换方面，采取宅基地退出置换安置房等资产，盘活和整治了零散宅基地，实现村民安居和资产增值。

我们来到砌坑村，果然见到村里新修的道路，有来回两车道，道路两侧是新建的村民居住楼，有独栋的，有连排的，还有几栋高楼。

砌坑村村民集资建造的高层公寓

砌坑村宅基地退出与流转办法

我们随机找了几个村民访谈，所说情况基本吻合。这些高楼是拆了旧房的村民集资建的，多出的套数，允许接下来打算拆旧房的人购买。问他们旧房拆除后的老宅基地怎么处理，有村民说是栽树绿化，有的说还给村里搞建设。访谈中还得知，这个村的村民多数在全国各地做生意，其中一位接受我们访谈的村民就是在云南做瓷砖生意的，过年才回来，几天后又要去云南了。而且村支书就是个企业家，在香港和澳门都有产业，算是能人治村。村委会办公楼、村老年活动中心、村小学都是乡贤捐建的。在村委会办公楼前的公告栏中，我们看到了"砌坑村宅基地有偿使用和有偿退出办法"。

整个砌坑村全都姓尤，但同一姓也分为不同的宗族，因此我们见到了好几处宗族祠堂。祠堂的规模大小不一，建筑风格相似，飞檐斗角，墙壁有镂空雕花图案。其中有一族的祠堂建得最为精美，管理祠堂的尤老先生，见我们要参观，热情地拿来钥匙开门，让我们进入祠堂内，并告诉我们，这个祠堂是他们家族内部的人捐资建造的，总价230多万元，摆放祖宗牌位的神龛及供桌都描了24K黄金。祠堂的格局与四合院有点相似，中间天井上方用透明树脂材料封闭，既能透光，又能防尘防鸟。尤老先生还告诉我们，他们族的集体祭祀活动在每年的腊月二十八，除了全族的集体祭祀，还有家祭，家祭的时间不统一，由各家自行决定，各家一般在自己的先祖忌日进行家祭。

砌坑镇尤氏祠堂

在砌坑村路边的一面墙上，见到贴有一张红纸，毛笔手写字，字体非常端正漂亮，笔锋老练，是村里南音教学培训班的招生启事，落款为砌坑村老人会。就我所知，南音有"中国音乐史上的活化石"之称，发源地就是福建泉州，用闽南语演唱，也称"弦管""泉州南音"，是闽南地区的传统音乐。起源于唐，形成于宋，唱法上保留了唐以前传统古老的民族唱法，据说具体演唱演奏过程中的二度创作极富随意性，而且南管在演奏上也保持了唐宋时期的特色。其音乐主要由"指""谱""曲"三大类组成，是中国古代音乐体系比较丰富、完整的一个大乐种，是"人类口头及非物质遗产代表作"，是世界级非物质文化遗产。但是从未亲耳听过演奏，今天在这儿看到毛笔手写的南音教学培训班招生，而且是以老人会的名义招生，突然就有一种穿越时空的怅惘。就在我恍恍惚惚间，转个弯居然又看一样历史感特别强的东西：一间低矮却仍然很好的小屋的一面外墙上一行排刷标语"抓革命、促生产"。我不禁由衷感叹，这个地方怎么随处是活化石！

2. "统筹发展模式"列举：浙江义乌市的田野调查

2019 年 1 月 30 日　周三　天气　晴　地点　浙江义乌

今天上午，我们选定佛堂镇的下叶村作为第一个调研目的地。佛堂镇是个古老集镇，历史久远。据（嘉庆）《义乌县志》卷 2 第 61 页记载："万善桥（义乌）县南三十公里佛堂镇。乾隆庚辰（乾隆二十五年，公元 1760 年）王以琳、吴周士等倡建浮梁。"知县杨春畅在乾隆二十八年七月记述："距县（义乌）之南三十里有佛堂市镇，其地四方辐辏，服贾牵牛，交通邻邑。"从知县这篇记中足以证实在240 年前佛堂已称为"镇"，且是个相当兴盛的市镇了。

　　佛堂镇下叶村有农户 327 户，在册人口 669 人。义乌市农村土地制度改革试点工作开展以来，下叶村实施农村更新改造，首先解决村里住房困难户和 C、D 级危房户的建房难题。至 2017 年底前已拆除 56 户农户 4 800 平方米旧房。因为村子里要求参加农村更新改造的农户较多，村里主要采用有偿选位的方式，在村集体组织成员内部进行竞价择位，非本集体组织成员不得参与。

　　我们到达下叶村村委会门口，首先看到的是村委会大门两旁张贴的关于村民申请住宅用地审核情况的公示，时间分别为 2018 年 9 月 3 日和 9 月 30 日。9 月 3 日公示的有 175 户，9 月 30 日公示的有 45 户。公示内容包括户主、成员姓名，原有住宅面积，家庭成员关系，成年子女与父母之间宅基地分配情况，本次拟报批的宅基地面积等。除此之外，还有下叶村改造规划（调整）的公示以及规划平面图。

总体给人的感觉是村务公开透明，但是村委会里面没有人办公，门外张贴着村委会各成员的手机号。

我掏出手机，拨打村支书的手机，很快打通了，对方很礼貌地问我什么事。我先简单地做自我介绍，然后说希望能向他了解一点下叶村改的情况，对方回答说今天村委会成员正好全都要去镇里开会，所以没有人在村里值班，但是可以在电话中回答我的问题。我向这位支书主要了解两点情况，一是如何认定村集体组织成员资格；二是村民更新改造房子，最大面积是多少。对方回答是，村集体组织成员认定主要以户口为依据，户口在本村的当然是村集体成员，户口迁出的就不是了。如果因为上学或当兵在外地工作，户口迁出，但其父母户口仍然在本村，迁出的子女仍然可以继承父母的宅基地，但要缴纳有偿使用费。另外，外嫁女如果户口迁往夫家，并在夫家村庄享受了宅基地分配，则在本村不再享受，但外嫁女离婚后回到本村，仍然属本村集体成员。村民更新改造房子，人均面积不超过 30 平方米，每户最大面积不超过 132 平方米。

今天正好晴天，村委会旁边就是老年活动中心，不少老人在此晒太阳、聊天。我们顺便对几位老人做了随机访谈。老人们说村里不少人家已经在村前集中建房了，新建的房子要求统一建筑风格。老人们还说，建了新房是要拆除旧房的。我们按照老人指点的路线，找到了集中建房的地点，位于村子前面，靠近大路。两三排新房，连排的布局，每排大概五六户，主体部分基本完工，脚手架还没拆除。我们正在打量这些房子时，有一位中年妇女也在打量我们。我问她，这几间新房中是否有她家的，在得到她肯定回答后，我夸她家房子做得气派。她先是谦虚地说，没挣到钱，有钱的都到城里买房了，没钱的才在农村建房。我说城里买的房除非是别墅，否则哪有这个自建的舒服。这位妇女一听很开心地表示赞同，而且强调她们村里的路现在也修好了，垃圾也统一管理，空气还比城里的好。告别这位妇女后，我们沿着一条石板路继续往村内走，路两边的民居一看就是原来的布局，无规律的错落排列，房子的外观也各有其貌。忽然，在几栋楼房之间，发现一块"盆地"——几间低矮的平房，占地面积明显不足，房主是一对六十岁左右的夫妻，坐在门口择菜，气态从容平和。我笑着向他们问好，并问他们是否本村人，他们说是的。我进一步问，前面正在盖的新房当中是否有一栋是他们家的。女主人说没有，接着又说，她儿子在城里买房了，所以没有钱在村里交择位费建新房。在村里，我们还看到一些比较新的自建房，估计不到十年的房龄，但是看面积明显超过132 平方米。上前找到房主攀谈，果然都是 2010 年至 2015 年之间建的房子，面积也确实或多或少的超标了。房主说，超标部分按平方米交钱，超得多的人家要交十几二十万元。整个下叶村，除新规划的建房区域外，其他民居的排列布局基本呈无规律状，保留着传统村庄的面貌，有着典型的南方村庄的特色，有些民房之间间距很小，各家的建筑样式也各不相同。村内道路也不像北方村庄那样整齐地纵横排列，而是宽窄不一，曲径通幽。但是所有道路，都很干净整洁，路边的卫生设施也都很完善。

笔者访谈下叶村村民

离开下叶村后，我们又来到江东街道。根据我们在网上收集到的资料显示，江东街道今年六月以来，致力于推进农村土地制度改革工作，在宅基地制度改革、"集地券"、农村集体经营性建设用地入市等多项工作方面取得了优异的成绩。[①] 其中，"集地券"[②] 能有效盘活建设用地存量，促进集约用地，是农村土地制度改革的一项重要创新。

我们先来到江东街道孔村社区，这里也是义乌市农村宅基地跨村（跨镇街）

---

① 参考《义乌江东街道积极推进农村土地制度改革》，浙江新闻客户端：https：//baijiahao.baidu.com/s？id＝1603323796529245087&wfr＝spider&for＝pc，2018－06－15.

② "集地券"制度是义乌市被确认为全国农村宅基地改革试点市以来，在农村土地制度改革领域取得的一项最新成果。"集地券"制度的核心在于盘活农村集体存量建设用地，在符合规划、符合基本条件的前提下，鼓励农村、农户将闲置、废弃和低效的建设用地先实施复垦，验收合格形成相应建设用地指标。各街镇形成的"集地券"允许较大比例由镇街自行安排用于农民建房需要，既增强农村、农户复垦形成"集地券"的积极性，又在很大程度上保障了农民建房的用地需求，有效缓解农民建房用地指标的"瓶颈"制约。

安置政策的试点地区，孔村黎明湖路北侧的 88#、89#地块就是跨村（跨镇街）安置试点。我们来到孔村时，已时近中午，孔村的党群服务中心设在一栋四层高的楼内，一楼是孔村社区警务室和便民服务中心，但此时警务室已关门，便民服务中心门开着，但室内昏暗，凑近门口一看，也没看到有人办公或走动。估计是下班吃中饭去了。我们就在党群服务中心门口的宣传栏面前浏览。宣传栏内，张贴着孔村的村情介绍、村干部照片以及村干部分工及值班安排。另有一栏专门贴着孔村党员户的家规家训一览表，这是我们田野调查这么久以来，之前在其他地方从没见过的。根据村情介绍，孔村在 2003 年 9 月就得到了义乌市建设局的批准进行旧村改造，2008 年旧村改造一期已经动工。经过这些年，目前全部的旧村改造工程已经完工。我们在一块宣传栏还看到孔村文化礼堂和幼儿园规划调整方案的公示。这个公示有效期是 2018 年 7 月 26 日到 8 月 4 日，但是在公示的方案底部，附有孔村旧村改造规划平面图。从整个规划图来看，孔村已然完全社区化。传统农村的气息已经彻底消失。我们在孔村社区内随意边走边看，希望能随机访谈到几个村民。但可能因为年关将近，外来人口很多都回乡过年了，社区内冷冷清清的，难得遇到两位看着有七十多岁的老太太在一条石凳上晒太阳，我上前和她们打听村里情况，但是老太太们听不清我的话，她们那非常地道的吴方言，我也听得迷迷糊糊，连蒙带猜的，也没弄明白几句，只好作罢。

午饭后，我们又来到与孔村相距不足十千米的北苑街道下山头村。下山头村和之前的孔村一样，也是义乌市农村宅基地跨村（跨镇街）安置政策的试点地区。2018 年初，北苑街道下山头村推出跨村（跨镇街）安置宅基地 40 间，柳一村推出24 间，以及福田街道西张村推出了 15 间，共 79 间宅基地业已全部成交，中标农民共 28 户，总成交价款 3 636.61 万元。[①]

我们以"下山头村"为导航目的地，导航把我们带到下山头村党群服务中心，服务中心门口挂了很多牌子，比如"下山头村便民服务中心""下山头村公共法律服务点""下山头村出租房屋管理服务站""下山头村食品安全工作站"等，紧靠便民服务中心，隔壁一间挂着"下山头村股份经济合作社"的招牌，但是门没开。便民服务中心倒是开着门的，我们进去一看，里面是柜台式布置，柜台内有一位中年男性在值班。见到我们进来，这位值班人员很礼貌地问我们办什么事。我们把来意告诉他，对方没有我们在其他试点县的那种警惕感，而是很坦然地问我们："你们想了解什么情况？"我们问他，新闻上说的跨村跨镇街安置是否真有其事？他笑

---

① 澎湃新闻《改革勇立潮头！义乌率先在浙江开展宅基地跨村跨镇街安置试点》，https：//www. thepaper. cn/newsDetail_foruard_2819954，2019 – 01 – 06，10：41.

着说："肯定是真有的,这个难道还能骗人?就是前不久推出的,推出的 40 间宅基地就在村里的 59 幢、81 幢、82 幢、83 幢。"一边用手指着便民服务中心前方,说:"前面就有正在建的房子,你们也可以到现场去了解。"按照他指引的方向,我们在村子最前排找到了几间正在建设中的宅基地,不过工地上没看到人在干活。整个下山头村也是完全社区化,所有民宅看着都像一排一排的商品房,而不像我们之前在下叶村看到的那种自建别墅风格。只是楼层数比商品房的少,所有的楼都只有四层。村里也几乎看不到人走动。这些房子的一楼有不少是店铺式装修,根据店铺门口的招牌,这些店铺是各行各业都包括。当然,最多的还是小餐馆。但这个时间,小餐馆也多数是关着门的。

回到便民服务中心,先前那值班员还在,我们又问他,为什么村里的房子全都是这种商品房样的建筑样式。他告诉我们说:"我们村里外来人口比本地人多,村民建房都是建成这种样式的,这样建方便出租。而且我们这里宅基地按间数算,每间 36 平方米,一户如果人口少,只有一间宅基地,如果建四层,也能有几间房间可以出租,所以不适宜建成独栋别墅样式。"我很好奇,这种商品房的样式,出租给外来人口,那房东住哪?怎么保证自己的居住环境?值班员说,房东都住顶楼,一般顶楼都会有露台,所以住得更舒服,也不会受租户干扰。我恍然大悟,难怪刚才我们在村里看到不少房子的顶楼露台都装扮得很有情调的样子。另外,值得一提的是,在这个便民服务中心,我们第一次看到"让群众跑一次"的服务理念。一开始还弄明白怎么回事,值班员给我们解释后才知道是为了方便群众办事,很多手续简化,相关服务也尽量衔接好,让群众办事只需要跑一次。

根据下山头村的村情介绍，这个村也是 2006 年开始全拆全建式的旧村改造。村里在册人口只有 386 人，而外来流动人口则有 3 600 余人。外来人口几乎是本地在册人口的 10 倍。这个村情介绍是在村里的宣传栏里看到的，下方没有署时间，但另一块宣传栏中的村规民约时间为 2015 年 8 月 15 日，所以村情介绍也不一定是今年的最新版本最新数据，最新数据也许外来人口还不止这个数。所以这类农村的宅基地 79 间（每间 36 平方米）总成交价款能达到 3 636.61 万元，平均每间价格 46 万多元。想起我们在西北三省调查时，那里的农村宅基地收取的所谓有偿使用费，简直就是象征性的。经济学中的地价理论在现实案例中再次得到证实。

随后我们又来到邻近的柳一村，柳一村的党群服务中心一楼，也挂着"柳一村股份经济合作社"等招牌，但是没有人值班。党群服务中心门前的空地上，照样有着宣传栏，我们在宣传栏中看到，柳一村于 2016 年完成旧村改造。常住人口 1 678，外来人口 20 000 余人，是常住人口的 10 倍多。整个村子也是社区式规划和下山头村风格非常像。但看着比下山头村还要冷清。所有民房的一楼几乎全是店面，也几乎全关着门。这才提醒我们，年关真的近了。

我们在宣传栏中还发现一份公示期（公示期为 2018 年 11 月 26～28 日）已经结束，还没来得及撤下来的《义乌市北苑街道柳一村家宅基地整备方案》。这份整备方案中所提到的位于柳青三区 11 幢和 25 幢的整备土地，共 24 间 864 平方米，就是柳一村作为跨村（跨镇街）安置的试点宅基地。

下午天气由晴转为阴，气温也下降了，我们在村里转了好几圈，一个可以访谈的对象都没遇着。最后，我们只好离开柳一村，准备趁天色还没暗，再去往同为农村宅基地跨村安置试点的福田街道西张村看看。但是导航目标设为西张村，却一直把我们带到福田街道诚信社区。诚信社区成立于 2010 年 8 月，由原来的畈田王村、草塘沿村、殿山村、北门区块、西张村及宗宅村小部分拆迁安置区组成。社区总面积 1 平方千米。户籍人数 3 200 余人，流动人口 8 000 余人。和之前的下山头村、柳一村相比，这个社区的流动人口比率已经算很低的了。诚信社区无论从社区环境、氛围，还是规模，也都比前两个村更显城市化，一丝一毫的农村气息也找不到了。而且这种社区化，也不是 2015 年义乌市成为宅基地改革试点地区才有的现象。

2019 年 1 月 31 日 周四 天气 小雨 地点 浙江义乌

今天吃过早饭后，我们前往义乌市国土资源局，进门后打听到宅改办在三楼。上到三楼，很快找到宅改办，宅改办里好几个人都在忙着手头的事。但是一听我们的来意，宅改办李主任立即很热情且很专业地找出一沓资料给我们，并且自己手里拿着笔和笔记本在前面领路，说："走，我们上四楼的会议室去谈。"我们跟着李主任来到四楼会议室，进门后李主任给我们每人倒了杯水，然后很自然地找到了个位置坐来，很正式地接受我们的访谈。那动作的娴熟、自然与专业化，让人一看就知道他之前经常接受类似的访谈。

义乌市宅改办李主任在会议室接受访谈

我主要问了李主任义乌市在宅改方面的一些创新性政策，侧重于宅改制度在嵌入义乌当地实际情况时的具体改革措施。比如"集地卷""跨村跨镇街安置"等，以及农民申请宅基地建房时"择位竞价"的具体操作。李主任一一做了耐心且专业的回答。他主要谈到义乌小商品经济发达，在全国都影响重大，因此，义乌吸引了全国各地大量的外来人口。而义乌的宅基地改革，尤其是市郊的农村宅基地改革必须依托这个现实，切实考虑农民的利益，改革才能真正推行并取得成效。义乌所有改革政策和具体措施都是建立在这个大前提下。

访谈结束后，李主任很真诚地挽留我们吃工作餐。我们谢绝，并告诉他说还要抓紧再去几个村里实地看看。李主任礼貌地送我们下到一楼大厅，并且主动和我加微信，说后面如果有新的改革动态，随时会发新政策的电子版给我们。出了国土资源局大门，发现我们车子前挡风玻璃上放了张违停罚款通知单，因为今天对李主任的访谈非常顺利、愉快，我们对这张罚款单也没有那么介意了。

离开国土资源局后，我们决定再去义亭镇的缸窑村看看，义亭镇缸窑村地处义乌市西南，距义乌市二十千米，距义亭五千米，虽然不是宅基地试点村，但是因为村中有个古老的陶器龙窑而著名，有宋朝以来历经千年的陶器生产，算是义乌市辖内一个历名悠久的村子。我们想看看，除了市郊那些社区化程度很高的农村，这种传统的村落在宅基地改革方面有没有推进。

来到缸窑村村口，首先看到的是一只大缸，缸身外表面刻着几条中国龙，整个缸体高约 5.5 米，号称"天下龙缸"的，龙缸边上还放着两个日常尺寸的缸，似乎是专门用来陪衬"龙缸"的，突显龙缸的霸气。这个巨型龙缸应该是缸窑村的标志。衬着龙缸的还有两块照壁，壁上图文并茂地介绍了村落古今、陶艺春秋，以及缸容百物、缸纳千品的古今佳话。因为我们的目的是对宅基地改革进行调查，所以粗略地看了看这个宏伟的村标后继续往村里前行。

村中的道路中间是青石板，两旁由鹅卵石铺成，干净整洁。两旁不少民居的墙体都是用陶器碎片叠成的，估计也是有意用来彰显村庄特色。从村容村貌来看，这里显然是典型的传统农村，城市化的影响暂时还没渗透过来。走着，走着，我们来到缸窑小学门口，因为正是寒假期间，学校内和校门口都很安静。学校大门对面有一家商店，虽然这个时间没什么顾客，但门仍然开着，店门口摆着些小孩子的文具、玩具、小零食。我们走上前找店主人搭话，店主人是一位中年妇女，听我们打听村里的宅基地改革的情况，她很淡定地告诉我们听说过这回事，但是她们村不算宅基地改革试点村，村里这几年主要发展旅游业。与天津蓟州区下仓镇西太河村的那位小店主的高度警惕性相比，这位店主就是典型的"江南风"。正说着，我闻到一阵阵浓烈的酒香，循着酒香，我们沿小学门口的石板路往下走，看到一家古法酿酒的酒坊。

说是酒坊，其实并没有店招，也没有柜台之类，就是一栋农民自建的楼房，走近时看到院子里摆放着不少陶器坛子，还有蒸馏酒的一些装备。院子里围了几个人，正在看着一位中年男性往酒坛中灌酒，见我们两张陌生的面孔，大家很友好地问是不是买酒，然后指着正在灌酒的那位中年男性，说他手艺好，会蒸馏白酒，也会酿黄酒。正说着，我注意到这家的大门口挂着一个小木牌，木牌上是他家的"家训"，再打量周边其他几家，发现家家大门口都有这样一块木牌，都是各家的家训，具体内容各有不同，但木牌的颜色和样式都一样，很明显是村里统一设计悬挂的。我们问这些家训内容是不是村里统一拟的，村民们说都是各家自己总结的。然后，我们开玩笑式地问："这些家训平时能做到吗？"他们说："努力做到！"说完大家都笑了。不知为什么，在这浓郁的酒香中，听着这善意的笑声，突然就想到"醉里吴音相媚好"。

缸窑村村民悬挂在大门口的家训　　　缸窑村村民的家训

随后，我们向这几位村民也打听了村里宅基地改革的事，他们也都毫无戒备地告诉我们，上面的改革政策（一户一宅）他们也听说了，也知道其他乡镇有的已经在做这方面的事情了，目前缸窑村还没有开始改，估计明年也要改了。其中一位村民笑着说："我们村没有别人村有钱，做什么都要比义乌其他地方慢。"话虽这么说，却给人一种"怨而不怒"的平和感。

告别时，我们顺带买了两坛黄酒。离开缸窑村后，我们直接回了锦江之星酒店，吃过中饭稍做休息，我们计划下午去大陈镇马畈村。马畈村地处北大陈镇，距义乌市二十多千米，距大陈镇三千米。之所以选取这个村作为我们实地调查的目的地，主要根据我们在网上收集的资料。资料显示，马畈村近几年通过众筹众创的方式打造农业奇幻乐园项目，接待游客，通过乐园门票、游乐项目等给农民带来了股份分红，也给村集体增加了收入①。因此，我们想了解这个村的宅基地改革有没有嵌入当地的众筹众创项目当中。

马畈村未拆的老旧房子及大门口的宣传牌

调研助手在义乌大陈镇马畈村访谈村民

因为只有二十多千米的路程，我们从酒店出发，大约半个小时就到达了马畈村。一到村口就看到一条仿古风格的步行街，黛瓦木壁，雕花门窗，很有江南水乡韵味。不过，步行街上并没有看到游人，因此我们决定先围绕我们的调研目标，进村找村民访谈。

走进村里，我们首先发现，这里每家的墙上也贴了和缸窑村类似的"家风家训"牌，但仔细看具体内容，则更像普及性宣传标语，不是缸窑村那种个性化的家训。村民们对于我们的到来，也是一副习以为常的样子。村前的几家，房子一看就是近些年的自建楼房，各处农村都有。后来再往村内走，就看到村里的景点"九房厅"，根据景点旁边的介绍，这个九房厅并没有很出奇的地方，也没有很特别的文物价值，只是村里一栋老房子，据说有上百年的历史，从房子的外观上看，的确沧桑感很强。旁边的村民告诉我们，因为快过年了，老房子的门锁上了，暂停对外开放。我们因此放弃了参观这栋老房子的想法。不过，就在这个"九房厅"邻近，我们看到不少民房，也老旧得很，有的甚至屋顶都快要塌陷了，但是里面居然住了人。我感到很惊讶，之前在大西北、安徽金寨等贫困县，都没见过这么破旧

---

① 薄弱村全部"摘帽"看义乌"造血十法"如何让农村富起来. 浙江日报, 2017 – 10 – 30. https：// baijiahao. baidu. com/s？ id = 1582689450961736419&wfr = spide&for = pc.

的房子还住着人,现在到浙江这个沿海省份,而且是义乌这种被社会公认为经济发达的县市,居然在离市区二十八千米的农村见到这种现象,着实让人意外。正好那几栋旧房子面前就有村民在闲聊,我们上前问:"看介绍,你们村不是 2013 年就开始旧村改造,并且 2018 年已经完成改造了吗?为什么这些旧房子还没拆掉重建?是不是这些房子有旅游价值?"结果这些村民说,因为村里宅基地很紧张,规定建新必须拆旧,但是拆旧的补偿价格不谈妥,村里满足不了村民提出的补偿要求,因此就一直没拆。我继续追问,村里的宅基地改革进行得怎样?村民说没有专门集中搞宅基地改革,但是现在要建新房,批地很难,拆掉老宅子可以建新的。而且村里因为发展旅游项目,在闲置土地流转这方面下的功夫比较多。

和村民们访谈结束后,我们才来到村口的"步行街",仔细看街道入口处一块木牌上的"马畈景区"介绍,才知道这条街确切的名字叫"马畈古驿道业态专业街"。装饰布置得的确古香古色,除了房子本身的外装修飞檐斗角、青砖黛瓦之外,街道两旁是各色店铺,全是仿古木雕装饰,有的店铺门口还摆放着马车式的木椅,原木方桌方凳等。再仔细看各家店招,可谓各行各业都有,继续沿街前行,还看到有"擂台""衙门"等,确实称得上是"业态街",只是我们来的时间不当,街上除了我二人外,人迹全无,有点武侠小说中"将有大事发生"的氛围。走了一段,终于发现一家店铺还开着门,近前一看,是家制作姜糖的手工作坊。老板是一对三十多岁的夫妻,一打听,他们是本地人,所以才会在近年关仍然开着门。从"业态街"出来,我们发现村外大马路对面还有一条"美食街",木质长廊的风格。隔着马路就能看出目前的萧条,整条街也就一对卖糍粑的小夫妻在营业,此刻却也没有顾客。如此萧条的状况,提醒着我们,三天后就是除夕,我们也该踏上归程了。

3. "盘活利用模式"列举:云南大理"古宅保护"模式的田野调查

2018 年 12 月 26 日 周三 地点 云南大理 天气 晴

上午给车做了保养,下午我们按网上搜索到的试点村名去走访。第一个目标是银桥镇的上阳波自然村。根据网上介绍,这个村将宅基地改革和古宅保护相结合,退出了好几户。正好,我们住的客栈就在银桥镇旁边,不到六千米就到了上阳波村;在村里绕了两圈,没看到年轻人,多数是六七十岁以上的老人,再就是几个四十多岁的人。我们向人打听,找到了那所被保护的古宅。古宅周围搭起了脚手架,从脚手架底下钻过,我们来到了古宅的院内——院子结构有点像四合院,四面都有屋子，南北东西相对都开着门。三四位师傅正在打磨古宅大门两边的雕花木板，有几位妇女正在做小工。其中一位妇女见我们进来，问我们是干什么的。我们回答说是来旅游观光的（根据过往经验，村民对调查人员非常警觉，故我们暂不透露真实身份），她就没说什么。

上阳波村古宅保护现场

然后我们问她，这房子原来是不是她家的。她说是四五家合住的，现在连房子带宅基地被村里收购了，每家补偿了 15 万～16 万元不等。但是新盖房子，需要村里批地，村里同意给二分八的地盖房子，但是要收取 3 万元有偿取得费。这位妇女笑着说："说是给我们补了十几万块钱，但是被村里这样收回去几万，那样收回去几千，剩下已经不多了，不够新盖房子。"这位妇女正在忙，访谈之后我们没有请她答问卷（因为对她隐瞒了身份也不敢请）。

后来在村里又遇到其他人，请他们答问卷，但是连续几个村民都表示不愿回答，甚至我们口头访谈，他们也说不清楚这些情况。最后在一个停放着一辆载客用三轮车的院子里遇到一位村民，他对于陌生人的到访虽然也略持狐疑、戒备的态度，但仍然比较友善地回答了我们的问题。这位村民说村里没有完全实行一户一宅，但是村子里宅基地比较少，现在想要盖新房不容易申请到宅基地，他自己家这个院子里，两间旧房子，一间是他自己的，一间是他哥哥的。又告诉我们说他自己平时就靠骑三轮拉客人旅游参观，挣点小钱，农业基本没有什么收入。上阳波村离大理古城很近，所以平时游客还比较多，正常情况，他一天能挣个 150～200 块钱毛收入。但是交警经常会干预，不允许三轮车拉客，如果被交警抓住了，收缴三轮车扣押半个月，不仅这半个月挣不了钱，最后还要交 800～1 000 元罚款才能把车子取回来。并且说以前是只扣一个星期，罚款也交不了这么多，现在扣车的时间延长了，罚款还增加了，所以现在骑三轮车拉客的人减少了很多，他自己的车就是刚刚被扣了半个月，昨天才交的罚款取回来了。这位村民还说，自己也不想骑三轮了，但是改行又不知该做什么。

上阳波村访谈村民

离开上阳波村，我们又来到双鸳村，这个村也归银桥镇管辖。一进村就发现这个村子其实已经不是传统的农村了，村里大多数人家都从事石艺石雕行业，基本上市民化了。接下来我们去往鹤阳村，鹤阳村看着没有什么主打产业，但整个村子的房屋布局和上阳村、双鸳村差不多，都是房屋紧挨着房屋，除了村中一条主干道外，其他的路都窄得不能通车，完全没有"绿树村边合，青山郭外斜"的传统村落的感觉。但村子里的房子在外形上和昨天在大丽一级路两边所看到的相似，家家户户的院子里都营造得很漂亮，只要略有空间就都栽上了花草树木。在鹤阳村，我们请村民填答问卷也连遭拒绝，村民们拒绝的理由都是说自己不懂宅基地改革的事，不会回答。后来有几位六七十岁的老人坐在那儿闲聊，我们上前问他们愿不愿意接受我们的问卷调查，他们表示愿意。在问卷调查的过程中，老人们透露，这个村里没有真正实现一户一宅，现在一户多宅的现象还有很多，对于这些一户多宅的农户，村里只是让他们交纳有偿使用费，但是交的费用也不多。

今天走了三个村子，弄清楚了当地的"古宅保护"模式的运行方式，但只收集到 6 份问卷，挫折感比较强。

4. "扶贫搬迁模式"列举：扶贫搬迁及生态移民的宅改模式

（1）青海湟源"贫困村易址搬迁"模式的田野调查。

2018 年 12 月 19 日　周三　天气　晴　地点　青海湟源

今天的目的地是巴燕乡的上浪湾村，这个村子推行的是湟源县宅基地改革的另一种模式——整村易地搬迁（由于新村址为原村隔壁，故我们将该模式称为"贫困村易址搬迁"）。

早上的气温较低，担心到达太早村民还没起来活动，我们八点半左右从酒店出发；经 315 国道，前往上浪湾村，全程二十七千米的样子。大约行了十三千米左右，经过申中收费站，所有车辆统一收费十五元。这种国道收费本已经很少见，而不问里程统一收费则更费解——假设我们从距收费站不足一千米的地点启程，出收费站不足一千米后到达目的地，这个收费会不会过高呢？

途经下胡丹村采集问卷

九点多，我们经石峡段，过上胡丹村和下胡丹村。尽管这个时间气温还没上升，但太阳已经高挂天空，这两个村已有不少村民聚集在墙角墙根晒太阳、闲聊。根据昨天的经验，我们觉得这是好机会，所以将车停在路边，对上、下胡丹村的村民进行访谈和采集问卷。村民们仍然非常友好地配合，偶尔有人打听我们是哪个单位的，听我们说是大学教授，且了解到我爱人曾经在青海师大读过书，他们就更加友善了。胡丹村的宅改动作不大，但对于村庄建设这一块，村民表示还是很满意的。我们也亲眼见到村内道路硬化已经做到了户户通，路面干净整洁，路边的健身设施比较齐备。由于村民受教育程度普遍不高，在两个胡丹村采集问卷时仍然由我们一个一个问题地读，所以收集到 18 份问卷后，差不多已经十一点了，我们只得离开尽快前往下一个目的地上浪湾村。

从上胡丹村继续沿石峡段行驶，不断地上坡，一路不见行人。大约两千米后左转上到一座山上，急弯陡坡，路面有薄冰，刷新了我们的驾车经验。但上到坡顶后，风景让人眼前一亮：湛蓝的天空下，一座座高矮不一的山，山坡呈梯田状被白雪覆盖；植被稀少，矮小的防风树在这个季节只剩光秃秃的枝丫，让久在拥挤城市的我们突然感受到天地的苍茫高远。

翻过这座山后，看到山脚下一个积满冻雪留有各种印辙的篮球场，往各个方向反射出万条光芒。球场边上，下山路的尽头，插着一个木板制作的简易村牌——"上浪湾村"，村牌上箭头指向右边，导航的指引也是右拐。右拐还是条坡道，路面一层冰，冰不厚，却很结实。汽车上坡途中熄了几次火。我猜想，是不是气温太低、路面打滑的原因，毕竟这辆车服役以来第一次在如此低温结冰的路况下爬坡。不足五十米后，路到尽头，向左是上另一座山的窄窄的坡道，右手边是一排三户低矮破旧的房子，房前一条宽不足两米，长不足三十米长的小路，中间一户的门口还停着一辆汽车，车顶盖着用旧床单自制的车罩。小路尽头视线所及之处是断壁颓垣。导航显示目的地到达，我们惊疑地看着这三间破旧的房子，揣测着一个村子规模再小也不至于只有三户，而且不见有人活动，也全然看不到宅改的迹象。

我们停下车，正准备沿这三间房子往前走，想看看拐进去后是否还有人家。这时左边的山路上出现一个人影，自山顶往下逆着光走来，步伐矫健。他身后的背景是冰雪覆盖的山头，高远凝净的蓝天，恍惚间仿佛从武侠作品中走出的人物。到近处才看清是位中年男性村民，头戴黑色毛线帽，上身穿军绿色棉袄，下身着迷彩棉裤，脚上一双皮棉鞋，糊满泥巴，几乎看不出鞋子本来的颜色。上前向他打听，问这儿是否上浪湾村。他说上浪湾村现在已经整村搬迁到另一处，这儿是旧址。我们指着那辆盖着床单的汽车，问："现在这儿应该还有人住吧，这是谁的汽车？"他回答说："是我的。"然后，这位村民说，现在确实仅剩三家住在旧村遗址，都是不愿意搬迁的。其中一家是老两口和一个智障的儿子，另一家也是年纪大了，不愿意搬。而他家只有他和他父亲两个人，母亲不在了，他也没有妻子。问他为什么不随村里一起搬迁，他说新村交通不方便，而且他是养羊的，新村养殖不如老村方便。我们向他打听去新村怎么走，他告诉我们应该朝那个村牌上箭头相反的方向走，那条路汽车也可以开进去。我请求和他合影，他同意了，但是不愿意接受我们的小礼物——牙膏。后来，我一再强调，牙膏的质量很好，而且我们出来调研，准备了很多，凡是接受访谈的都会送，他才在道过谢后接受了。和这位村民告别后，我们调转车头往新村去，回望身后，看到他仍然站在那几间旧房子前，遗世独立。

笔者访谈未搬迁的村民

又翻过一座山后，终于看到比较大的村庄，也看到聚在一起晒太阳的人群，向他们打听后知道这还是下浪湾村，上浪湾村还得从这条穿村而过的公路继续往上。正在和村民说话间，有公交车停下，路边有几个村民上车，然后车子朝我们来时的方向驶去。因为时近中午，我们在下浪湾没有做过多停留，迅速赶往上浪湾。五分钟左右，就看到路的左边一个村子：一排排整齐的新建民房沿坡而上，建筑风格和马场台村相近，明显是经过规划后的新村。

整村搬迁后的上浪湾村

上浪湾村村委会在村子的最后一排。村委会办公楼是新建的两层小楼，楼旁边建有一个戏台。楼前一块空地，面积不大，但规划整齐，有小块小块的绿化区。停下车后，我们看到村委会办公楼大门紧闭，戏台前的空地上有一位中年男性正在擦洗一辆五菱面包车。我们走上前，问这位男子是不是村干部。他回答说不是，并没询问我们俩是干什么的。但对于我们俩向他打听村里的情况，倒是很爽快地做了回答。他告诉我们，原先村民住得很散，交通不方便，小孩上学不方便，现在整村易地搬迁到这儿，新建的房子干净整齐，村内的路也好走了。村里还有光伏发电产业，让那些建档立卡户能有长期稳定的收入。我们问他光伏发电产业的启动资金来源是什么，他回答说是政府下拨的扶贫款。我们想到之前在旧村遗址见到的那位"隐士"，又向眼前这位村民打听旧址上的三户人家，他所说的情况和"隐士"所说的基本吻合。但新村交通还算方便，有公交车通往乡镇。而据这位村民所说，那位"隐士"不愿搬迁的原因主要是家庭养殖问题，因为新村的规划是人、畜分离。

调研助手在下浪湾村访谈村民

村民住进新村，不能在自家院里养牛养羊，牛羊都另外关在和村子有一段距离的牲口棚里。这位村民说话时顺手往村后白皑皑的雪山上一指，说："牲口棚都在那山上。"我们抬头一看，除了白雪覆盖的山头，啥也没看见。

和这位村民告别后，我们来到村内一排排新房子之间到处转悠，很遗憾，没有看到昨天马场台村那样聚集在一起晒太阳的村民，路上连一个走动的人也没有。院门也紧闭着，看不清院内的情况，判断不出主人是长期不在家，还是暂时外出。可能因为这个地方海拔比较高，气温很低，加上这些紧闭的门，让人感觉更加荒凉清冷。时间已经是接近午后两点，我俩的中饭还没有着落，不过，我们感受到的是冷多于饿。

沿着来时的路返回，再次经过下浪湾村，路边一个小店门口聚着几位村民正在晒太阳聊天。我们停下车，打算看看小店是否有吃的，同时也正好找这几位村民访谈。走近一问，才知道这只是一家快递代办点，不卖食品。和这几位村民交谈中，得知下浪湾村是个大村，有两三百户，不容易形成统一意见，因此没有进行整村推进或易地搬迁式的宅基地改革，和之前的上、下胡丹村类似，目前宅基地改革没有什么动静，但村庄改造、村内设施比以前好多了。我问他们看着后边上浪湾村建的那么漂亮的新房子，政府还给补贴，羡慕不羡慕。村民们都憨厚地笑了："羡慕也没用，意见统一不了，政府不给盖。"

离开下浪湾村，再次上到来时经过的山顶，回头再看下浪湾村，只看到光秃秃的树枝间几堵倒塌的土坯墙。

再次经过上胡丹村时，看见路边有"农家乐"的小招牌，但到近前一问，回答是不营业。只好饿着肚子继续前行。经过下胡丹村，一支迎亲的队伍堵住了路，我们的车子只好停下来，等他们先通过。迎亲的新郎满脸幸福的样子，长得很帅气，打扮很符合现代主流形式。但迎新队伍中有一位化妆成马戏团小丑的样子，胸前挂了一块纸板，上面写着"我要抱孙子"，大概是新郎的父亲吧，让人看了特别有喜气。旁边还有一位穿着红色喜服的人胸前挂着纸板，上写"我要烧火"，我不明白这个是表达什么诉求。我按下车窗，忍不住对着他们笑，一位喜娘发给我一颗喜糖。

分享了新人的甜蜜后，我们很快回到 315 国道，过申中收费站，又一次交了十五元过路费，终于在国道边一家小面馆一人吃了一碗面作为中饭，吃完后已经下午三点多。接着，我们前往申中乡的申中村，申中村就坐落在 315 国道旁边，在国道上就能望见道旁一座很气派的牌坊"申中大庄"，所以吸引我们顺道进来看看。牌坊下是一条宽敞的主干道，道路两边有高大整齐的行道树。沿主干道一直到底，到达村子的中心区域：一条岔路垂直于主干道，构成一个十字路口，路口左边是一所小学，学校周边有些小店和摊贩，有点像村内小型集市，但这个时间点人不多。周边的民房也相对比较密集，没看出宅改的痕迹。我们右拐进入岔路，深入村子内，一路看到村里的民房之间挨得很紧,不符合我们对北方农村的印象——我们一直认为北方农村的房子之间都经纬分明的,倒有点像江南村落的民房布局。这些房子很多都已经非常破旧了,但明显仍然有人常住的状态。在岔路将到尽头的地方,有几位年轻男村民在路边往一辆车上搬麻袋。

"申中大庄"牌坊

申中村民房

申中村内访谈

　　我们把车停在一堵土坯断墙边，等他们搬完后，上前搭讪。得知这几位是种药材的，刚刚搬上农用车的就是他们卖掉的药材。我问他们收入怎样，他们说一年大概 5 万 ~ 10 万元的收入。不知道这个数据是真实的，还是他们秉着中国人"财不外露"的原则故意少说点。和他们聊宅改的事情，他们都说，村里宅改基本没有什么动静，但对于一户一宅的政策倒是知道。并且指着旁边的土墙说："我们村里再没啥好看的，你们要了解，可以去莫布拉新村看看，那儿建得好。"

　　重新回到村子的中心区域，小学已经放学了，小学门口有不少接孩子的家长。我上前想找这些家长访谈，但有不少带着戒备的眼光，牵着孩子急匆匆走了。有几个正在和边上小摊贩聊天的家长，接受了我们访谈，并回答了问卷。对于村里的宅基地改革，他们和那几位种药材的年轻人所说的基本相同。

莫布拉新村牌楼和功德碑

　　离开申中村，再次经过豪华大气的"申中大庄"牌坊，我们跟着导航指引往莫布拉新村前行。莫布拉村隶属于申中乡，新村位于湟源县火车站路附近。一路过来，由农村到城郊，变化明显。到达莫布拉新村时，已是下午五点多。如果在南昌，冬天的这个时间已是黄昏，但青海冬天的下午五点多，天色尚亮。莫布拉新村完全没有了农村住宅的特色，俨然已经是城市住宅小区的感觉。小区大门，是牌楼风格的建筑，装饰着古典风的图案，配上这个村名，总给人感觉有着鲜明的藏文化特色。大门的右手边还立着一块功德碑，记录建牌楼时村民们捐赠的金额。

　　进入小区后，中轴是一条可以并行两辆车的主道，主干道上方挂了一个"莫布拉新村人口文化园"的横幅。一排排六七层高的住宅楼沿中轴左右排列。远远看见右边第一排房子的最右端的一楼挂满了招牌，近前一看才知是"申中乡莫布拉村""和平乡刘家台村"两个村村民委员会及村支书委员会办公的地方。也由此得知，这个小区其实是两个自然村搬迁到了一起。

在申中村集市访谈村民

这种住宅楼的结构，更不便挨家挨户敲门访谈，只能在一楼到处观察，发现有人走动时就上前攀谈，用这种方式访谈了四位村民。后来找到小区内的一家便利店，店里这个时间点没有其他顾客，我们进去买了点日用品，结账时和女老板拉起了家常。从几位村民和便利店老板口中得知，小区建造的初衷并不是宅基地改革，而是城镇化拆迁。这也就解释了为什么两个村合在一个小区。

莫布拉新村正对小区大门的主道

　　和便利店女老板交谈结束后，已经六点多，天色将近昏暗，我们在小区大门外的一家饭店吃晚饭，饭店环境干净整洁，菜的口味挺不错，价格也比较公道，但用餐的人并不多，不知是不是未到用餐高峰期。不过，我们吃完离开时，仍然没看到更多的客人。

　　从莫布拉新村出发很快回到酒店。

2018 年 12 月 20 日　周四　地点　青海湟源　天气　阴

　　今天上午来到湟源县国土局，一打听，三项改革试点办公室就在国土局三楼。上三楼，找到负责试点改革的局长的办公室，我将课题立项书、介绍信、身份证、工作证等给局长看，并说明来意。局长拿过这些证件，稍稍翻看了几眼，说："可以。我让具体负责的人来帮你解答，让他给你找出这些文件。我马上还要开个会，就不陪你们了。"说着当即拿出手机打通电话："你赶紧上来一下吧。"一会儿工夫，进来一个小伙子，局长称他为"樊局"，大概是具体负责三项改革的，可能也是个副局长，但是看上去似乎太年轻了点。樊局把我们领到二楼一个会议室，一进门就看到会议室中央的长桌上整齐地摆满了文件盒、资料等，会议室的一面墙上张贴着"农村宅基地制度改革试点工作、改革依据、改革底线、改革任务"等要点。

会议室排放着各种资料

樊局长在解答陈胜祥的提问

落座之后，我向樊局咨询了几个问题，都是我们昨天、前天在村子里找村民访谈时没弄明白的问题。樊局一一做了解答。

具体内容大致如下：

问：宅基地改革中，农户的宅基地面积标准，是全县统一，还是根据不同村委会的不同土地资源有不同标准？

答：我们县分不同区域，村民对宅基地面积不同的需求，设有不同的标准。一类区域是县城周边，每户200平方米；二类区域是乡镇所在地，每户230平方米；三类区域是一般农村，每户四分地（约270平方米）；四类区域是山区，每户五分地（约330平方米）。因为一般农村、山区，老百姓往往是农兼牧，所以对院子的需求要大一些。

问：我们昨天走访老百姓，听说那些就近安置、上楼安置的农户，每户补助了45 000元，请问这个资金来源是什么？

答：这个是上面下拨到我们县里的扶贫款，我们全县统筹，将扶贫与宅改、新农村建设整合到一起。

问：我们在马场台村走访时，遇到有些村民说自己家的宅基地原来比现在大，但是都无偿退出了。这些村民家宅基地原来那么大，现在减少了很多，和别人家相同大小，他们不会觉得不公平吗？

答：以前这些农兼牧的家庭，虽然院子大，但人畜混居，环境不好，不卫生。现在我们就地安置后，房子、院子是统一规划的。然后在村子后面专门建了集中放牧的牧场，那些原来地基面积大的农户，可以优先使用更大面积的集中牧场。

问：在宅改的过程中，最开始一定会有些村民不愿意改革，尤其是那些原来面积大的农户。湟源县是怎么做通这些村民的工作？

答：我们县里，先是对乡镇干部、村委会干部进行培训，进行政策宣讲，然后让村委会干部回村里召开村民大会、村民代表大会，动员村民。至于具体怎么改，村子怎么规划，我们先是做好影像资料，再下到村子里，向村民代表或一般村民征询意见，问他们愿意怎么改。收集到村民意见后，我们再交给村委会，让他们具体操作。我们征求村民的意见，尽量满足村民的需求，所以村民一般都不会反对（这些即是青海篁源推进嵌入式改革的具体办法）。

问：同一乡镇，甲村改了，每户补贴45 000元，乙村没改，村民不能享受补贴款。这些试点村，选取的标准是什么？

答：试点村的选择，也是根据村民的意愿。有的村，农户住得比较分散，征询意见时，有很多村民不愿意集中安置，他们宁愿就地改造，这些就地改造的，政府补贴25 000元。而像马场台村、上浪湾村等，他们村的大多数村民都愿意改，意见统一，所以就选了这种村子作为改革试点村。

问：湟源县对于村民资格的认定有哪些标准？

答：一般以户口为标准，户口迁走了的，就不算村民了。但是对于那些离了婚的或者上门女婿等特别情况，我们让村委会一事一议，具体也在村子内部解决，这样村民的不满情绪就少了（这也是嵌入式改革的具体措施）。

除上述回答外，樊局长还谈到了"以奖代补""惠农贷款"是怎么运作的，等等。

临走时，樊局长将湟源县的制度汇编给了我们，并且说还有一些材料今天之内发电子稿给我们。我和他互存了邮箱号和手机号。出了国土资源局，我们二人不免又将湟源政府部门的良好作风与湖北宜城政府部门（根本不支持我们调研）的作风做了一番对比，感慨良多。

看天气预报，近两天要下雪，我们担心雪下来之后，高速路面会结冰，无法通行。上午十点多，我们离开湟源，前往相距1 400多千米的四川泸县。

不到两个小时，出了青海，进入甘肃境内。然后就一直在甘肃境内行驶，放眼高速公路两边，一直都是土山，几乎寸草不生。时间一久，看得眼睛都"渴"了。到达甘肃天水时，暮霭四合，此时导航显示，离泸县还有 850 千米。这一晚，我们宿在天水。天水位于甘肃东南部，自古是丝绸之路必经之地和兵家必争之地，华夏文明和中华民族的重要发源地，也是中国县制初始地。天水市甘谷县有华夏第一县的美誉。天水还被誉为"易学之都"，传说伏羲制八卦，目前国内唯一有伏羲塑像的伏羲庙就在天水境内，但是我们此次调研的主要任务是宅基地改革，且时间、经费都很紧张，因而很遗憾不能去参拜羲皇。

（2）安徽金寨"贫困户集中安置"模式的田野调查。

2019 年 1 月 20 日　　周日　　天气：晴　　地点：安徽金寨

根据网上资料，金寨县是国家级首批重点贫困县，地形地貌以丘陵为主，当地人概括说这里是"七分山，二分水，一分地"。2011 年金寨被确定为大别山片区扶贫攻坚重点县。金寨的宅基地改革工作结合了国家扶贫搬迁政策。

上午我们将花石乡的大湾村作为我们在金寨的第一个目的地，这个村在全县算是改革典范村之一。从县城到大湾村，距离 74 千米。我们从梅山湖路出发，上 209 省道，中间经过"猴子岭隧道"，隧道的穹顶用灯光营造出繁星满天的效果，比我们以往经过的所有隧道都要漂亮。不禁感叹，看来贫困县也不算贫困，居然造出这么豪华的隧道。209 省道等级很高，中间有隔离带，单向三个车道。在 209 省道行驶 10 千米后，导航提示，右转进入"疾驰路"。

金寨猴子岭隧道

大湾村访谈周主任

晾着腊味的陈泽申家老宅

上了疾驶路后，不禁哑然失笑，这条路的路况实在配不上它的名字，路面既窄又破，而且不断有急弯和坡道，与刚刚209省道反差忒大，尽显城乡差别。我们正在怀疑导航是否出错，对面却不断有小车、公交车、工程车、大货车过来，会车时必须将一侧轮胎压在路肩上停下，对方才能勉强通过。出"疾驰路"后上072县道，路况有所好转，这时我们才有心情观看沿途风景。右边贴山，左边稍远处也是山，近路边是山涧溪流。可惜现在深冬，山上的植被、临溪的树木，多现枯败之相；如果春暖花开，草木繁茂，一定景致怡人。途中我们经过古碑镇，镇上店铺林立，好几处楼盘高耸。并且有高速公路入口。很快进入花石乡，道路两边商店也很多，可能时近年关，往来交易的行人较多，但没有古碑镇的现代气息强烈。在花石乡，我们由072县道左转进入057县道。057县道比072县道等级更高，路况更好，沿途看到不少农户正在杀年猪，场面热闹。

十一点左右到达大湾村，大湾村位于花石乡西南部，地处山清水秀，景色迷人，环境优美的帽顶山脚下，平均海拔 800 米以上。虽然是周末，村民服务中心大门却开着，进门后发现果真有一人在值班，询问之下，正是村主任，姓周。周主任告诉我们，村里的宅改是以扶贫搬迁为抓手的，先是严格审核确定建档立卡户，将这些建档立卡户统一搬迁至集中安置点，如果一般户愿意在集中安置点居住，也可以申请购买。搬迁之后，统一将老宅拆除，宅基地复垦。根据金寨县统一规定对农户发放拆旧宅退出宅基地的补助。贫困户除宅改补助外，还有贫困补助和搬迁补助。算下来，贫困户所有补助加在一起，基本够买一处集中安置点的房子，有的甚至还能剩一点装修款。我们问及复垦的土地归谁耕种，周主任说归村委会，由村委会承包出去，所获收益也由村委会统一支配。周主任又说，宅改工作不容易做，这里是山区，老百姓以前非常穷，寸土必争，当初为了推动建设集中居住点的事，他连续十个晚上召开村民动员会。周主任还告诉我们，习近平总书记于 2016 年 4 月亲自走访了大湾村的大湾组，并且在大湾组一贫困户陈泽申的小院里召集村民座谈。习近平总书记走访之后，大湾组建了集中居住点，陈泽申家也搬进了新居。陈泽申家原来的老宅交还给村集体，现在已成为旅游点，院子里照座谈会时的情景排放了铜桌铜椅。周主任建议我们去大湾组看看，去坐坐那些椅子。

扶贫搬迁新建的大湾村大湾组

来到大湾组，陈泽申家就在村口第一家，两间泥坯墙的小房子。入村道路已经铺上沥青，院里摆放了一张铜铸小方桌；小方桌上有一个小筐，装有炒花生，也是铜铸的，十八张铜铸小椅分列在小方桌两边，中间一张小椅位于小方桌的正后方，正是当年习近平总书记所坐之处。在这张椅子后方的土墙上挂了一张大的彩色照片，呈现当初习近平总书记召开座谈会的现场。老房的门锁着，门边挂了一个标牌，上书"陈泽申家，2016 年 4 月 24 日习近平总书记考察脱贫攻坚走访户"等文字，并且配有英文、日文、韩文翻译。这个牌子旁边还挂着几串正在晾晒的咸肉、咸鸭。

大湾村陈泽申小院中的铜铸方桌、椅子

大湾组访谈贫困农民

在这个小院参观之后，我们随意在大湾组集中安置点走访了几家农户，正巧有一位大娘家也是当初习近平总书记曾经走访过的。大娘家就老两口，儿子去世了，老伴现在负责村小组的环卫工作，有一份工资。大娘自豪地告诉我们，习近平总书记那次总共走访了六家，她家是第二家，陈泽申是最后一家。这六家全都是贫困户，现在全都没花 1 分钱住进了集中居住点的新房。旧房连同宅基地由村小组收回，村小组打算将她们的旧房全部建成纪念馆。我们提到陈泽申旧房门口晾晒的咸肉，问是不是现在还有人住在那儿。大娘告诉我们陈泽申的新房就在旁边，今天可能有事不知上哪去了，陈泽申老伴、儿子都去世了，只剩他和孙子两人，孙子在上大学。现在村里给了陈泽申一份工作——看管老房和那些铜桌铜椅，还有老房里一个大电视，那个电视是专门预备给领导们来参观时播放习近平总书记座谈会现场录像的，因为自习近平总书记来了之后，不断有各级领导来大湾组参观、考察。说着大娘以见惯了世面的口吻问我们是哪里的，听我们说是大学老师，大娘的表情有点复杂。

正在和大娘聊天时，又过来一位大叔，这位大叔 69 岁，儿子也不在了，剩下老两口，也是当时被走访的六户之一，现在村里给他安排了生态护林员的工作，一年各种补助加在一块有 4 万块钱的收入。大叔自信地说，现在生活小康没问题了。当我们问到他们对村里宅基总地改革、村庄建设等是否满意时，他们全都连连说，"满意满意，这全都得感谢习近平总书记，没有习近平总书记，我们想也不敢想自己能住上楼房"（大湾组的集中安置点全部是两层小楼，外装修风格统一）。

之后，我们继续在村里访谈了几户非贫困户。有一位 40 多岁的农妇表示对村里不满意，首先这个集中点的房子建筑质量不好，现在已经开始漏水了；其次村里区分贫困户和非贫困户，一点都不公平，有些有房有车的都成了扶贫对象，有些真正贫困的反而没得到。我们问她这种现象发生在哪个村小组，她不肯说。

离开大湾村，我们去往相隔十几千米的余岭村，余岭村属古碑镇管辖，网上有对余岭村宅基地退耕复垦的介绍。到达余岭村时，时近傍晚，天色将暗。但村里很少看到有年轻人来往，在村医务所，我们找到三位正闲聊的老年人访谈。老人告诉我们，网上介绍的复垦确有其事，那些退出的宅基地，是依据航拍图来确定的。镇上去年航拍之后，通过航拍图来规划村庄面貌，凡不符合规划地点的房子都要拆除，房子拆除后宅基地就推平，凡是推平了的就算复垦。说着，其中一位老人领着我们到医务所门外，指着不远处的一块地说："看，那里就是一块复垦的宅基地。"老人所指的那块土地，新推平的痕迹很明显，地表能看到新的土块，上面没有任何农作物。

余岭村"复垦"宅基地

（3）云南大理"贫困户集中安置"模式的田野调查。

2018 年 12 月 28 日 周五 地点 云南大理 天气 晴

从大理市宅改办出来，已过十点半，我们二人此时还没吃早餐，为了节省时间，决定在去往凤仪镇其他村庄采集问卷的途中随意找家小店简单解决。

凤仪镇三哨村扶贫搬迁安置点

　　十一点多，来到凤仪镇小哨村，对路边偶遇的两位村妇访谈并采集问卷。两位妇女表示对村里严重不满，一是因为镇上扩建水库占用了小哨村五百多亩水田，导致村民粮田紧缺。据说现在这个水库已经卖给了啤酒厂，但是受益没有到村民头上，每个村民一年只能补贴到一百多元人民币，不足买五十斤大米。其二是村里的山上建了风力发电厂，导致山体滑坡，把村民的房子都冲垮了，村民们拦住发电厂的车要求赔偿，发电厂负责人告诉村民说已经赔了钱，但是村民没见到钱，怀疑是被村干部私吞了。两位妇女说的这个情况后来在另一位老人那里也得到证实，老人七十多岁，曾经担任过十八年的村小组组长，老人对于水库的事尤其不满。我们到现场看到水库的确占地面积很大，水很清澈，与四周的山相依相偎，景致怡人，当然，一眼无法看出其中盛载着村民多少怨愤。

　　离开小哨村，沿国道继续向东南前行，经过一处新建的安置点，看现场图片介绍，是凤仪镇三哨村的扶贫安置项目。这里的十三户居民原先散居在山上的一个小村庄，经济穷困，交通不便，小孩上学不便。根据图片的介绍，这个安置项目共耗资 482 万元，配套设施完整。但我们看到的除了一排十三所民房，比较整齐，其他的都像一个没完工的工地现场，边上还有挖了一半的方形大坑，坑内有积水，形成了一口混浊的方塘。一位老大爷在一块空地上晾晒衣物。我们从老人处打听到，他们村子是 2014 年搬到这里来的，村里共十三户，其中有九户是建档立卡的贫困户，属于扶贫搬迁的对象。另外四户虽然不是贫困户，但是因为儿女都在外地，家里只剩下老人，如果留在原来的村址，无法正常生活，所以随迁到这儿。老人告诉我们，这儿的房子还是由大家自己建的，只不过地基面积是一样大小，所建的房形也是按规划要求统一的。搬迁时，政府按每人 2 万元的数额发放补助金，他家是四口人：老两口和一儿一女，女儿离婚了，回娘家投奔父母；儿子原先坐过牢，放出来后好大年纪没结婚，所以全家人领了 8 万元的补贴。问他 8 万元够不够建房，他说，还差了点儿，自家想办法补齐了。再问他住在这儿感觉怎么样，老人连声说感谢政府感谢政府，住在这儿比原来生活方便多了。

边上挖了一半的方形大坑，坑内有积水，形成一口混浊的方塘

离开三哨村安置点后，继续往前行驶到达大哨村，在大哨村找到几位村民访谈：大哨村原先在山上，海拔较高，村民生活不方便，孩子上学也不方便。前些年才从山上搬到山脚下，搬下来时就实行了一户一宅。现在村子就在国道边上，交通方便了，村民外出打工挣钱也方便了。大哨村村民对于村干部和政府的不满情绪相对前面几个村子少很多。

从大哨村出来，仍然沿国道行驶，很快就看到有路标提示再往前就不是大理境内，于是调转车头往回走，回头时发现右手边一座山上"白云生处有人家"，而且通往山上有一条已经硬化的小路，小路两边是寂静的山林。出于好奇，我们把车子右拐进入这条小路，路面宽度行驶一辆汽车略有余地。大约行了两百米，看见路边系着一匹马，马身上还配有马鞍。在这云贵高原上明丽的阳光下，马儿似乎很悠然。

车子缓缓行到山上，靠近那几栋我们在山下就望见的白云生处的房子。房子前面正好有一块空地，可以停车。下车后，一眼就看到旁边最醒目的那栋房子门口挂着牌子，走近才知道，这儿是三哨村的一个村小组，叫"石老仁村民小组"。在停车地点的后方有一位六十多岁的老人在锯木头，我走上前，向他打听村里的情况，还好，他不会像当年的嵇康一样，问我"何所闻而来，何所见而去"。这位村民说他以前就是这个村小组的组长，现在退休了。他说村里的宅基地改革没有什么大动作，村里本来就没几户人家，有钱的都尽量到城里买房子，落不落实一户一宅也无所谓了。我说这里风景好，空气好呀，住在这里很舒服啊。老人说，空气是好，但是住在村里挣不了钱，所以年轻人都不爱住山上了，只有他这种年纪大的、没本事在城里挣钱的才仍然住在村里。

石老仁村访谈村民　　　　　　　石老仁村村民小组办公点

下山时，那匹马还在路边，想到刚刚那位老组长的话，我们想起庄子和惠子的争论——子非鱼，安知鱼之乐？

（4）宁夏平罗"生态移民安置"（插花式安置和集中安置）模式的田野调查。

2018 年 12 月 14 日　周五　地点：宁夏平罗县　天气：晴

今天上午来到平罗县黄渠桥镇的四渠村，准备在这儿找村民访谈并发放问卷。网上信息显示，四渠村以"插花移民"的方式收储农民闲置宅基地；我们对"插花移民"这一说法感到困惑，所以将四渠村作为我们在平罗的第一个调研地点。

根据导航指引，我们沿一条平整的水泥路来到了四渠村党群服务中心。办公地点没有人，非常安静，边上有几块布告牌，张贴着一些扶贫方面的村务公开信息，没有看到宅基地改革相关的方案或文件。村子里也很安静，因为天冷，村民基本都在室内，路上几乎没看到有人走动。有的房子一看就是长期没人住的，院子里长满了杂草，高及膝盖；有的院门上挂着大铁锁，锁已经锈迹斑斑。我们开着车，打算先转一圈，目测一下哪家是有人的。

很快就在一个小院里看到一位老人，老人身体很硬朗的样子，上前一问，老人是回民，已经82岁了，问他有没有听说宅基地改革的事，知不知道一户一宅的政策，老人说知道，听村里干部说过。我们问老人，村里改革有哪些变化，老人说没啥变化，就是村里来量了一下房子和院子的面积，办了房子和宅基地两证合一不动产权证书。

从老人家里出来后，我们接着找到那些院门打开、屋门口挂着厚厚棉布帘子的人家，敲门询问可不可以接受我们的访谈和问卷调查。第一家开门的是一位小媳妇，也是个回民，访谈中得知，她今年二十五岁，上过小学，现在已经是两个孩子的母亲。问她知不知道宅基地改的事，回答和前面的那位老人差不多，再问她知不知道什么是插花移民，她说不怎么清楚。接着又来到一家，开门的是个六十岁左右的回族大妈，很精干的样子。她告诉我们，这里是四渠村的五组（队），是回民集居的自然村，四渠村的一组、二组、七组都是汉民。问她村里宅基地改革方面的情况，回答仍然和前面两位差不多。

从这位村民家出来后，看见路对面一家门口有位中年男性在走动，我们赶紧走上前，向他询问有关情况，他告诉我们，村里宅基地改革，主要就是给村民的房子和院子量了面积，超出规定面积部分一般都是交纳有偿使用费；其次是给村民颁发了房子和宅基地两证合一不动产权证书。再问他，什么是插花移民，他说就是村里有几家移民，并且让我们自己到那几家移民家里去问。根据他的描述，我们找到了移民安置房。一到近前，就看到院门口挂着"平罗县'十三五'易地扶贫搬迁户"的牌子。走进院里，院里堆着一堆玉米棒子，角落上有一个小羊圈，圈着一只羊。

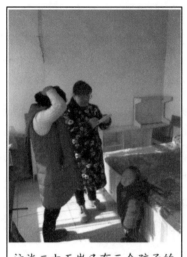

访谈二十五岁已有三个孩子的
回族妈妈

上前敲门，一位年轻的回族女子出来开门，访谈中得知，她今年二十五岁，丈夫在镇上打工，每个月大概能挣 3 000 块钱，有三个小孩。正在说话时，一个三岁左右的小孩跑过来，活泼伶俐，见到我们也不怕生。年轻的妈妈告诉我们，这是她第二个孩子，大的上幼儿园了，屋里坑上最小的孩子还在哺乳期。她家是从宁夏固原的西吉县搬迁过来的，西吉离平罗有 400 多千米。问她为什么会搬到这儿，她说是因为老家那边家里人口太多，自己能力不够，盖不起房子，生活不好①。再问她，现在她住的这个房子和宅基地原来是谁家的或者是谁盖的，她说不知道，因为她来的时候，房子就已经盖好了。她住进来，也花了 14 000 多块钱，村里还给了她家四亩水田，水田没花钱，每年只交灌溉费。我们又问她，离老家那么远住到这里来，习不习惯，和当地村民关系处得怎样，她都说还行。从这家出来后，我们又敲开邻近一家搬迁户的门，开门的也是个年轻的回族妇女，她告诉我们，这原本是四渠村安置她亲戚的房子，亲戚家也是从西吉搬过来的，现在亲戚全家外出打工了，房子长期空在这儿，所以借给她住。

　　下午，我们来到四渠村的二组，随机找几个汉民访谈。很巧合，第一个接受我们访谈的就是二组的组长，并且是村民理事会成员。从他这儿，我们得知，村里的

----

　　① 西吉县，隶属于宁夏西海固的固原地区，位于宁夏回族自治区南部，六盘山西麓。属黄土高原干旱丘陵区。境内地形地貌复杂，沟壑纵横，生态脆弱，水资源匮乏，干旱、寒潮霜冻、冰雹等异常气候及气象灾害频发。被联合国粮食开发署确定为最不适宜人类生存的地区之一。1982 年，甘肃的河西、定西、宁夏的西海固，成为全国第一批区域性扶贫开发实验地，被称为"三西"地区。

插花移民从 2012 年、2013 年就有了，所谓插花移民就是指外地的贫困户，零零散散地安插在四渠村各个组。插花移民住的房子是村里从那些进城村民手中买过来的闲置房。移民住房，60 平方米之内免费，超出 60 平方米要补交钱，但是最大不能超过 80 平方米。给移民的田也是从村民手中以每亩 9 000 元的价格回购的闲置田。早几年的插花移民，每户分到 5 亩田。最近两年村里还集中安置了二十户移民，这二十户集中安置的移民，住房是村里利用荒地新盖的。集中移民，每户分到四亩田。移民种这些田和当地村民一样，都只需要交纳灌溉费。组长还说，这些移民住到四渠村来，还是穷，因为移民在西吉老家只种旱地，不会种水田，移民原本可以养羊增加收入，但配给他们的房子、庭院面积都较小，堆放草料的地方不够，所以也养不了什么羊。对于那些进城的原村民将闲置房子、宅基地、耕地都卖给村里，村里再分配给移民，这位组长也不认同。原因之一，移民得了村里的房子之后，如果进城买房，还能享受优惠政策，总房价能优惠 6 万 ~ 7 万元，而在平罗县城一套 80 平方米的房子也就 8 万元左右（根据他说的这个价格，我们估计是安置房），所以有些移民现在已经进城了，村里配给的房子仍然处于闲置状态，但是房子的产权是移民的。原因之二，村里的耕地总共就这么多，好比三个馒头原本分给三个人吃正好，现在三个馒头要分给十个人吃。而那些卖了宅基地卖了耕地的原村民，现在在外面打工，过得还行，万一将来老了，打工不行了，回村里来就什么都没有了。对于村里的宅基地改革，组长也表示不大满意，因为四渠村规定村民住房和庭院总面积是 4.7 分地（约 313 平方米），对超出面积部分的处理就是让村民交纳有偿使用费，超出 100 平方米之内是每平方米交 1 元，超出 200 平方米每平方米交 2 元，依次增长。收费也是一次性的。但是组长认为，村民家的宅基地都是父辈甚至祖父辈就住在这儿的，有的当初就是个水坑，是上代或上上代人挑土填上，再盖上房子的，为什么现在要收费。而且，对于超出面积部分要收费，对那些不足面积的人家怎么不补钱呢？问他自己家有没有交钱，他说他家的面积没超标，没交。再问他有没有人不愿交的，他说有，有些人先是扛着不肯交，但不交的人，村里就扣着产权证不发。

接下来，我们又走访了几个汉族村民，了解到的情况与上午回族村民所说的差不多，都说村里的宅基地改革，主要就是量了面积发了证，让超出面积的交了有偿使用费，其他就没什么变化了。有位村民说："有啥变化，现在就是搞样子，你们刚从镇上大路过来，应该看到，大路两边建得很漂亮，但村里面连个路都没修。"的确如此，我们从镇上经过时，黄渠桥幼儿园、中学都在乡道旁边，还有镇人民政府、派出所、卫生院等单位也在路边，房子全都整齐漂亮。村里面老百姓的房子倒也挺整齐，大小高矮基本都差不多，但是除了从外面连通村口的主干道外，村内道路还是碎石铺成的，没有硬化。

今天一天，我们所接触到的村民全都非常热情，敲开门后，一听我们是调研的，马上把我们请进屋，让座倒水，回答问题也都很认真诚恳。

黄渠桥镇（左）与镇内四渠村村内道路（右）的对比

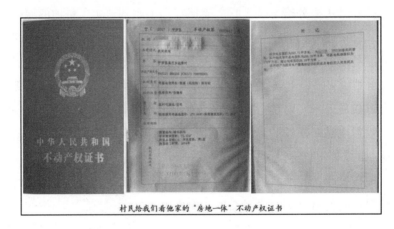

村民给我们看他家的"房地一体"不动产权证书

2018 年 12 月 15 日　周六　地点：宁夏平罗　天气：晴

今天的调研地点选在高庄乡的远景村，网上资料显示，这个村的宅基地改革特色是将农民闲置的宅基地回收复垦。

从我们住的地方到高庄乡，和昨天到黄渠桥镇一样，都要先走 109 国道。车子刚离开 109 国道干道左转往村里拐，就感觉颠簸得厉害，仿佛路面长了牙齿。一直到村口，路面才平坦了一些。村口第一家院子里有位年轻回族女子正在晒衣服，我们征得她同意后，请她填答问卷并对她进行访谈。访谈得知，这里是高庄乡远景村一组，除了两家是汉民外，其余全是回民，民族关系很好。村里的宅基地改革举措主要也是体现在确权登记、发放房地一体产权证书上。至于网上新闻报道的宅基地复垦，她说根本就没这回事。

我们问卷上有一组题目是问宅基地改革后，村里人居环境是否有变化，以此测量宅改与村庄整治之间的关系。这位回族女性笑着说："有啥变化，这路才修了一段，前面那一段老不修，你们刚刚过来不也见着了？垃圾平时也没人管，我们都是自己撂在那儿。就是来了检查的就管一管。"随后，在一组我们又访谈了七位村民，所反映情况大致相同，复垦的事大家都说不存在，但是村里面要求村民拆掉无人居住的土坯房，原因是影响村容村貌。当初拆的时候，承诺了每栋土坯房补偿人民币五百元，后来一分钱没补。有的土坯房拆得不彻底，断壁颓垣，照样难看。

从一组出来，我们接着去了二组、三组、五组，这三个组通往村内的主要道路全部硬化了，比一组的情况要好。其他几组的村民，对于宅基地改革的确权、发证也都很满意。但也普遍表示对于回收宅基地复垦的事一无所知。在三组最后访谈的是一位 60 岁的村民，访谈中问他，村里搞宅基地改革有没有尊重他的意见，回答说根本就不尊重。但当问他，在村里有没有影响力时，他又很自豪地说："我影响可大着嘞！"正觉得他前后矛盾时，他接着就说，这条从 109 国道通往村内一直到他家门口的路，就是他反映问题后才修的。当年他三个女儿上学时，天天骑个破自行车从这条破路上走，很难走，并且当时路还不是直通国道的，是七拐八拐弯来弯去的。提到三个女儿，这位村民很骄傲很开心，说三个女儿都大学毕业，现在都在教书，有一个是宁夏大学毕业的，现在银川教书，说着还拿出一个"宁夏大学优秀毕业生"的奖牌给我们看。我们离开时，他很热心地送出门，很内行地指导我们在他家门口倒车。在三组我们看到了不少已经拆除但仍然有残留的土坯房痕迹。

在五组，从 109 国道拐进去，村口第一家，遇到一位回族农民技术工，他说自己经常跟着一些公司在外地干活。谈话之间，对于以往村干部不尊重村民，以及村干部做事不公正等，明显不满。谈话时，另外两位在他家串门的村民也表示赞同，三个人都提到现在基层的政风好多了，去县里办点事，负责办事的工作人员、干部态度比以前好多了。问到复垦的情况，他们也说没这事。这位农民技术工还说，村里面路两边有些房子当初是村民用耕地建的，现在基本都闲置在那儿，如果村里能回收复垦，组织大家种点大棚蔬菜等，全村人都有收益。谈话间，他母亲笑容满面地不断给我们添茶，端出热馍招待我们。

在五组最后走访的一家，也是个回民家庭，一开始接待我们的是个三十多岁的年轻人，正准备回答我们问题时，他父亲出来阻止，对我们说："你们也不用麻烦了，我们也不接受采访。"我们虽然不明白老人出于什么原因，但毕竟民族不同，信仰有差异，怕触犯了别人的禁忌，不好强求，只能尴尬地离开。

今天在远景村四个组成功访谈 25 人次，并采集到同等数目的问卷。村民普遍表示，村干部不尊重村民意愿，做事不公正。但对于给宅基地确权登记发证，村民普遍挺满意，都说有了产权证，他们急需用钱的时候可以拿上证去银行抵押贷款了。

从远景村回酒店，经过玉皇阁，据说这是宁夏最大的道观。此时还是下午四点多，我们遂临时决定去玉皇阁看看。玉皇阁位于平罗县城北大街，根据道观内导游图介绍，占地面积 36 000 平方米，由南门、山门、三官殿、城隍殿、观音殿、娘娘殿、三清殿、斗母宫、文昌阁、关帝阁、无量殿、洞宾殿、三宝殿、三毋殿、玉皇大殿等部分组成，最高建筑二十九米。始建于清光绪元年（1875 年），民国二十八年（1939 年）续修。可能因为冬天，下午四点时，气温很低，道观内游人不多。给我印象最深的是在三清殿西侧的厢房，看到一间屋子门口挂着"党员活动室"的牌子。

2018 年 12 月 16　周日　地点：宁夏平罗　天气：晴

今天上午决定去陶乐镇的庙庙湖村看看，庙庙湖村是个移民村，是平罗县"十二五"生态移民重要安置区，2013 年安置了来自固原西吉县 8 个乡镇 15 个村的 1 413 户回族家庭。

从平罗县城出发，车子从 109 国道往一条公路上右拐之后，远远看到一排排整齐的房屋，灰顶白墙，挺大规模的一个村落。靠近之后，果然就是我们的目的地。我们到达的时候，是上午 9：30 左右，村里还少有人走动，只看到几乎所有的一楼都是店铺，挂着形形色色的招牌，有一两家是电信、移动等网络服务的门面，还有几家是快递公司的驻点，其他就以小面馆、饭店为主，这个时间点大多没开门。我们随意地在村里转转，发现村子的基础设施比较好，有一个广场，石头上刻着"幸福广场"几个字，幸福广场上有不少健身器。广场旁边有停车场、有公厕。村委会办公楼边上有医务所。村委会办公楼前有几个张贴栏，上面主要是关于妇联创办服装厂，带动村里女性创业致富的内容。在村子的东北角上，我们还发现一个"庙庙湖生态移民创业园"，进去一看，创业园里全都是店铺门面，但看招牌全都是销售性质的，没看到制造类的小厂子、小作坊。可能因为我们来得有点早，店铺只有一两家卖活禽的开着门。

　　大概转了十几分钟，我们又往庙庙湖景区去，打算在景区看看，再回村里。景区离村子只有两千米的路程，途中看到右手边有一个厂区，正是之前张贴栏上大加宣传的服装厂。到了景区大门，看门人说冬天没游客，不开放。我们走另一条路往村里返回，正好经过服装厂的大门，顺道拐进去，门卫室没人值班，所以也没人查问我们。进门后的空地上堆放着一些建筑材料和一辆破旧的工程车。厂房的玻璃门关着，没见到有人进出，也没听到声音。听动静不像在生产，不知是不是因为周末的原因。

标语内容：农村宅基地制度确权是基础、规划是前提

标语内容：支持群众探索创新，调动群众参与宅基地制度改革

再回到村里时，幸福广场有不少人在活动：向阳的一片墙根底下，五六个老人围在一起晒太阳、打纸牌，健身器材上也有老人在活动，边上有两个回族妇女摆开了水煮油炸的摊子。我们和这两位摊主随意聊了几句，问她们搬迁之后的生活咋样，都说挺好的，比老家好。问她们这儿好不好挣钱，也都说挺不错的。随后又问了几位老人，也都对现在的生活挺满意的。我们离开时，已经快十一点了，那些店铺还是很多没开门。

返回时，刚从庙庙湖村前的公路驶出 109 国道，突然发现前方烟雾弥漫，开始以为是货车驶过的扬尘，再往右边（西边）西边一看，沙尘连天，100 米以外的树林已经非常模糊。一个直径约 50 厘米的草圈被风卷到路面，正在翻滚时，被对面驶来的一辆越野车碾压而止。突然意识到，是沙尘暴！这还是我们第一次亲眼见到沙尘暴，莫名觉得有点恐惧。所以当见到路边有个小村子，想停下来调查并发放问卷时，还是放弃并赶紧离开了这儿，到靠近县城的村子去做，估计县城那边沙尘暴没这么严重。车子驶出五六千米，109 国道拐过一个弯后，天空开始变干净了，我们在路边的东园村停了下来，采集问卷并进行访谈。

再往前走看见村子朝向国道的那一面围墙上写着两条标语："农村宅基地制度确权是基础，规划是前提"和"支持群众探索创新，调动群众参与宅基地制度改革"。

进到村子里，仍然看到多数院门挂着一把锈迹斑斑的锁，院子里枯草摇曳。终于在一家堆满玉米棒的院子里看到一个四十多岁的村妇，我便和她聊了起来。问她家里年收入多少，她不好意思地说："年收入不多，靠种地几乎没有什么收入。就打打工，养点羊、牛，还能补贴点。"她指着院子里的羊圈、牛圈又说："你看，养着这些，院子里就乱得很，而且院子不能小。"羊圈里有五六只羊，牛圈里有两头牛，院子中间挖了一个长方形的大池子，是给草料发酵的地方。当问到她家有没有在县城买房，她说给儿子买了。然后她就告诉我，儿子已经二十二岁了，不在城里买房不成，因为儿子想要找媳妇，就必须得在县城有房，否则没有哪个姑娘愿意嫁过来。

在东园村第二个访谈的对象正好是前任村主任，今年四十岁，有技术，但是十年前就卸任了村主任的职位。他说，当年他当村主任的时候，为了给村里修路，费尽了心血，有的村民还不理解。不过，他之所以辞去村主任的职位，主要还是因为收入太低了，那时当村主任一个月才补贴一百块钱，还得周一到周五老开会，养家都养不活。所以他后来不做了，出去包点活儿，一个月随随便便就能挣上几千块。对于村里的宅基地改革，这位前村主任表示有不满意的地方；后来我们再访谈的几位村民，但对宅基地确权领证一事，都表示很满意。

农妇说要养殖，院子不能小

从东园村出来后，我们在距离不远的陶乐镇上吃了中饭。陶乐镇的房子规划得很整齐，有几条看着挺新的街。我们吃饭的街道是老街，比较窄，两边的饭店招牌挺多，但好多家都关着门不营业。吃过中饭后，去了附近的渠口村，这个村归渠口乡管辖，也临近 109 国道。进到村里一看，很多家都关着门，院子里长满了杂草。住了人的房子里，几乎都是老年人，难得见到一两个四十多岁的，就算是年轻的。

笔者和受访的回族老夫妇合影

有一对回民老夫妻，我们敲门进去的时候，正在吃中饭，中饭是干馍就酸菜。听我们说是来调研的，非常热情。老大爷告诉我们，他今年七十八岁，夫妻俩都买了社保，现在不用干活了，儿子在城里买了房，在城里生活。言谈之间很是满足。我顺着他的话说，七十多岁了，本来就不应该干活，如果一个社会让七十多岁的人还要干活才有饭吃，就太不像话了。老人又连声说："现在政策好，政策好！我儿子也不用操心我们的生活了。"

渠口村的村民同样也对宅基地确权发证表示满意，但问到干部和群众的关系时，都说不怎么好。说村里的健身设施这些都是放在村部（村委会办公地点）门口，村民很少有人去那里锻炼。

回县城的路上，经过一个城楼模样的建筑，前面的牌坊上写着"塞上江南"。车子靠近时，发现是"塞上江南博物馆"，是黄河金岸旅游带的标志性建设项目之一，规划建筑面积 5 000 平方米，高度为 42.05 米，主体采用明清建筑风格。因为这种新造的旅游景点，见过太多，而且估计要买门票，我们俩没有进去参观。

2018 年 12 月 17 日　周一　地点：宁夏平罗　天气：晴

上午 8：30 刚过，我们来到平罗县国土资源局，打听农村三项改革办公室是否在国土局办公，有人指着二楼的一间办公室说，这里面一位姓宋的主任就是负责三项试点改革的。来到宋主任办公室，我们说明来意，同时将国家社科立项书复印件、身份证、工作证、介绍信等一起呈上，宋主任翻了翻这些，就说："我只是负责具体事务，你这个还得找我们局长。"然后把我们领到三楼一间办公室，把我们的证件等交给了一位姓王的局长。王局长前前后后地翻看立项书，半天没吭声。我们又把自己随身带着的关于江西余江宅基地改革模式的专著①递给他，说这是自己前期研究成果，请局长批评指正。然后说到我们前两天已经在农村和村民接触过了，发现平罗在确权这方面做得非常好，老百姓的获得感很强。王局长的情绪似乎高涨些了，说："你要我们提供什么，你列个清单吧，我们才知道哪些能给你哪些不能给你。"我们说只要可以公开的制度汇编和案例汇编等，将来写结题报告时，引用他们的正式制度文本，会更有学术严谨性。

王局长问他对面办公的一个主任："你看能不能找出来？"这位之前一直没出声的主任起身找出一本厚厚的制度汇编，又从电脑上找出几份文件的电子稿，现场打印出来一起给了我们，然后说案例暂时还没汇编出来。接下来，我们又以请教的口吻向王局长和主任咨询了几个问题，特别是关于西吉移民插花安置后，进城购房补贴方面的问题，这是前天在四渠村访谈一个村小组组长时听说的，但我们对小组长所说的补贴金额和房价心存疑惑，所以今天希望能在官方得到印

---

① 笔者主持江西省高校人文社科 2015 年度项目"农村闲置宅基地退出制度冲突研究——基于江西省余江县（试点县）的调查"（JJ1529），2017 年该项目最终研究成果以专著形式在经济管理出版社出版，书名为《制度嵌入的逻辑——农村宅基地制度试点改革"余江模式"解析》。

证。王局长和主任都说，有补贴，但是因为关于移民的事主要由移民办负责，文件也是几年前发的，具体数字他们现在也记不清了。说着王局长起身把我们领回到二楼宋主任的办公室，让宋主任帮着找找关于移民安置的文件。宋主任在一堆文件中翻了好一会，没找着。王局长又让我们先等等，他去别的办公室再找找。过了一会，王局长拿了一份移民安置文件回来了，说是让另一个办公室的人找出电子版现打印出来的①。文件拿到后，我们还和王局长、宋主任互加了微信。之后我们离开平罗准备前往下一个目的地——青海湟源。

从平罗国土局出来时，已经 9：38，高德地图显示，距青海西宁 691 千米，距湟源 740 多千米，鉴于之前从陕西到平罗走国道太费时间，我们决定这次走高速。从平罗上京藏高速，一路上看到黄河经过宁夏境内，但已经"顿失滔滔"，河面上结着厚厚的冰。高速公路两侧，时常很长距离不见村庄，总体上还是地广人稀的状态。靠近银川时，路上车辆多了起来，活力立现。12：30 左右，我们到达兴仁服务区，吃了中饭并且在车上小睡了一会儿，下午 2：08 时，继续上路。兴仁服务区出来，才几千米就是兴仁收费站，出兴仁收费站，就进到甘肃地界了。进甘肃收费站，大约 2 千米后，有服务区，我夫人提醒我要不要加油，我说才离开兴仁休息区没几分钟，又停下来，耽误时间，况且油表显示还有近半箱油，油耗显示能跑近300 千米。此时，导航地图显示距西宁 390 千米。所以我们完全可以再跑一段路再

---

① 这份文件全称为《平罗县脱贫攻坚领导小组办公室文件》，附件 1 为《平罗县"十二五"生态移民"多代多人"家庭住房改善政策解读》，其第五条为建房或购房补助标准，第五条第二款为城镇购房（仅限县城和陶乐镇商品楼房）补贴标准，一手房每户补助 7 万元，其中政策内补助 5 万元，县财政补助 2 万元。二手房（不包括近年预计拆迁的楼房或危楼），每户补助 5 万元。之前在黄渠桥镇四渠村访谈的那位村小组组长所说的和文件大致吻合。

加油，顺便也可稍做休息。但没想到的是，甘肃境内接下来两个服务区，前一个记不清地名了，后一个张家寺服务区，都在升级改造。过甘肃的张家寺服务区后，油表显示已经进入备用油区，我们俩都开始紧张起来，担心车子会因为没油抛锚。所幸，40 千米后进入青海地界，一进青海地界就是民和的马场垣服务区，总算加到油了。

晚上七点左右到达西宁的海湖桥，夫人就读硕士学位时的导师赵宗福先生已在桥下路边等候我们。赵老师夫妇盛情招待我们吃晚餐。餐桌上，我们向赵老师提到，一路在写调研日志，赵老师鼓励我们坚持写下去，希望能以人类学的方法写出一本田野笔记。

晚上九点半，结束晚餐，告别赵老师继续前行，到达湟源，入住在湟源的丽都酒店。

湟源县位于西宁市西部，县城城关镇距省会西宁 52 千米。湟源县位于青海湖东岸，日月山东麓，湟水河上游，是青海东部农业区与西部牧业区、黄土高原与青藏高原、藏文化与汉文化的结合部，青藏铁路、109 国道和 315 国道穿境而过，素有"海藏通衢"和"海藏咽喉"之称。

5. "集中安居模式"列举：湖南浏阳多个"安居小区"的田野调查

2019 年 1 月 4 日　周五　天气：小雨　地点：湖南浏阳

今天一早，没来得及吃早餐就赶往浏阳国土局，向农村三项试点改革办公室求取相关资料。国土局八点半上班，我们正好八点半到达，在门卫处打听到改革办在主楼二楼。来到二楼，办公室一位副科长看了我们的证件、课题立项书后，让我们先上五楼找总办公室，说要办公室具体安排人来与我们对接。因为之前在云南大理的不愉快，我们揣着惴惴的心情上了五楼，找到办公室主任。主任是个三十多岁的年轻人，很精干的样子。一听我们是来调研的，带着歉意说，今天真不巧，负责宅改的两位科长都下乡办事去了，其中一位还是陪着中央电视台录制节目，估计要到下午才能回办公室。我对他说，科长不在没关系，我们不需要科长接待、陪同，只需要一位工作人员给我们解答几个问题，同时能给我们提供一些制度文本、案例汇编就行。办公室主任一听，当即就找出了一本厚厚的制度汇编和几个小册子，说这些都可以给我们。并且指定一位姓杨的年轻工作人员为我们答疑解惑。这位小杨非常专业地解答了我提出的问题，向我们介绍了几个典型的案例，并且从电脑中调取了一些最新的数据发给我们。我也将随身带着的关于余江宅改模式的著作送给了小杨。

随后我们从五楼回到二楼，再次找到那位副科长，告诉他办公室已经为我们提供了资料。这位科长向我们解释说，他虽然是同一办公室的，但不是负责宅改方面工作，所以之前让我们找办公室安排。我向他道谢，并且也送给他我撰写的关于余江宅改的著作。科长见到我的著作后，很兴奋地说："哎哟喂，陈教授，如果你去年来就好了，我们去年到处找专家帮我们做这个项目，但湖南大学、湖南师大的一些教授、专家都不接招，他们说研究兴趣目前不在宅基地改革方面。"科长一边和我聊天，一边眼睛不离我送的那本书。

从国土局出来时，我的心情前所未有的好，对湖南、对浏阳的印象都好起来。我们都认为浏阳政府工作人员都有书卷气，并且用"政通人和"来形容浏阳。

根据小杨的介绍，大瑶镇的南山村，有两个小区（芙蓉小区、新河小区）属于改革成功的案例。芙蓉小区是宅基地面向浏阳全域流转的先行先试的典型，早在2006 年新农村建设时就接纳来自外村镇的农民（南山村离大瑶镇只有五分钟车程，交通便利。而大瑶镇又是"全国综合实力千强镇"，对于外村镇农民有很强吸引力）。只不过，这种接纳不符合当时的土地政策，只能在民间暗暗操作。2015 年 3 月启动的浏阳宅基地改革试点，让南山村的民间行为合法化了。之前在芙蓉小区建房的外村镇农民每年缴纳一定的有偿使用费，拿到了载有房屋土地面积的不动产权证。

下午我们来到南山村，刚进村就看到大路两边好几条宣传宅改的标语，接着在村委会院内展板上也看到关于宅改的宣传。

村委会工作人员指引我们到芙蓉小区。一到小区入口，首先看到的是一个高大的牌坊，上书"南山芙蓉"四个字，牌坊右边一口大池塘，池水清澈。牌坊下面是一条干净整洁的入村通道。沿着通道往里走，右手边有几栋两层小楼，别墅式建筑风格。这几栋小楼背山临水，风景怡人，让我们这种长期居住在城市的人羡慕不已。左边两排是对向而建的相同风格的小楼，走近一看，每栋小楼面积同等大小，

芙蓉小区入口

南山村宅改宣传标语

芙蓉小区概览

连大门风格都是统一的，家家门框上都挂着木刻对联，对联内容各有特色。我们向两位村民打听到，这个小区是 2006 年开始建设的，当时凡没有宅基地的农民都可以来这儿建房，条件是交纳有偿使用费 1 万元人民币，同时所有房子必须按统一图纸建造。我们注意到家家都有车库，而 2006 年，私家车并没有普及，尤其农村，拥有量更小，不禁感叹当年设计者的前瞻性。两位村民证实了确权一事，说他们家家都领到了产权证，房子可以入市买卖，非本村集体成员每年交纳有偿使用费 1 200 元。同时还推荐我们去新河小区看看，说新河小区比芙蓉小区建得还要好。

新河小区离芙蓉小区大约五六千米，大概因为是新建造的小区还不够成熟，新河小区周边的环境及小区内整体环境都不如芙蓉小区，但是小区内房屋建造得比芙蓉小区更显豪华大气，虽然也是统一设计的两层楼，但面积普遍比芙蓉小区的更大，建筑风格更像别墅。有篮球场、健身器材等配套设施。小区内有几家正在装修，我们找了几位村民访谈，得知新河小区的宅基地政策和南山村其他地方一样，都是要求建新拆旧，拆旧后，原宅基地自愿退出。而新河小区内不同位置的宅基地，采取择位竞价的方式。访谈中村民对于在新河小区建新房都表示很满意，因为原来自建的房子没有统一规划，也没运动场所、公共绿化。现在统一在小区建房，感觉过上了城里人一样的生活，而且比城里人的房子大。访谈过后，我们在小区内到处观察，发现边上一块主题为"深化农村土地改革，推进浏阳乡村振兴"的宣传牌，上面介绍了新河小区的三条规则："集中居住""自愿退出""择位竞价"。

芙蓉小区访谈村民

新河小区

新河小区"深化农村土地改革"宣传牌

离开新河小区时，天色尚早，我们决定再往沿溪镇沙龙村看看。根据上午小杨的介绍以及网上资料得知，沙龙村村域面积12.6平方千米，辖33个村民小组6 735人。沙龙村先后获评湖南省社会主义新农村建设示范村、湖南省全面小康建设示范村、湖南省两型示范基地、长沙市两型创建单位。沙龙村的具体做法：第一，注重两型基础设施建设。环村景观公路两旁的花卉苗木栽种率基本达到100%，小区内农户的庭院绿化率达到100%，村域内无裸露山体。第二，注重两型产业培育发展。大力发展无公害蔬菜产业，建设五个种植中心，形成高标准种植万亩区，建立无公害农产品精品试验示范基地。全村耕地实现了田成方、渠成网、路相通的现代农业格局，耕作基本实现了机械化。第三，注重土地集约节约利用。科学规划村级发展，合理地设置住宅区、工业区、种植区和养殖区，推广居民集中居住，以蝴蝶花园居民小区为示范，建设农民公寓，完善公共资源配套服务，对集中居住区道路和庭院完成了美化、亮化。推进土地集约节约利用。第四，注重两型文化氛围营造。建设集休闲、娱乐、健身于一体的农民运动场所和休闲广场，完善了文化乐园、农家书屋、农民电影院等①。其中第三点中提到的作为土地集约节约利用示范的"蝴蝶花园小区"尤其引起了我们的兴趣。

浏东公路边上，立着很显眼的一个拱形门，上面打着"全国美丽宜居村庄——沙龙村欢迎您"，朝这个拱形门右拐进入思进路，很快到达沙龙村，首先看到沙龙村的"导游图"及贴着沙龙村简介的告示牌。我们从导游图上找到"蝴蝶花园"小区的精确位置，很快便到达蝴蝶花园。蝴蝶花园一眼就可看出比南山芙蓉建得还早，房屋罗列整齐，小区内道路纵横交错，路面很干净。房屋风格和布局也是村落式独栋别墅群，但是从外墙看已经有些年头了。小区内一条主道边的墙上

---

① 浏阳市沿溪镇沙龙村. 两型城市网. http://cslxsh. changsha. cn/html/1538/20210322/11188. html. 2017 – 11 – 02.

贴着"人心和善、事业和顺、生活和乐、家庭和睦、邻里和气、环境和美、乡风和畅、社会和谐"的标语，标语下面是一些展板，展板内容主要围绕"和文化"。其中有两块展板上贴着《蝴蝶心愿——蝴蝶小区主题歌》以及一首题为《记住乡愁》的诗，给我印象最深。

停下车后，我们随机找了几个村民访谈，村民们都很自豪地说这个小区是农村土地流转改革示范点，始建于 2000 年，当时采用土地由集体统一调拨的方式，房屋统一规划设计、统一户型、统一外装饰、统一标准面积等方式，实行集中居住。村民们自愿建新拆旧入住小区，政府采用以奖代补的方式鼓励村民入住。我们最后访谈的一位男性村民说自己本来是外村的，在附近一家工厂上班，当时他自己家没有宅基地，所以很开心能在这个小区得到一块宅基地建房，建房款是自家的，因为他不是本村人，所以宅基地要交钱，但因为是第一批，当时交的钱也不多，只交了 1 万块钱的样子。所有被访谈的村民对于统一标准面积和统一风格建房都没有异议。

笔者在蝴蝶花园访谈村民

从蝴蝶花园小区出来后，我们顺道来到了沙龙村的"南海观音寺"，据观音寺前面的景点介绍，这座寺庙始建于乾隆二年，距今有二百七十多年的历史。进到寺里一看，规模不算大，但香火还比较旺盛的样子，寺内清净整洁，各种法器井然，估计平时定期有法会活动，也足见沙龙村的民间佛教信仰比较盛行。

本 章 小 结

本章共分 3 节，探索了试点地区宅基地制度嵌入式改革的形成原因及主要模式。

4.1 节探索了制度嵌入式改革模式的形成原因。首先，对相关制度内容的分析结果显示，中央政府对本轮试点改革进行了"顶层设计"，规定了试点改革的底线、目标和任务。在此基础上，鼓励甚至要求各试点地区立足本地实际进行差异化探索和创新，并要求试点改革采取"封闭运行"的方式，进一步强化了这种改革个性，在制度嵌入框架下催生出各种极富地方特色的宅改模式。其次，以江西余江和陕西高陵两地的制度差异为例，对两地制度进行了内容比较，发现两地在坚持并落实中央改革精神方面是一致的，但在具体改革措施则有极大的不同，表现出强烈的"制度嵌入地方"特征，此即嵌入式改革模式。这一改革模式与法律人类学关于法律在实施过程中必然会分化成为地方性知识的观点是一致的。

4.2 节论证了"宅改模式"的识别方法和识别结果。模式识别方法主要有两步：首先，从村级宅改"状态"中选择两个特征向量，即宅基地资源的稀缺性特征和宅基地的主要利用价值，由此得到关于"相互依赖性"的六种不同组合，即围绕宅基地占用所形成的六种人与人之间的竞争与合作关系。其次，基于村级宅改"目标"提取特征向量，将其与六类"相互依赖性"进行匹配分析，得到宅改制度嵌入乡村社会过程中对"相互依赖性"发生作用的六类方式。由此，在理论上得到五种嵌入式宅改模式类型，即退出整治模式、统筹发展模式、盘活利用模式、扶贫搬迁模式和集中安居模式。基于此，进一步依据 SSEP 框架，在理论逻辑上提炼出上述五类典型模式的核心构件，并通过列表对它们进行了比较分析。

4.3 节基于前述五类理论模式的核心构件，将现实改革案例与之进行匹配分析，定义了五大类现实版的嵌入式改革模式及其分支类型。分析资料主要来源于笔者亲赴 13 个省份的 13 个试点县（市、区）的实地调研资料（田野笔记）及各地的宅改制度文本内容，分析方法主要为理论模式与现实案例的匹配。分析结果显示，五大类理论模式具有极强的概括能力，能够包括目前所能见到的各类改革模式。但是，现实案例进一步丰富了理论模式类型中的子类型，这种丰富的子类型主要发生在"退出整治""盘活利用""扶贫搬迁"三类模式当中。

在本节当中，我们从 13 个省份十余万字的田野笔记当中节选出若干登出，不加任何评论和分析，目的是原汁原味地呈现五大类嵌入式改革模式的情景化特征。这些田野笔记（节选）展现了极为丰富的嵌入式改革特征，深刻反映出我国地区发展的不平衡性及其在宅基地制度改革中的体现。

由此，本章完成了预定研究目标，揭示了当下试点改革所采用嵌入式改革模式的形成原因、识别方法、现实类型及其核心构件，为进一步的运行机制和绩效分析奠定了基础。

第 5 章

试点地区宅基地制度嵌入式
改革模式的运行机制

第 4 章运用理论识别与现实案例匹配性分析方法，明确了试点地区宅基地制度嵌入式改革模式的五种主要类型及其核心构件，且以田野笔记形式情景化列举了一些改革案例。接下来需要研究各主要模式是怎么样运行的，这是探索关于"怎么样"（how）和"为什么"（why）方面的问题，实质上是在创建某一理论①，适合运用案例研究方法②。通过案例方法对某种现象或问题进行描述、解释和探索，不仅可以为新理论的创建提供基础，还可为一般性理论的求证提供证据及情境③。为此，本章拟从五类模式中选择典型案例进行比较，探究嵌入式改革模式的运行机制。

5.1　思路与方法

5.1.1　比较对象：三个典型案例

在五种模式当中，"扶贫搬迁模式"的主要目标是生态保护及其导向下的居住保障，具有公共产品属性，政府财政支撑是其运行机制的核心构件，个性化色彩主要体现在安置方式上。在 4.3.2 节当中，我们情景化呈现了三类主要安置办法，即

---

① 叶康涛. 案例研究：从个案分析到理论创建——中国第一届管理案例学术研讨会综述［J］. 管理世界，2006（2）：139-143.

② 罗伯特·K. 殷. 案例研究：设计与方法（第 5 版）［M］. 周海涛，史少杰，译. 重庆：重庆大学出版社，2017（2）：4.

③ 张丽华，刘松博. 案例研究：从跨案例的分析到拓展现有理论的解释力——中国第二届管理案例学术研讨会综述［J］. 管理世界，2006（12）：142-145.

"贫困村异址搬迁"模式、"贫困户集中安置"模式和"生态移民安置"（插花式安置和集中安置）模式。"集中安居模式"的主要目标是（户有所居式的）基本居住权益保障，一定程度上也具有公共产品属性，离不开政府的强力动员乃至财力支撑。这两类模式嵌入社会结构的程度很高，运行机制相对简单，无须专门研究即可说得清楚。

而且，调研中我们发现，早在本轮宅改之前各地就开展了一些"扶贫搬迁"与"集中安居"改革，地方政府或将早已建好的因扶贫或公益征地迁居的集中安居小区当作本轮宅改的成果而向上级汇报。例如，湖北宜城流水镇的"黄冲村"；天津蓟州上苍镇的"程家庄州和家园"和"幸福家园"；湖南浏阳沿溪镇沙龙村的"蝴蝶花园"小区和大瑶镇南山村的"南山芙蓉"小区；江苏武进因发展工业园区而对原村落进行拆迁和安置，建造的农村集中安居点则更多更早。

相较而言，"退出整治模式""盘活利用模式""统筹发展模式"这三类改革模式，基本上是 2015 年各试点地区因为承担了第一批宅基地制度试点改革任务后推进的改革模式。而且，它们的运行机制相对复杂，能够集中反映本轮宅改的制度嵌入式特征。为此，我们从前述五类宅改模式中，选择"退出整治模式""统筹发展模式""盘活利用模式"作为比较分析的对象。在具体案例方面，从"退出整治模式"中选择江西余江传统村落①的改革模式，从"统筹发展模式"中选择四川谭坝村的改革模式，从"盘活利用模式"选择陕西高陵张南联村的改革模式，作为本次比较分析的具体案例对象。由于在比较分析过程中会具体交代有关数据的来源，此处不再赘述。

5.1.2　比较维度：SSEP 框架构件

前文已述，在本书所构建的 SSEP 框架中，"状态"（situation）主要指（标的物）物品的特性及其对于人的行为和福利关系（相互依赖性）的影响。（2）制度结构（structure）既包括静态的制度内容，又包括动态的制度实施方式。（3）制度嵌入（embeddedness）是在指外部（县级）制度注入（村庄）后所引起的制度冲突和制度的重新建构情况，包括制度内容的具体化和制度实施方式的在地化。（4）"绩效"（performance）着重指新推行的制度规则通过重新建构，是如何改变了财富和

---

① 按理说，对三类模式进行比较，对象单元应当相同，即都应选择某特定村庄作为比较分析的基本单元。但是，由于江西余江非城镇规划区的村庄的资源禀赋相同，所选择的宅改模式也大体相同，因而对江西余江的分析并不特别指明某个村，而是笼统地指"传统（农区）村落"，如此反而能得到更丰富的细节。

机会在不同个体或团体间的分配状况。将上述变量联系起来的关键性变量是人与人之间的相互依赖性。物品特性决定了初始状态下的相互依赖性，制度（结构和重新建构）控制和引导这种相互依赖性，控制和引导的结果就是制度绩效。

据此，我们对典型改革案例运行机制的比较可从下列五个方面进行，即"状态"中的物品特性→"状态"中的相互依赖性→当地的制度内容（制度内容的嵌入）→制度的在地化实施方式（嵌入性实施机制）→制度绩效。如果所研究的典型案例都具备这五个要件，则可判断 SSEP 框架所揭示的制度改革绩效影响机理，能够精炼刻画试点地区宅基地制度改革模式的运行机制。这种归纳方法实际上就是著名案例研究方法论专家罗伯特·殷所提倡的"逐项复制"逻辑，即当 A 在不同场合出现时都导致现象 a，那么就可推测 A 与 a 有因果联系①。

由于三个案例故事篇幅较大，为保持章节平衡，下面分三节分别阐述三个典型案例在 SSEP 方面的特殊表现形式及其本质特征。

5.2 "退出整治模式"运行机制的典型案例分析

5.2.1 状态（S）分析

1. 余江简况及其宅改核心目标

江西省鹰潭市余江区（2017 年改县设区）地处江西省东北部，下辖 7 镇 4 乡 7 个农垦场，常住人口 38.51 万，其中农业人口 30.02 万，占 77.75%。人均耕地面积约 1.35 亩，人均建设用地面积 160.79 平方米。2016 年城镇居民人均可支配收入 2.7 万元，农民人均可支配收入 1.41 万元。在江西省发布的 100 县（市、区）经济实力排行榜上，余江县位列第 62 位，处于中下水平②。

改革之初，余江县即对全县农村宅基地资源进行了摸底调查。调查显示：（1）全县总户数为 7.33 万户，其中"一户一宅"的有 4.4 万户（占比 60.27%），

---

① 吕力. 归纳逻辑在管理案例研究中的应用：以 AMJ 年度最佳论文为例［J］. 南开管理评论，2014（1）：151－160.

② 数据参见《江西省余江县农村宅基地制度改革成效评估报告》，余江县农村土地制度改革三项试点办编写，2017 年 6 月，第 5 页。

"一户多宅"的有 2.9 万户（占比 39.73%）；（2）全县共有农村宅基地 9.235 万宗，其中闲置房屋 2.3 万栋（占比 24.9%），危房 8 300 栋（占比 8.9%），倒塌房屋 7 200 栋（占比 7.8%），农房附属设施 10.2 万间[①]。

为此，余江区明确定位了本地（非城镇规划区）农村宅基地制度试点改革的主要任务是，在严格落实"一户一宅"居住保障的前提下，无偿退出超占部分并对村庄进行整治。其中，"无偿退出"是初始相互依赖性的突破口，也是余江宅改工作的核心难点。下面主要围绕这一难点阐述余江宅改的核心运行机制。

2. 余江宅改的"状态"分析

改革伊始，余江专门出台《农村宅基地有偿使用、流转和退出暂行办法》，规定了无偿退出的范围和对象："'一户多宅'不符合规划的多宅部分，户外的厕所、闲置废弃的畜禽舍、倒塌的住房、影响村内道路及公共设施建设的院套等建筑物或构筑物必须拆除，将宅基地退还集体。"同时，还分别规定了无偿退出、有偿退出和享受政府相关优惠政策退出三种退出方式及其范围。具体内容参见表 5 - 1。

表 5 - 1　　　　　余江县农村闲置宅基地的退出方式及其范围（对象）

退出方式	退出内容	补偿标准
无偿退出	户外的厕所、闲置废弃的畜禽舍、倒塌的房屋、影响村内道路及公共设施建设的院套等建筑物或构筑物	—
有偿退出	①"一户多宅"的多宅部分。符合规划的，鼓励通过协商在本集体经济组织内部符合建房条件的人员中流转；对无法流转，但有退出愿望的可实行有偿退出。 ②"一户一宅"及"一户多宅"全部退出的，补偿标准上浮20%，但需提供有房居住的证明。 ③非本集体经济组织成员在农村占有和使用的宅基地，如涉及"多户一宅"，在其他户都有退出意愿的情况下，原则上退出，按标准补偿	①住房按建筑面积 20 ~ 150 元/平方米补偿。 ②厨房和厕所等辅助用房、畜禽舍、柴火间等可按占地面积 10 ~ 30 元/平方米补偿
享受优惠政策退出	(1) 享受政府相关优惠政策对象：①全部退出宅基地到城镇居住的村民。②符合宅基地申请条件而放弃申请资格到城镇居住的村民 (2) 政府相关优惠政策：①优先租住本县保障性住房。②可购买政府优惠的商品房	—

表 5 - 1 显示，除去下列三种情况，其他不符合"一户一宅"标准面积的宅基地都在无偿退出之列：（1）符合规划且能够在本集体经济组织内部流转的"一户

---

① 数据参见《余江农村宅基地制度改革试点"数说"》，余江县宅改办编，2017 年 5 月。

多宅"的多宅部分,不在无偿退出之列,但这种情况在现实中并不存在。[①] (2) 无法流转的多宅部分(房屋完好)也不在无偿退出之列,有退出意愿的实行有偿退出,无退出意愿的交纳有偿使用费。(3)"多户一宅"及自愿退出所有宅基地的,实行有偿退出或享受政府政策退出,不在无偿退出之列。现实中,第一种情况并不存在;第二种情况因房屋完好,房主多以交纳有偿使用费的形式继续持有;第三种情况中"多户一宅"现象几乎没有,而选择享受政府政策全部退出的农户也极少。[②] 因此,余江县大部分超标准占用的处于闲置状态的农村宅基地采用了无偿退出方式。

由上可知,余江县无偿退出的闲置宅基地具有如下三方面的特征:(1) 在居住使用功能方面,无偿退出的宅基地大多处于闲置荒废的状态;(2) 在财产性功能方面,当地非农经济不发达,土地流转迟滞,无偿退出的宅基地的财产性功能尚未显现;(3) 在文化功能方面,由于无偿退出的宅基地多处于闲置荒废状态,基本上没有什么文化、历史和情感价值。这类属于无偿退出之列的闲置宅基地的三大物品特性决定了村民之间的相互依赖性,是一种"你占有我也占有、你退出我也会退出"的兼具竞争与合作双重属性的相互依赖关系。为直观起见,特将分析过程及结果列为表 5 - 2,不另进行文字阐述。

表 5 - 2　　　　　余江县无偿退出的闲置宅基地的"状态"分析结果

物品特性		初始的相互依赖性		
		对村民福利的影响	对村民交互行为的影响	属性
使用功能	闲置、废弃,并非生活和生产必需品	①占有即闲置废弃,对居住环境产生负面影响。②在"户有所居"得到保障后,退出它们对村民生产和生活没有明显的负面影响	①你占有我也占有。②你退出我也会退出	相互仿效式依赖关系
财产功能	暂未显现	占有时无财产性收益,退出也没有明显的财产性损失	①你占有我也占有。②你退出我也会退出	相互仿效式依赖关系

---

① 本规定在现实中不可行,因为余江县绝大多数农村并不缺少宅基地,符合建房条件的人员本就有资格无偿向村集体申请一处面积法定的宅基地,没有必要通过有偿的方式转入。

② 截至 2017 年 5 月,共有 223 户提出申请,171 户正在办理购房手续,28 户已入住。资料来源于《余江县农村宅基地制度改革试点"数说"》,县宅改办于 2017 年 5 月 25 日编制。

物品特性	初始的相互依赖性		
	对村民福利的影响	对村民交互行为的影响	属性
文化功能	闲置、废弃，基本上无文化历史价值	无法寄托户籍外迁人士的故土情结	①你占有我也占有。 ②你退出我也会退出	相互仿效式依赖关系

5.2.2 制度结构（S）及其嵌入（E）分析

中共中央办公厅、国务院办公厅印发的《关于农村土地征收、集体经营性建设用地入市、宅基地制度改革试点工作的意见》要求，"科学确定'一户一宅'的分配原则，……探索……户有所居的多种实现形式"；国土资源部印发的《关于农村宅基地制度改革试点实施细则的通知》进一步规定："在土地利用总体规划确定的城镇建设用地规模范围外的传统农区，继续实行'一户一宅'、面积法定的宅基地分配制度。"

余江县的绝大多数农村均属于这种规划范围外的传统农区，因而所贯彻的是因村施策下的"一户一宅"宅基地分配原则①。《余江县农村村民建房管理暂行办法》第四条明确规定："农村村民一户只能拥有一处宅基地，其宅基地面积不得超过本办法规定的标准。"《余江县农村宅基地有偿使用、流转和退出暂行办法》则进一步明确了闲置宅基地的退出方式和补偿标准。同时，余江区还专门出台文件《深入推进"一改促六化"全面建设美丽乡村实施方案》，将宅基地改革拓展到"一改促六化"领域，即以纵深推进"农村宅基地改革"为抓手，围绕"增实力"加快推进农业发展现代化，围绕"优环境"加快推进基础设施标准化，围绕"惠民生"加快推进公共服务均等化，围绕"美生态"加快推进村庄面貌靓丽化，围绕"城镇化"加快推动转移人口市民化，围绕"促和谐"加快推进农村治理规范化。如此，就在政府与村民之间建立了一个隐性利益交换机制，即你（村民）若无偿退出超占闲置的宅基地，我（政府）就保证在其他方面给予你利益，从而对

---

① 改革两年来，余江县创新了一种村级宅改办法的形成路径，即"封闭酝酿"。经"封闭酝酿"形成的村级宅改制度和办法在坚守面积法定之"一户一宅"基本原则的基础上，具有显著的村级色彩。（1）关于"一户"，余江县允许各村综合采用"户籍＋人地关系"的认定标准，对县定标准作适当的调整或细化。如春涛镇洋源村邓家组就在县定"一户"标准的基础上，对老年人和三代单传家庭予以了照顾。（2）关于"一宅"，余江县允许各村制定适用于本村的"一宅"面积标准。如锦江镇没有直接采用县级规定的有偿使用费起征的面积标准（120~240平方米），而是结合各试点（自然）村的宅基地占用情况以及对有偿使用费收取规模的控制，将最低起征面积定为160平方米。参见《江西省余江县农村宅基地制度改革成效可视化报告》，余江县农村土地制度改革三项试点办编写，2017年4月，第24、32页。

状态分析中的初始相互依赖性进行了控制和引导。分析结果详见表5-3。

表5-3 余江县相关宅改制度对初始相互依赖性的控制和引导

物品特性	初始相互依赖性		对初始相互依赖性的控制和引导	
	对村民福利的影响	对村民行为影响	利益交换机制	控制和引导结果
使用功能（闲置）	占有时对居住环境有负面影响；退出后对生产和生活没有负面影响	你占有我也占有，你退出我也会退出	①因村施策：使无偿退出标准成为村庄共识，降低交易成本。②政府承诺：综合利用退出的宅基地进行"六化"建设；尤其是秀美宜居乡村建设，既能显著提升驻村村民的居住环境，又可满足户籍外迁村民的故土情结。③村民义务：必须无偿退出超出"一户一宅"部分的宅基地	如果大家都退出，我也会退出
财产功能（未显）	占有时无财产性收益，退出也没有明显的财产性损失			
文化功能（无）	无法寄托户籍外迁村民的故土情结			

表5-3显示了制度内容对初始相互依赖性控制和引导的可能性结果，其能否成功关键是要看余江县究竟采取了哪些推动制度变革的措施。

（1）成立村民事务理事会，将其作为自然村宅改的实施主体。自2009年始，余江县就按照上级鹰潭市的部署，积极探索了一种村民自我管理、自我服务、自我监督的村民自治新模式——村民事务理事会。本轮宅基地试点改革启动后，在基层党组织的领导下，余江县以自然村为单元，在全县1 040个自然村全部建立了村民事务理事会，选出了8 752名理事会成员①。2015年6月，余江县委办公室颁发《关于进一步加强村民事务理事会建设的实施意见》，进一步健全和完善了本县村民事务理事会的组织结构、权利、职责和工作流程，要求村小组长和理事长原则上要"一肩挑"，村小组干部和理事会成员交叉任职，对没有理事长合适人选的，也可由村"两委"干部兼任。理事会成员（理事）一般以自然村或村小组各宗族房系内德高望重或具有一定话语权的人担当，按照"一房管一房"的方式进行职责分工。紧接着，余江县宅改办进一步颁发《农村宅基地制度改革试点工作四级联动制度（暂行）》，明确村民事务理事会为农村宅基地制度试点改革的实施主体。在《关于进一步强化村民事务理事会对宅基地管理权责的通知》文件中，则更加

① 余江. 一场静悄悄的农村土地"新革命". 江西日报，http：//www. jx. xinhuanet. com/mryw/20170505/3706921_c_2. html. 2017-05-05.

具体地规定了村民事务理事会在管理本村宅基地资源中的权利和责任。

（2）构建"四级联动"机制，促动党员干部带头退出。承上，《余江县农村宅基地制度改革试点工作四级联动制度（暂行）》具体规定了"四级联动"制度的具体内容，包括一个"工作目标"、三项"工作原则"、四项"工作制度"、六类主体的"工作职责"及四项"工作要求"。六类主体①实际上可分为县、乡、村、组（自然村）四级主体，故称为"四级联动"。其中，县宅改办代表了县领导小组意志，县成员单位则要在各自主管工作范围内支持配合县宅改办的宅改工作，因而县宅改办处于县级的核心地位。村民事务理事会的组织结构主要由村干部任理事长，组（自然村）内各房村民代表任理事会成员。

现实中，"四级联动"说到底是政府主导下的由上向下传导压力、由下向上传导信息的互动机制。在"四级联动"机制的保障下，县委县政府要求所有党员干部必须发挥模范带头作用——带头退出自家多占的宅基地、带头缴纳有偿使用费；再动员亲属、房族兄弟跟着退、跟着缴。据 2017 年 8 月 28 日县委县政府向调研组呈报的汇报材料显示②，余江县始终把改革试点作为"书记工程"和"头等大事"，作为干部考核任用的"指挥棒"，在改革一线锻炼干部、发现干部、培养干部，近一年来，在提拔重用的 60 人中，改革一线人员占比近 40%，充分激发了干部的改革热情。县四套班子领导挂点联系改革难点村，实行了"县挂乡、乡驻村、村包组、组联户"负责制，层层传导压力，步步压实责任。在基层党组织的领导下，全县形成了"四套班子齐上阵、县乡村组抓落实、村民自治促改革"的全员参与改革局面。同时，该县强化调度督查，实行挂牌督战，建立了"每日一汇报、每周一调度、每旬一督查、每月一排名"的调度机制，做到改革推进到哪里，督查就跟进到哪里，打通改革试点"最后一千米"。

（3）广泛动员乡贤参与支持改革。为了进一步凝聚改革力量，余江县还专门出台文件《关于春节期间组织发动乡贤支持参与农村土地制度改革三项试点工作的通知》，要求利用春节期间乡村知名人士、社会贤达（乡贤）返乡之机，采取多种形式和有效措施，发动与争取乡贤回报社会造福家乡，支持参与农村土地制度改革工作③。例如，平定乡沙溪村张家组的乡贤张志辉，长年在国外经商，被村民推

---

① 六类主体包括，县宅改工作领导小组、县宅改办、县宅改成员单位、乡镇党委政府、村委会、村民事务理事会。

② 参见中共余江县委、县政府的汇报稿：《上下齐心协力、锐意攻坚破难：全域推进农村土地制度改革三项试点工作——余江县农村土地制度改革三项试点工作情况汇报》，2017 年 8 月 28 日。

③ 案例来源于《江西省余江县农村宅基地制度改革成效评估报告》，余江县农村土地制度改革三项试点办编写，2017 年 4 月，第 63～65 页。

举为村民事务理事会理事长。面对儿子的意外去世，亲人的反对，他仍然一头扎进宅基改革制度工作中来。在他的带领下，沙溪村张家组仅用了三个月就提前完成了宅基地的退出任务。全村共退出房屋 127 栋，面积 3 万平方米。中童镇徐张村畈上潘家乡贤潘良胜，自 1980 年离开家乡独闯新疆北屯，由摆地摊发展到现在成为多家企业董事长。为了回馈家乡，潘良胜回村担任村民事务理事长，一下子就把全村的民心凝聚了起来。在他的带领下，村内共拆除 48 栋房子，拆除面积达 2 万平方米，其中就有潘良胜家的 3 栋，包括祖上留下来的在村里数一数二的好宅子。利用退出来的部分空地，村内新建起来一个崭新的果园；村内道路全部硬化，而且连接每家每户，原来泥泞的道路彻底消失了。平定乡蓝田村宋家组乡贤宋和红，一直在山东威海从事眼镜批发生意。为了支持家乡的宅基地改革，宋和红先是捐资 16 万元支持村活动中心的建设，后又专程返乡捐资 80 万元用于村口 "感恩广场" 的建设，这不仅美化了蓝田村，更是带动了一大批在外知名乡贤们投身家乡宅基地改革建设家乡的热情。

据此，可绘出余江县所构建的县乡村组 "四级联动" 的制度实施方式或实施机制，详见图 5 – 1。图 5 – 1 中间中空的箭头表示压力自上向下式的传导过程，上方的虚线箭头表示信息自下向上的传导和反馈过程，下方的实线连接各级组织中的党员干部。

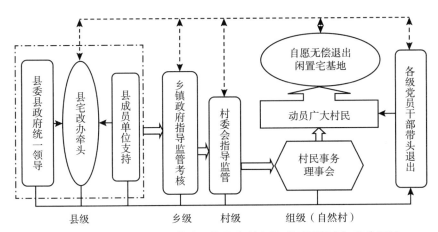

图 5 – 1　余江农村闲置宅基地无偿退出制度的 "四级联动" 实施机制

5.2.3　绩效（P）分析

承前可知，SSEP 框架下的制度绩效强调的是财富和机会在不同的个人或团体间的分配，而研究利益（机会）的分配情况，较好的办法就是进行博弈分析，借此进一步动态刻画制度实施机制及其绩效。

1. 模型建构

由于村民理事会的理事长和理事也是本村村民，既与普通农户有共同的利益诉求，又与他们世代同村而居，特别容易创造有效沟通的条件促成默契合谋关系的形成[①]。据此可构建一个包含村民理事会与农户之间存有合谋关系的三方博弈模型，分析余江县农村宅基地制度试点改革过程中的利益分配情况。

（1）局中人。图5-1显示，一共有四类主体参与农村宅基地制度试点改革，即县级领导机关、乡镇政府和村委会、村民理事会和农户。其中，县级领导机关（县宅改办）主要负责制定可操作的"无偿退出"相关规章制度，并不具体参与制度的实施（博弈）过程。参与博弈的主要有三方参与人，即村民理事会、农户、乡（镇）和村的党委行政（简称为"乡、村"），分别用 $i=1,2,3$ 来表示。

（2）行为动机。局中人 i_1（村民理事会）和 i_2（农户）选择合谋的主要目的，是尽量软化"一户"的适用标准和扩大"一宅"的面积，试图获取"一户多宅"或"一户大宅"带来的财产性利益。局中人 i_3（乡、村）的行为目的主要是完成县宅改办交办的监管任务，获取政绩收益。

（3）基本假设。一是假设局中人都是理性的，严格追求自身效用最大化；二是假设信息是完全的，即博弈参与各方对彼此的禀赋特征、行动空间及效用函数均有准确的认识。因此，该合谋博弈为完全信息动态博弈。

2. 博弈过程

策略空间。从理论上说，三方博弈共分两轮进行。第一轮博弈中，局中人 i_1（理事会）和局中人 i_2（农户）合谋的策略空间 $S_{1,2}$ ＝｛突破一户一宅原则（超占部分不退出），遵守一户一宅原则（超占部分退出）｝；局中人 i_3（乡、村）的策略空间 S_3 ＝｛严格监管，不严格监管｝。第二轮博弈中，i_1 和 i_2 合谋的策略空间 $S_{1,2}$ ＝｛刚性执行，变通执行｝，局中人 i_3（乡、村）的策略空间 S_3 ＝｛严格监管，不严格监管｝。

在第一轮博弈中，如果 i_1（理事会）和 i_2（农户）选择"突破一户一宅原则"进行合谋，在未遭到严格监管的条件下，双方均可谋求到相对最大的财产性收益 U_1（含免缴有偿使用费），但若遭受严格监管，则理事会干部（尤其是理事长）将

---

① 阮家福，张士建. 税收合谋的博弈分析与防范机制设计［J］. 财经理论与实践，2007（6）：66.

面临严重处罚 C_1，此时有 $-C_1 < U_1$。现实中，虽然对 i_2（农户）的处罚很难落实到位，但他们也得不到 U_1，收益计为 0。因此，追求收益最大化的 i_1（理事会）自然希望 i_3（乡、村）选择不严格监管，但事实并非如此。因为，i_3 选择"严格监管"虽要支付监管成本 C_2，但可获得正常的政绩报酬 U_2；反之，如 i_3 选择"不严格监管"，虽节省了监管成本 C_2，但因未履行职责将面临县级政府最严厉的处罚 C_3，此时有 $-C_3 < U_2 - C_2$。因此，理性的乡（镇）村干部必将选择"严格监管"，这是一种可置信的威胁，迫使 i_1 和 i_2 选择"遵守一户一宅原则"，博弈进入第二轮。

在第二轮博弈中，局中人 i_1（理事会）和 i_2（农户）有"刚性执行"和"变通执行"一户一宅两种策略。①当 i_1 和 i_2 选择"刚性执行"时，无论 i_3（乡、村）采取何种策略（严格监管或不严格监管），i_1 和 i_2 都会遭受既得财产损失 C_4，即要么退出多占用的宅基地，要么缴纳有偿使用费，或二者兼而有之。同时，i_1 可获取业绩奖励 U_3。与此相对，i_3 选择"严格监管"的收益是正常的政绩报酬 U_2，同时要支付监管成本 C_2。此时由于 i_1 和 i_2 选择了"刚性执行"，故 i_3 选择"不严格监管"也可获得正常的政绩报酬 U_2，但支付的监管成本为 0。②反之，当 i_1（理事会）和 i_2（农户）选择"变通执行"时，由于遵守了"一户一宅"改革原则，i_1 既可获取正常工作业绩奖励 U_3，且作为普通村民中的一员，理事长及理事的家庭可与普通村民一起获得一部分财产收益 U_5（$U_5 < U_1$）。同时，因与本村村民形成了良好合作关系，i_1 还可获得乡亲们的称赞和拥戴，获取人际效用 U_4。与此相对应，i_2 也可获得因变通执行产生的部分财产收益 U_5，且无需为此支付额外的成本。此时，i_3（乡、村）选择"严格监管"的收益是正常政绩报酬 U_2，同时支付监管成本 C_2；由于村民理事会实施方案遵循了"一户一宅"改革原则，i_3 选择"不严格监管"也可以获得上级给予的正常政绩报酬 U_2，但支付的监管成本为0。据上，构建的博弈树及收益矩阵详见图 5－2。

3. 模型求解

图 5－2 显示，（1）在第一轮博弈中，i_3（乡、村）采取"严格监管"的收益为（$U_2 - C_2$），不严格监管的收益为 $-C_3$；因 $-C_3 < U_2 - C_2$，理性的乡（镇）村干部必将选择"严格监管"，迫使 i_1 和 i_2 选择"无偿退出超占部分"，博弈进入第二轮。（2）在第二轮博弈中，①对于村民理事会而言，无论 i_3（乡、村）采取何种策略，其与农户合谋采取"变通执行"策略时的收益都要大于"刚性执行"策略下的收益（$U_3 + U_4 + U_5 > U_3 - C_4$），"变通执行"是其占优策略均衡。②对于广大农户而言，无论 i_3 采取何种策略，其与村民理事会合谋选择"变通执行"的收益

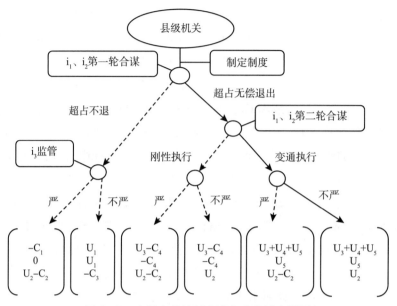

图 5 - 2　余江宅基地制度试点改革博弈模型

都要大于"刚性执行"下的收益（$U_5 > -C_4$），"变通执行"是其占优策略均衡。③对于监管者 i_3（乡、村）而言，无论 i_1 和 i_2 采取何种策略，其采取"不严格监管"的收益都要大于"严格监管"的收益（$U_2 > U_2 - C_2$），"不严格监管"是其占优策略均衡。

综上可知，余江县农村宅基地制度试点改革的三方博弈均衡为，乡（镇）政府及村委会在严格监管确保村民理事会和农户遵守"一户一宅"原则的前提下，默许村民理事会与农户合作，采取"变通执行"的办法推进县级政府下达的各项改革任务。这即是深嵌入乡村社会结构和社会关系中的余江宅改制度实施机制。

4. 对博弈均衡的经验检验

（1）来自现实经验的进一步解释。余江县的实际做法是在坚持"一户一宅"基本原则基础上，允许各村村民理事会因村制宜（变通）执行县级制定的无偿退出政策，核心体现为对"一宅"标准面积的认定方面。如余江国土资源管理局某领导在回答我们的访问时谈道：余江县为什么能够以无偿方式退出超占部分并顺利推进村庄整治？"关键是我们这套制度来源于群众。我们把每一个村庄的村民代表（理事会成员）七八个人请到一处，……用半天的时间给他们讲清楚为什么要改革，改革是干什么，改革有什么好处，然后要求他们回答第四个问题，即你们村怎么干？……"如此，该县所强调的因村制宜施政策略使"变通执行"得到了合法表达，图 5 - 2 显示的博弈均衡得到了证实。

（2）余江宅改绩效的现实表现。截至 2017 年 8 月，全县在无一例赴省京上访、无一例群体性事件的情况下，有效动员群众共退出宅基地 27 825 宗 3 813 亩，其中无偿退出 22 553 宗（占比 81.05%）2 911 亩（占比 76.34%）。但是，SSEP框架中的制度绩效是从利益分配的角度进行衡量的，因而须根据调查所获资料，分别阐述各方主体的权利（力）和义务，利益偏好及其满足（损失）情况，借此总结试点改革绩效。详见表 5 - 4 及脚注内容。

表 5 - 4   余江县农村宅基地制度试点改革绩效

利益相关者	角色 （权利 < 力 >、义务）	利益偏好	满足（受损）情况
县级政府	制度制定者，统一领导者	保证改革顺利推进，获取相关政绩	平安推进改革，获取上级领导机关乃至中央的肯定[a]。 完成中央试点政策要求的确权颁证工作。至 2017 年 3 月，确权率高达 95.74%[b]
乡（镇）政府和村委会	接受县级领导委托改革的监管者	保证改革顺利推进，获得监管方面的政绩	默认村民理事会与村民在"遵守一户一宅改革原则"基础上的合谋博弈，保证了①本辖区内的"一户一宅"改革原则得到贯彻执行[c]；②有效化解了利益调整过程中的矛盾冲突，使辖区内无群体性事件、无上访事件
村民理事会	接受上级委托；改革具体实施者；理事长既是村干部又是本村村民；理事会成员同时也是本村村民	动员本村村民支持改革，保证改革顺利推进，获得相关政绩。作为村民一员有保护自家宅基地利益的偏好	作为村干部，理事长的政绩偏好得到了满足作为村民一员，理事长及理事会成员需要带头执行改革政策才能有效动员群众，其家庭既得的宅基地利益有可能遭受一定程度上的损失
村民	无偿获取"一户一宅"的居住保障；对超标占用的宅基地，要么退出、要么缴纳有偿使用费	尽量维护既得的"一户多宅"或"一户大宅"的利益	在形式上遵循了"一户一宅"原则，大多数农户退出了超标宅基地。 在"一户一宅"形式的掩盖下，有越来越多的外迁户通过虚构户体的形式继续占用宅基地，在一定程度上使"集约节约使用"的改革目标落空[d]。 居住环境得到了改善[e]

注：a. 2017 年 1 月 11 日，国土资源部给余江县宅改办发来《感谢信》，称"一年来，贵县……推进改革试点工作取得了扎扎实实的实践和制度成果，为全国农村土地制度改革试点工作作出了积极贡献。"

b. 详见《余江农村宅基地制度改革试点"数说"》，余江县宅改办 2017 年 2 月编制。

c. 截至 2017 年 3 月，余江县农村宅基地制度改革试点已在全县 116 个行政村、914 个自然村开展，分别占全县行政村的 100%、自然村的 88%。目前全县共退出宅基地 1.7861 万宗，面积 183 万平方米，其中无偿退出 12 886 宗，面积 137 万平方米，有偿退出 4 975 宗，面积 46 万平方米；收回村庄规划内土地 845 亩，村庄规划外的宅基地复垦 574 亩；收取 4 809 户有偿使用费 646 万元；流转宅基地 56 宗，面积 13 690 平方米；择位竞价宅基地 49 宗，面积 5 600 平方米。参见《坚守改革底线、大胆探索创新，扎实推进农村土地制度改革三项试点工作——余江县农村土地制度改革三项试点工作情况汇报》，余江县农村土地制度改革三项试点办公室编制，2017 - 03 - 30。

d. 调查发现，其一，有越来越多的长年在城里务工并已在城市购房定居的原村民，为了规避"一户一宅"改革，由一位户主带领小孩将户口迁入城里（方便小孩在城里读书），仅预留另一位户主的户籍在原村不迁；其二，近年来已有越来越多的因升学、参军等原因而在行政事业单位工作多年，并在工作地城市落户定居的原村民，多以年迈父母的名义在原村内构造房屋。这两种情况都能在形式上构成合法的"一户"，从而无偿获取（占有）"一宅"。

e. 据余江县农村土地制度改革三项试点办公室于 2017 年 3 月 30 日撰写的汇报材料显示，截至发稿时止，试点村新修村内道路 255 千米，沟渠 152 千米，清运垃圾 41 万吨，村庄绿化面积 52 万平方米，村庄人居环境、卫生环境明显改善，群众有了更多获得感。

表 5 - 4 显示，从利益分配的角度，余江县的宅基地改革取得了较好的效果，突出表现如下：①改革的主导方（县级政府）和监督方（乡镇政府和村委会）的利益偏好得到了最大满足——平安推进了改革，获取了良好政绩。②改革的实施主体（村民理事会）的利益偏好则基本得到了满足，但其成员家庭的既得土地利益则会有所损失。③改革的承受方（农户）的利益偏好是，其既得的土地利益在一定程度上有所损失，但他们的居住环境得到了改善；外迁户则通过虚构户体等行为基本保住了既得的宅基地利益。总之，通过本轮宅改，余江区大部分村庄中的乱占超占现象基本消失，村居环境得到极大改善，宅基地占用重回历史公平起点，为下一轮村庄各项制度改革提供了良好基础。

5.3 "统筹发展模式"运行机制的典型案例分析

5.3.1 状态（S）分析

谭坝村隶属四川省泸县喻寺镇，位于泸县北部，距离县城 9 千米；福清公路穿村境而过（2013 年通车），有直通县城的公交车，交通极为便利。全村面积 6 平方千米，属丘陵地貌，自然风光较好。耕地面积 5 337 亩，有 1 099 户，3 864 人。总宅基地面积 1 037.4 亩，人均宅基地面积 178.61 平方米。全村劳动力 2 481 人，外出务工、经商 1 935 人，在外购房 124 户，一户多宅户、闲置宅基地 312 户，272.191 亩。改革之前，福清公路尚未修建通车，谭坝村虽然紧临福集镇，但因交通不便，一直都发展不起来，在 2013 年被定为省级贫困村，村级收入每年不足 1 万元，贫困人口 196 户，565 人。当时全村农业基础薄弱，产业单一，耕种落后，农业产出低。村民以散居为主，居住条件差，大量农民外出务工，流动性大，形成了一户多宅和危旧房等诸多问题①。

表 5-5 直观总结了四川泸县谭坝村农村土地制度改革的"状态"分析结果。

表 5-5   **四川泸县谭坝村农村土地制度改革"状态"分析**

	物品特性	初始的相互依赖性
居住价值	①人均宅基地面积相当多（178.61 平方米），土地资源丰裕。 ②村民大量外出务工，危旧房及空心闲置问题严重	土地资源不稀缺，多占多得现象严重。 拆除危旧房、村庄改造有一定阻力
经济功能	①交通便利，离县城很近。 ②属丘陵地貌，有较好的自然风景	经济价值较高（打造成为泸县县城的后花园），容易发动村民参与村庄经济建设
文化价值	无文化历史价值	—

5.3.2　制度结构（S）及其嵌入（E）分析

1. 谭坝村"统筹发展"宅改模式的基本进程

2015 年 6 月，谭坝村按泸县人民政府《关于在全县实施农村宅基地制度改革试点的意见》和喻寺镇人民政府《关于农村宅基地制度改革试点方案》，选择了以"新农村建设"的路径制订改革方案，健全了村、组管理机构和机制，建立了一系列的制度，完善了《村民自治章程》，出台了收益分配意见等。积极探索整体退出、部分退出、拆旧退出、暂时退出等不同退出的补偿办法；实施了面积超占、调剂使用、跨区取得等不同情况下的有偿使用；根据村民意愿，建设了相对集中的居住小区、农民公寓、易地扶贫等不同类型的聚居点等。

2016 年 11 月，喻寺镇人民政府根据泸县人民政府《关于统筹推进农村土地制度改革"三项试点"的意见》，结合谭坝村实际，决定在谭坝村集中实施"统筹土地制度改革'三项试点'，建设现代农业融合发展示范区"。村"两委"在县、镇改革办公室的帮助下，及时研究。调整和修改村级机构和《谭坝村宅基地使用和

---

① 喻寺镇谭坝村农村土地制度改革：制度汇编（前言）. 2017 - 11.

管理办法》（以下简称《办法》）等一系列的制度，使改革不断深入，体系不断完善。

2. 谭坝村"统筹发展"宅改模式的主要内容

（1）按人口核定面积促进节约利用。《办法》第六条规定：村民使用宅基地建居住房，按"以人口核定面积（不受分户影响），以规划选址建设"的要求，村民享有宅基地使用面积：生活居住 30 平方米/人，附属设施（晒坝、院落、家庭养殖等）20 平方米/人。选址应符合村级总体规划，移地新建应当到村庄建设规划点建设，严禁乱占耕地。

（2）打通宅基地节余指标入市交易通道。2017 年 3 月 8 日，泸县印发《泸县农村宅基地退出节余建设用地指标交易实施意见》。谭坝村也出台了《谭坝村关于集体经营性建设用地入市的意见》，主要采取两种入市途径：一是由村股份经济合作社和泸县土地统征和储备中心共同进行的直接就地交易入市，谭坝村的扶贫标准化产业园即为就地入市的实施项目；第二种是依规划调整为县域内非公共利益用地项目，统一提请县公共资源交易中心通过公开协议或招拍挂等方式实现调整入市。

（3）通过有偿退出及入市交易获得村庄发展启动资金。该村专门出台了《谭坝村关于宅基地退出补偿的意见》，规定了具体的退出补偿标准和办法。凡是在建房时节约了宅基地的，按 100 元/平方米给予一次性奖励。获得了节约奖励的，不能再申请无偿使用节约的面积，但保留有偿使用节约的面积的权利（《办法》第十二条）。腾退出的宅基地指标调转（为集体经营性建设用地指标）后直接入市（入市收益扣除拆迁补偿款后节余 1 300 多万元①，作为村庄发展启动资金），或用于村级企业、乡村旅游、经营性建设等村集体实体性经营（《办法》第十五条）。据该村马支书讲"我们谭坝村通过宅基地改革，总共腾退 270 多亩宅基地，赚了一千多万元，才有钱去修建基础设施、厂房，引进产业，才有钱去买地来搞新农村建设、农康中心这些"（参见附录 3——典型访谈记录）。

---

① 关于资金来源及具体数目，马支书的口述前后并不完全一致，但基本讲清了来龙去脉。这些关键信息隐藏在本书组对他的访谈记录中："我们全村搞了三年，总共腾退了 280 亩地。县里面（的补助）分为两类：一是拆掉的房屋属于一户多宅的，按照 7 万元一亩的价格给我们；二是一户一宅的房屋价格是 12 万元一亩。……我们腾退的 270 多亩地拿到 3 000 多万元，再除去开发给这些给老百姓的补偿费用，剩下的就是村集体的增值收益。通过宅基地改革赚了（集体性收入）1 300 多万元。……关于宅基地改革和产业振兴是如何结合的，是因为我们进行宅基地改革赚了 1 000 多万元，我们才有钱去修建基础设施、厂房，引进产业，才有钱去买地来搞新农村建设、农康中心这些。"

（4）超占部分有偿使用。《办法》第九条规定：超占面积，一律按集体经营性建设用地当时、当地和土地使用用途的年限（居住 70 年，工业 50 年，商业 40 年）收取有偿使用费。新建住房必须按批准的面积和规划用途使用，擅自超占面积，予以拆除。不能拆除的按规定进行处罚，并以当地、当时集体经营性建设用地的价格和时限，一次性收取超占有偿使用费。

（5）允许第三方来村共建共享①：《谭坝村宅基地共建共享暨综合开发试行办法》允许农民以合法宅基地使用权"共建共享、分割产权"，即允许村民利用自己合法的宅基地自愿与"第三方"共同建设，共享产权。出资建设方须具备投资能力，无不良金融记录等，表明"第三方"可以不是本村集体经济组织成员资格。

（6）以宅基地使用权入股联营置产置业②：2018 年 2 月 13 日，泸县出台了《泸县适度放活农村宅基地使用权的指导意见（试行）》，第二章规定了"农民住房及宅基地使用权出租问题"。第三章规定了"农民住房及宅基地使用权入股、联营"办法。据此，谭坝村由村股份合作社领办，农民以腾退或结合的宅基地使用权面积置产置业。即"允许一户或多户，在保证住有所居前提下，自愿利用节余，或退出、复垦原有合法的宅基地，按规划调整为集体经营性建设用地，并按村民议事会规定的价格，向村集体缴纳调转金后，到康养小区入股置产置业。"

（7）为乡村产业振兴优先提供用地安排。谭坝村重视招商引资，投入大量资金用于基础设施建设，实施了农村生态环境综合整治，有效改善和提升了村容村貌，为中小企业进村打下了良好基础。同时按照整体规划建设了占地 1.2 万亩的谭坝村扶贫产业园，现已有标准化厂房 4 栋，水、电、路、气、消防等配套设施完善，企业可以直接"拎包入驻"。谭坝村高度重视农民返乡创业工作，倾力发展"归雁经济"，落实定向创业减税和普遍降费的优惠政策；将村级农民工创业用地纳入村土地综合利用总体规划并优先进行安排。返乡创业者还能享受与招商引资、承接项目和产业技术转移合作项目一致的土地优惠扶持和补贴政策，当土地流转达到 60 亩以上时可直接获得奖励性补助，其中对粮食种植达 30 亩以上的农户实行种

---

① 本节内容主要参见《案例选编——全国农村土地制度改革三项试点泸县实践》泸县改革领导组，2018 年 11 月，第 42~48 页。

② 本节内容主要参见《案例选编——全国农村土地制度改革三项试点泸县实践》，泸县改革领导组，2018 年 11 月，第 49~54 页。

粮大户补贴[1]。

（8）与农地流转相响应促进现代农业发展。谭坝村以被占地的村民小组为单位，将每亩土地的承包经营权折资为1万元入股村股份经济合作社，同时量化基础设施投入部分全村村民股份，成功地实现了农民变股东的转变。农地入股后，村股份经济合作社将零散细碎的土地集中起来，打捆利用项目集中整合的资金，吸引了龙头企业、专业合作社等工商资本和"民间资本"入村投资。采取"集体经济+龙头企业+农户"模式，流转了土地4 200亩（含邻村），发展了果蔬、稻鱼、生猪养殖和粮油生产四个基地，建立了现代农业产业示范园，实现了现代农业的区域化、专业化、规模化生产。由此，将1.2万亩集体土地和农民闲置土地进行有序流转，破解了目前农村土地大量撂荒、农民手中土地产出效益低、农民对农产品销售无渠道等各种农业发展难题。

综上可知，谭坝村的"统筹发展"模式，以宅基地制度改革为抓手，通过核定面积、有偿使用、鼓励节约和退出，获得节余宅基地并将其转换为集体经营性建设用地指标入市交易，换得村庄发展资金，进而发展康养小区、乡村加工业和现代农业。为直观表达上述改革路径，笔者将其绘成框架图，详见图5-3。

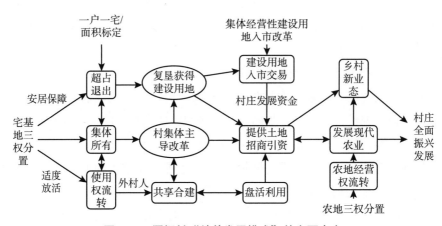

图5-3　谭坝村"统筹发展模式"的主要内容

图5-3描述的改革内容相互嵌套在一起，为简化分析，将其统称为村集体推动的"内容叠加式改革"，借此构建博弈模型，刻画谭坝村"统筹发展模式"实施机制及其绩效。

---

① 参见四川省省政府办公厅印发的《促进返乡下乡创业二十二条措施》（川办发［2018］85号），http：//www. sc. gov. cn/10462/c103046/2018/11/21/b1d2c7ce7ff94b84a10ff73cd26d39ad. shtml. 2018 - 11 - 18.

5.3.3 绩效 (P) 分析

谭坝村改革过程中涉及的权利主体，主要有村两委组织、村股份经济合作社和农户。其中，村两委组织是村支部、村委会及谭坝村在进行土地制度改革试点过程中筹建的村集体土地管理委员会、村集体土地使用和管理村民议事会及村务监督委员会等相关机构的统称；村股份经济合作社是村党总支部领导下的特殊法人单位，负责对全村集体资产的管理和经营，其中理事长由村党支部书记兼任，所有入股的农户均为股东。

三方主体在进行交易时存在着相应的委托代理关系。为更好地进行土地制度改革实现脱贫振兴，村两委组织与村股份经济合作社之间建立委托代理关系、农户与村股份经济合作社之间也存在委托代理链条。在村两委组织及村股份经济合作社委托代理链条中，村股份经济合作社受村两委组织的委托对集体建设用地进行管理和经营；农户及村股份经济合作社委托代理链条中，村股份经济合作社接受入股农户（股东）的委托，多方式提高集体建设用地的收益。

1. 假定条件

（1）村两委组织、村股份经济合作社和农户均为"理性经济人"和"社会经济人"的综合体，既追求自身利益最大化又关注自身社会形象。

（2）村两委组织与村股份经济合作社相互独立，村两委组织作为行政主体，对集体建设用地实行管理权，只统筹领导改革，不得参与集体资产的经营。村股份经济合作社对集体建设用地实行经营权，并接受村两委组织的监督。

（3）村股份经济合作社只对改革过程中的土地增值收益具有分配权，宅基地退出补偿由上级政府部门下拨。无论农户是否配合村股份经济合作社开展工作，只要农户在村两委组织领导下落实了宅基地腾退问题，农户即可获取相应有偿退出费用。

2. 博弈要素

参与人：博弈中的决策主体为村两委组织、村股份经济合作社和农户（分别用 i =1，2，3 来表示）。

行动空间：博弈中的行为主体所采取的行动集，用 Ai 表示。村两委组织在进行土地制度改革试点工作时可选择是单一实行宅基地制度改革还是叠加集体经营性建设用地入市改革，A1 = {叠加改革，单一改革}；参与人 2 即村股份经济合作社，可选择是否管理和经营，A2 = {经营，不参与经营}；参与人 3 为农户，其行动为最大化自我在此次改革中的利益，A3 = {配合，不配合}。此博弈的行动顺序是，首先村两委组织与村股份经济合作社同时决策，双方在作出自己决定时并不知道对方的决定，然后农户再选择配合或不配合。

战略空间：博弈各方可供选择的策略或行动的集合，是从参与人的信息集合到行动集合的一个映射，用 Si 表示。此博弈中，三方博弈主体可供选择的策略或行动的集合相同，S1 = {叠加改革，单一改革}，S2 = {统一经营，不经营}，S3 = {配合，不配合}。

效益函数：决策主体在博弈过程中所获得的效用水平，用 Ui 表示。村两委组织效用主要是提升政绩，壮大集体经济，获得更高社会效益，提高自身形象；村股份经济合作社的效用主要是追求经济效益，同时提高自身形象；农户的主要效用是最大化在改革中的自身效益。最终可能的效用函数见表 5 - 6，各字符含义将在下文博弈过程中阐述。

表 5 - 6　　　　　　　　　　　　　　八种可能的效用函数

$U1 = (0, -C21, Y35)$
$U2 = (0, -C21, Y31')$
$U3 = (0, -C21, Y35 - C32')$
$U4 = (Y11' + Y12' - C11' - C12', Y24' - C21, Y31' + Y34' - C31')$
$U5 = (0, -C21, Y35 - C32)$
$U6 = (0, -C21, Y31')$
$U7 = (0, -C21, Y35 - C32)$
$U8 = (Y11 + Y12 + Y13 - C11 - C12 - C13, Y21 + Y22 + Y23 - C21 - C22 - C23 - C24, Y31 + Y32 + Y33 + Y34 - C31)$

博弈树（见图 5 - 4）：

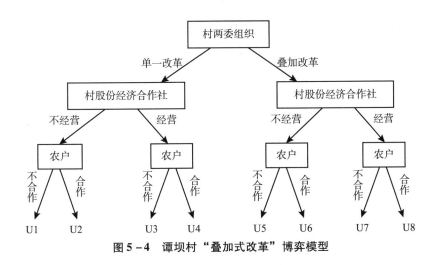

图 5 - 4　谭坝村"叠加式改革"博弈模型

3. 博弈过程

上级政府指定谭坝村开展农村土地制度改革试点工作，村两委组织可选择进行独立单一宅基地制度改革，也可选择统筹宅基地制度与集体经营性建设用地入市进行叠加改革。无论村两委组织在改革过程中选择何种策略，村股份经济合作社都可选择是否对改革带来的集体资产（主要是节余宅基地）进行统一经营管理，农户则根据自身利益需求选择是否配合。

当村两委组织选择统筹推进宅基地制度改革和集体经营性建设用地入市改革时，通过股份经济合作社经营管理，村两委组织会获取宅基地制度改革及集体经营性建设用地入市改革的政绩效益 Y11，履行相应职责后获得社会形象 Y12，宅基地退出后调整为集体经营性建设用地指标的入市收益 Y13。同时需要支出相应的成本：动员农户配合改革的洽谈成本 C11，监督村股份经济合作社的成本 C12，统筹腾退宅基地指标的入市成本 C13。当村两委组织选择单一改革时，在股份经济合作社统一经营管理下村两委组织可获得的效益如下：完成上级政府规定的宅基地制度改革任务的政绩效益 Y11′（Y11′ < Y11），履行相应职责后获得的社会形象 Y12′（Y12′ < Y12）；同时只需支出动员农户配合改革的洽谈成本 C11′和监督村股份经济合作社的成本 C12′。若股份经济合作社不进行集中经营，村两委组织无论是叠加改革还是进行单一改革，均无法享受经济收益及政绩收益。

当村股份经济合作社对叠加改革后的集体土地进行统一经营管理时，可获得的收益如下：集体经营性建设用地入市改革中的"调整金"收益 Y21、建设用地入市增值收益 Y22（包括两种类型：以收购村级建设用地及其建设用地指标的方式，股份经济合作社经营获得的全部增值收益；以经营村级建设用地的方式，村股份经济合作社可自留 20% 的增值收益）；及其建设用地指标和相应的社会形象 Y23。同时需要支付机构内部管理成本 C21、土地取得成本 C22（主要指对土地的补偿和土地上的青苗附作物，以及建筑物的补偿）、建设用地指标成本 C23（"入市"需要使用集体建设用地指标，不管是使用存量的，还是通过复垦，或在泸县公共交易中心竞价取得的，都应当进入土地"入市"的成本）、基础设施以及其他运营投入成本 C24；当股份经济合作社只对单一宅改后的土地进行经营管理时，只可获得进行宅基地改革时社会形象 Y24′（Y24′ < Y24），同时需要支付机构内部管理成本 C21。村股份经济合作社选择不统一经营管理改革后的集体建设用地，则自身将无法获得收益，同时需要支付机构内部管理成本 C21。

对于农户而言，当村两委组织叠加改革，村股份经济合作社选择统一经营管理时，能获得宅基地退出补偿 Y31、宅基地使用权入股或者合作开发经营土地增值收益 Y32（农户自留 80%）、宅基地指标交易与调整入市增值收益 Y33（农户自留 80%）及改革带来的其他非经济收益 Y34（包括享受本村基础设施建设和公益事业收益、纳入股份经济合作社成员的候选人、享受国家对农村的优惠政策等），并遭受上交仍需退出的宅基地或支付相应的有偿使用费的损失 C31；若选择不配合时，农户将无法获取任何土地增值收益，只能享受宅基地原有的基础功能 Y35，并遭受一系列的非经济损失 C32（包括不享受本村基础设施建设和公益事业收益、不予纳入股份经济合作社成员的候选人、不予享受国家对农村的优惠政策等）。当村两委组织叠加改革，但村股份经济合作社不统一经营管理时，村两委组织作为政治主体，不能履行集体建设用地的经营权，宅基地退出后的增值收益难以实现，农户只享受上级政府指定的宅基地退出补偿 Y31′；当农户不配合时则无法实现建设用地的财产功能，农户只能享受宅基地原有的基础功能 Y35，并遭受一系列的非经济损失 C32（包括不享受本村基础设施建设和公益事业收益、不予纳入股份经济合作社成员的候选人、不予享受国家对农村的优惠政策等）。当村两委组织进行单一的宅基地改革，村股份经济合作社选择统一经营管理时，农户能获得宅基地退出补偿 Y31′，同时享受相应的非经济收益 Y34′（享受本村基础设施建设和公益事业收益、纳入股份经济合作社成员的候选人、享受国家对农村的优惠政策等），并遭受上交仍需退出的宅基地或支付相应的有偿使用费的损失 C31′；若选择不配合时，农户将无法获取任何土地财产功能，只能享受宅基地原有的基础功能 Y35，并遭受一系列的非经济损失 C32′（包括不享受本村基础设施建设和公益事业收益、不予纳入股份经济合作社成员的候选人、不予享受国家对农村的优惠政策等）。当村两委组织单一改革，但村股份经济合作社不统一经营管理时，农户只享受上级政府指定的宅基地退出补偿 Y31′；当农户不配合时则无法获取任何土地增值收益，只能享受宅基地原有的基础功能 Y35。

4. 博弈均衡结果分析

根据上文的博弈过程，可以得出三方权利主体具体的支付组合，详见表 5－7。

表 5－7　　　　　　　　　　　博弈三方的支付主体组合

项目	叠加改革		单一改革	
	配合	不配合	配合	不配合
统一经营	Y11 + Y12 + Y13 + Y14 - C11 - C12 - C13	0	Y11′ + Y12′ + Y13′ - C11′ - C12′	0
	Y21 + Y22 + Y23 - C21 - C22 - C23 - C24	- C21	Y24′ - C21，	- C21，
	Y31 + Y32 + Y33 + Y34 - C31	Y35 - C32	Y31′ + Y34′ - C31′	Y35 - C32′
不统一经营	0	0	0	0
	- C21	- C21	- C21	- C21
	Y31′	Y35 - C32	Y31′	Y35

根据成本与收益的反向归纳，村两委组织、村股份经济合作社、农户将权衡不同策略选择下的预期利益得失情况后进行决策。根据表 5－7 可以得出，叠加改革的总体效益优于单一改革，统一经营是村股份经济合作社的占优战略，配合改革是农户的占优战略。通过以上八种支付组合的总体收益分析，可以得出整个博弈的占优战略均衡组合为：叠加改革、统一经营、配合。这一博弈结果使得三方权利主体的利益诉求均得到一定程度的满足，从而达到了博弈的相对均衡状态。

在多种激励因素的作用下，谭坝村的改革得到了大多数村民的支持和拥护，改革取得了非常显著的成效（得到媒体的赞誉性报道①）：成功地将腾退出的宅基地结余建设用地指标调整入市，获得村庄发展的"第一桶金"；成功地推进了宅基地共建共享、宅基地置产置业、宅基地使用权置换居住等多种改革方式，促进了康养

---

① 四川泸县谭坝村"三产融合"发展助推乡村振兴．人民网，http://www.sohu.com/a/281357336_114731.2018－12－12.

小区、众创小区、居住小区、休闲小区等一批新业态的形成，实现了村级集体经济的发展和农民的增收。仅用一年多的时间，就有 217 户村民自愿有偿退出宅基地，消除一户多宅 195 户，复垦耕地 103.3 亩。预计 2017 年村级集体收入将达到 200 万元，农民人均可支配收入达到 15 500 元，全村贫困户和贫困村高质量脱贫，并进入"四好村"行列[①]。

5.4　"盘活利用模式"运行机制的典型案例分析

5.4.1　状态（S）分析

陕西省西安市高陵区地处关中平原腹地，泾河、渭河两岸，西安市北部，总面积 294 平方公里，总人口为 35.11 万人，距西安市钟楼和咸阳国际机场 20 千米、新市政中心仅 7 千米，境内一马平川，素有关中"白菜心"之称。该区农村居民大多因外出务工、小孩上学等原因迁往市区，农村住房空置严重，但因地处西安这一省会城市近郊，属于活化农村类型。2018 年，高陵区政府紧紧把握宅基地"三权分置"政策机遇，率先在下辖的张卜街道张南联村推进名叫"共享村落"的"闲置盘活利用"宅改模式，正式推出首批共享房源共计 50 户。由于该村宅基地及其房屋的主要特征是闲置，因而其"状态"分析相对简单明了。表 5-8 直观总结了陕西高陵张南联村的状态分析结果。

表 5-8　　　　　陕西高陵闲置宅基地及房屋盘活利用的"状态"分析

物品特性		初始的相互依赖性
居住价值	当地村民大量外出务工，长期定居城里，农村住房空置率高	只要能够"盘活利用"，就可为村民带来净收入增加，村集体也可从中收取一部分租金，并通过吸引人才和资本下乡的方式，繁荣本村经济
经济功能	位于西安市郊，交通便利，非农经济发达，城市居民希望来此租房，或居住或创业	
文化价值	闲置，无文化历史价值	

---

① 喻寺镇谭坝村农村土地制度改革：制度汇编（前言）. 2017-11.

5.4.2 制度结构（S）及其嵌入（E）分析

2015 年，高陵区成为全国农村土地制度改革的 33 个试点县（市、区）之一。该地区的改革基础较好。在承担本轮宅改试点任务之前，高陵区为了促进并规范农村集体资产资源的交易行为，在县、乡、村分别成立产权交易中心（2013 年）。2017 年，高陵区大力推进并基本完成了农房的"房地一体"确权登记颁证工作。2018 年，高陵区政府把握宅基地"三权分置"政策机遇，出台了《西安市高陵区"共享村落"（农民闲置宅基地和闲置农房使用权出租）管理办法（试行）》[以下简称《管理办法（试行）》]、《关于第一批"共享村落"（农民闲置宅基地和闲置农房使用权出租）的通告》和《高陵区"共享村落"扶持政策》等文件。由此建立起闲置农房盘活利用的制度框架。

在完成确权颁证、交易平台搭建等工作的基础上，为保证"共享村落"的正常运行，高陵区还创新了一系列细致入微的改革举措：（1）产权确认。由具有资质的第三方评估机构对宅基地上的建筑物、附着物、构筑物进行清点并登记造册，……作为资产交割的依据；成交后，还为承租人颁发《不动产权证书》。[①]（2）完善契约条款，包括承租人的区域范围（全国）、所享权利（新建权、改建权、转让权、经营自主权、经营收益权、融资抵押权等权益）、共享年限（原则上不超过 20 年）。（3）明确交易流程，包括个人和集体出租信息发布流程和交易流程。（4）收益分配。共享租金 90% 归出租房屋人所有，村集体则凭宅基地所有权人资格从租金中收取 10% 作为宅基地使用费，用于村内基础设施维护、公共服务建设、评估费用等。（5）事后不确定性的应对。《管理办法（试行）》还明确规定了在遭遇到拆迁等政策调整导致租赁合约中止情况下的财产权利分割原则。

除此，高陵区出台了"共享村落"相关管理制度。《西安市高陵区"共享村落"（农民闲置宅基地和闲置农房使用权出租）管理办法（试行）》中明确指出：（1）高陵区农村经济经营管理局负责农民闲置宅基地和闲置农房使用权出租合同的制定和指导、房源的信息发布、组织交易及登记备案工作；（2）高陵区建设和住房保障局负责共享房屋新建、改建的指导工作；（3）国土分局负责办理不动产权证书；（4）街道负责农民闲置宅基地和闲置农房的信息收集、房屋的合法性审核、宅基地使用权出租的监管工作，确保共享房源的产权无异议、无纠纷；（5）村集体

---

① 《半月谈》刊文："共享村落"：城市资源下乡忙. 新华网，http：//www. sn. xinhuanet. com/2021 - 04/09/c_1127310085. htm. 2021 - 04 - 08.

经济合作社是盘活利用农民闲置房屋经营工作的实施主体，应发挥引领、组织、统筹和管理作用，保护村集体和广大农户的切身利益。

为助力"共享村落"的推行和区域经济发展，高陵区还推出下列创新创业扶持政策。政策内容主要如下：（1）在高陵区租赁办公用房，投入众创空间发展的，将享受 3 年费用补贴；（2）新认定的国家级、省级、市级众创空间，省、市级科技型企业，国家级、省级专利奖的项目，省、市级科技奖项目，优秀大学生自主创业者等，将获得 1 万~20 万元的奖励；（3）高陵区新认定的省、市级研发中心、公共科技服务平台、院校、科研所在本区设立的技术转移中心等，将得到 5 万~20 万元补助；（4）高陵区还推出相应的财政金融支持、税费减免、科技创新激励、创业企业资本市场融资奖励等创业优惠扶持政策，以调动共享人的积极性与主动性。

综上所述，"共享村落"模式具备专用性资产产权交易合约的全部构件，其具体的运行流程如图 5-5 所示。

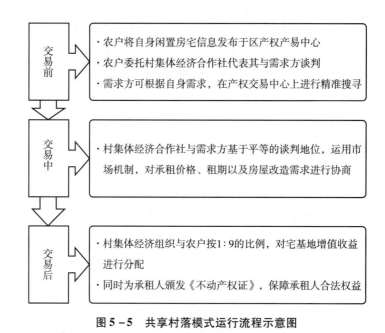

图 5-5 共享村落模式运行流程示意图

5.4.3 绩效（P）分析

在"共享村落"模式的实施过程中，涉及的权利主体主要包括村集体经济合作社（以下简称合作社）、农户以及市民三方。另外，高陵区打造了区、镇、村三级产权交易中心作为权利主体交易的平台,并引进市场机制,保障了博弈的正常进行。三方主体在进行交易时存在着相应的委托代理关系:首先是农户—村集体经济合作社委托代理链条,农户为更好地处置闲置房宅,提高自身谈判地位及降低政策风险,委托合作社与市民洽谈协商;其次是市民—村集体经济合作社委托代理链条,市民为降低信息搜寻成本以及防范不确定政策因素的影响,委托合作社履行相应程序。这两者都是基于法律层面的委托代理关系。

1. 假定条件

假定 1:农户和市民属于"经济人",决策目标都是为了自身利益最大化。合作社是"经济人"与"社会人"的综合体,既追求自身经济效益最大化又兼顾其社会形象。

假定 2:产权交易中心的存在为供求双方提供了信息查找及交易平台,会极大降低信息搜寻成本。为了简化模型,假设在存在产权交易中心时,各方的信息搜寻成本为 0。

假定 3:农户作为一个整体具有相同的选择策略,同时有权自行处置其闲置住房及宅基地使用权。

假定 4:洽谈成功后,合作社所获得的收益大于其所付出的成本。

假定 5:市民在农村居住具有更大的效用,同时其城市住房出租所获得的收入远大于在农村租房所需付出的成本。

假定 6:市民在城市住房中居住所得到的效用以城市住房出租所获得的收入近似替代。

2. 博弈要素

局中人:子博弈 1 与子博弈 2 的决策主体,即村集体经济合作社、农户,以及市民(分别用 $i=1$,2,3 来表示)。

信息:在产权交易中心存在时,房源的信息都是公开的,三方权利主体的信息搜寻成本得到极大降低。但在没有产权交易中心存在时,三方主体的相关交易信息处于相对封闭的状态,会在很大程度上增加各方在信息搜寻上花费的时间与精力,而且存在出现错位的可能。

策略空间:在两个子博弈中,三方博弈主体可供选择的策略或行动的集合相同,用 S_i 表示。参与人 1 的行动主要是参与"共享村落"的实行过程,与农户、市民双方进行洽谈协商,追求自身经济效益与社会效益的最优化,因此 $S_1 = \{$代理，不代理}；参与人 2 的行动主要是处置自身闲置农房及宅基地使用权，追求利益最大化，因此 S_2 = {出租，不出租}；参与人 3 的行动是为了获得更舒适的生产生活环境，同时追求利益最大化，因此 S_3 = {承租，不承租}。此博弈的行动顺序为，首先村集体经济合作社做出决策，然后农户和市民再选择自身行动，双方在做出自己的决定时并不知道对方的决定。

效用函数：决策主体在博弈过程中所获得的效用水平，用 U_i 表示。合作社的效用主要是壮大集体经济，获得更高的社会效益，提高自身形象；农户的效用主要是为了处置闲置农房及宅基地使用权，增加自身财产性收入；市民的效用主要是获得更好的生产生活体验，同时追求经济效益。最终可能的效用函数见表 5 – 9，各字符含义将在下文博弈过程中阐述。

表 5 – 9　　　　　　　　　　　十二种可能的效用函数

$U_1 = (Y_{11} + Y_{12} - C_{11} - C_{12} - C_{13},\ Y_{21} + Y_{22} - C_{21},\ Y_{31} + Y_{32} - C_{31} - C_{32} - C_{33})$
$U_2 = (Y_{12} - C_{12} - C_{13},\ -C_{22},\ Y_{32})$
$U_3 = (Y_{12} - C_{12} - C_{13},\ -C_{22},\ Y_{32})$
$U_4 = (Y'_{12} - C_{12},\ Y'_{21} + Y_{22} - C'_{21},\ Y_{31} + Y_{32} - C'_{31} - C_{32} - C'_{33})$
$U_5 = (Y'_{12} - C_{12},\ -C'_{22} - C_{23},\ Y_{32})$
$U_6 = (Y'_{12} - C_{12},\ -C'_{22} - C_{23},\ Y_{32})$
$U_7 = (Y_{11} + Y_{12} - C_{11} - C_{12} - C_{13} - C_{14},\ Y_{21} + Y_{22} - C_{21} - C_{24},\ Y_{31} + Y_{32} - C_{31} - C_{32} - C_{33} - C_{34})$
$U_8 = (Y_{12} - C_{12} - C_{13} - C_{14},\ -C_{22} - C_{24},\ Y_{32})$
$U_9 = (Y_{12} - C_{12} - C_{13} - C_{14},\ -C_{22},\ Y_{32})$
$U_{10} = (Y'_{12} - C_{12},\ Y'_{21} + Y_{22} - C'_{21} - C_{24},\ Y_{31} + Y_{32} - C'_{31} - C_{32} - C'_{33} - C_{34})$
$U_{11} = (Y'_{12} - C_{12},\ -C'_{22} - C_{23} - C_{24},\ Y_{32})$
$U_{12} = (Y'_{12} - C_{12},\ -C'_{22} - C_{23},\ Y_{32})$

3. 博弈过程

整个博弈过程被分为两个子博弈，子博弈 1 与子博弈 2，两个博弈的不同点在于产权交易中心这个交易平台是否存在。而在两个子博弈下，三方权利主体的选择具有相似的结果，合作社有"代理"和"不代理"两种选择；无论合作社做出何种选择，农户都会根据自身利益需求做出"出租"和"不出租"的选择；但市民的行动将会受到农户行动的限制，若农户选择"出租"，则市民可做出"承租"或"不承租"两种选择；反之，市民只能做出"不承租"的选择。据此，可得到如下博弈树：

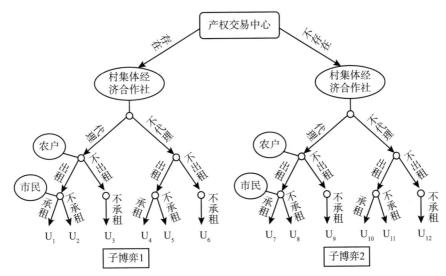

图 5 - 6　村集体经济合作社、农户和市民三方权利主体的博弈过程

据此博弈树可得出以下分析：

对于子博弈 1：

当村集体经济合作社选择"代理"时，合作社可以获得承租费用的 10% 作为自身收益 Y_{11}，同时因为合作社履行了一定的职责，获得社会形象 Y_{12}，但是需要支出洽谈成本 C_{11}、运营成本 C_{12}、房屋管理成本 C_{13}。当村集体经济合作社选择"不代理"时，合作社将无法获得自身收益，同时由于其未履行职责，在群众中的威信较低，其社会形象 $Y'_{12} < Y_{12}$，同时需要支付运营成本 C_{12}。

对于农户而言，在合作社"代理"的情况下，若农户选择"出租"，可以获得租金收益 Y_{21}，同时也可以获得未来不动资产的剩余价值 Y_{22}，但是需要面临未来预期变化所支付的成本 C_{21}；若农户选择"不出租"，由于房屋闲置，无法获得收益，反而要支付房屋破损所面临的损失 C_{22}。在合作社"不代理"的情况下，若农户选择"出租"，可以获得租金收益 Y'_{21}（$Y'_{21} < Y_{21}$，这是由于此时农户的谈判地位较低，所能获得的租金收益也相对较低），同时获得未来不动资产的剩余价值 Y_{22}，但是需要支付未来预期变化所需成本 C'_{21}（$C'_{21} > C_{21}$，由于在"不代理"情况下，市民违约风险较高，政策风险较大，未来不确定因素影响较大）；若农户选择"不出租"，房屋闲置没有收益的同时需要承担找人打理的费用 C_{23} 和房屋破损的损失 C'_{22}（$C'_{22} > C_{22}$，农户找人打理一般寻找邻居，没有合作社专人打理专业，因此房屋破损度更高）。

对于市民而言，在合作社"代理"的情况下，若市民选择"承租"，则可以获得自身效用 Y_{31}、城市住房出租收入 Y_{32}，但需要支付承租费 C_{31}（$C_{31} = Y_{11} + Y_{21}$）、

改修费 C_{32}、未来预期变化所付成本 C_{33}；若选择"不承租"，则市民只能选择在原住地居住，因此只能获得自身效用 Y_{32}（$Y_{32} < Y_{31}$）。在合作社"不代理"的情况下，若市民选择"承租"，则获得自身效用 Y_{31}、城市住房出租收入 Y_{32}，所需支付的成本包括承租费 C'_{31}（$C'_{31} = Y'_{21} < C_{31} = Y_{11} + Y_{21}$，在"不代理"的情况下，市民谈判能力较强，所付的费用相对较低）、改修费 C_{32}、未来预期变化的损失 C'_{33}（$C'_{33} > C_{33}$，在"不代理"情况下，农户违约风险较高，政策变化风险较大，未来不确定因素较多）；若选择"不承租"，则只获得自身效用 Y_{32}。

对于子博弈2：

由于子博弈1与子博弈2两者之间的不同点在于是否有产权交易中心这一第三方平台的存在，它并不实质参与三方权利主体的博弈，作为外生给定的变量，只是导致三方主体各种选择中部分成本与收益的变化。因此在这里对于与子博弈1相同的地方不再进行赘述，只描述各种选择之后成本与收益变化的地方。

对于合作社而言，在选择"代理"时，其产生的信息搜寻成本为 C_{14}，其他收益与成本不变；而合作社选择"不代理"时，没有不同于子博弈1的影响。

对于农户而言，无论合作社做出何种选择，只要农户做出"出租"选择，就增加了其搜寻成本 C_{24}；而农户做出"不出租"的选择则没有影响。

对于承租人而言，无论合作社做出何种选择，只要承租人做出"承租"的选择，就增加了信息搜寻成本 C_{34}；而承租人做出"不承租"的选择没有影响。

4. 博弈求解

根据上文的博弈过程，可以得出三方权利主体具体的支付组合，详见表5－10。

表5－10　　　　　　　　　　　博弈三方主体的支付组合

	项目	代理		不代理	
		承租	不承租	承租	不承租
子博弈1	出租	$Y_{11} + Y_{12} - C_{11} - C_{12} - C_{13}$	$Y_{12} - C_{12} - C_{13}$	$Y'_{12} - C_{12}$	$Y'_{12} - C_{12}$
		$Y_{21} + Y_{22} - C_{21}$	$-C_{22}$	$Y'_{21} + Y_{22} - C'_{21}$	$-C'_{22} - C_{23}$
		$Y_{31} + Y_{32} - C_{31} - C_{32} - C_{33}$	Y_{32}	$Y_{31} + Y_{32} - C'_{31} - C_{32} - C'_{33}$	Y_{32}
	不出租	$Y_{12} - C_{12} - C_{13}$		$Y'_{12} - C_{12}$	
		$-C_{22}$		$-C'_{22} - C_{23}$	
		Y_{32}		Y_{32}	

续表

项目		代理		不代理	
		承租	不承租	承租	不承租
子博弈 2	出租	$Y_{11} + Y_{12} - C_{11} - C_{12} - C_{13} - C_{14}$	$Y_{12} - C_{12} - C_{13} - C_{14}$	$Y_{12}' - C_{12}$	$Y_{12}' - C_{12}$
		$Y_{21} + Y_{22} - C_{21} - C_{24}$	$-C_{22} - C_{24}$	$Y_{21}' + Y_{22} - C_{21}' - C_{24}$	$-C_{22}' - C_{23} - C_{24}$
		$Y_{31} + Y_{32} - C_{31} - C_{32} - C_{33} - C_{34}$	Y_{32}	$Y_{31} + Y_{32} - C_{31}' - C_{32} - C_{33}' - C_{34}$	Y_{32}
	不出租	$Y_{12} - C_{12} - C_{13} - C_{14}$		$Y_{12}' - C_{12}$	
		$-C_{22}$		$-C_{22}' - C_{23}$	
		Y_{32}		Y_{32}	

依照成本与收益的反向归纳，村集体经济合作社、农户、市民将权衡不同策略选择下的预期利益得失情况后进行决策。对照表 5 - 10，存在产权交易中心的子博弈 1 整体更优于子博弈 2；从代理与不代理所对应的支付组合结果的对比分析中，可以得出"代理"是村集体经济合作社的占优战略；同理得出"出租"是农户的占优战略，"承租"是市民的占优战略。

通过以上十二种支付组合的总体收益分析，可以得出整个博弈中占优战略组合为存在、代理、出租、承租。这一博弈结果可以使三方权利主体均实现利益的最大满足，从而达到了博弈的相对均衡状态。因此高陵区"共享村落"的实行，建立产权交易中心为交易平台，以村集体经济合作社为中介，沟通农户与市民，既达到处置农村闲置农房及宅基地使用权的目的，又为市民改善生产生活环境提供了可能。

事实上，截至 2019 年初，该村已有 6 户闲置农房成交，农户累计获得收益 88 万元①。到目前为止，该模式运转状态良好，得到了央媒②和陕西当地媒体③的肯定性报道。

---

① 数据来源有二：一是《"共享村落"，能否双赢？——西安市高陵区"共享村落"调查》，搜狐网 2019 - 05 - 26，https：//www.sohu.com/a/316545539_753478；二是本书组对张南联村某村干部的访问。

② 例如《"共享村落"引领中国乡村转型发展》，央广网，http：//country.cnr.cn/mantan/20190412/t20190412_524575879.shtml.2019 - 04 - 12.

③ 例如《"共享村落"拿什么让人魂牵梦绕》，陕西网，http：//www.yidianzixun.com/article/0Ll2rQqv.2019 - 04 - 17.

5.5 "嵌入式宅改模式"运行机制的共同特征：三案例构件比较

综上所述，我们可基于 SSEP 分析框架，对前述三个典型案例的关键信息进行提炼，得到如表 5 – 11 所示的比较结果。

表 5 – 11　　　　　　　SSEP 框架下三个典型案例运行机制的比较

比较维度	比较对象	比较范畴	比较结果
状态——物品特性及相互依赖性	江西余江（传统村落）的退出整治模式	①位于传统农区，宅基地资源丰裕。 ②超占、闲置现象严重。 ③当地非农经济不发达	无显著的发展非农产业或发展乡村旅游的经济价值
	四川泸县（谭坝村）的统筹发展模式	①宅基地资源丰裕，超占、闲置现象严重。 ②离县城近，交通便利。 ③丘陵地貌，自然风景好。 ④宅改之前，属贫困村	有显著的发展乡村产业及乡村旅游业的经济价值
	陕西高陵（张南联村）的盘活利用模式	①位于西安市郊，土地资源稀缺，交通便利。 ②当地村民大量外出务工，长期定居城里，住房空置率高。 ③当地非农经济发达，城市居民希望来此租房，或居住或创业	有旺盛的外部租房需求
制度内容——改革目标及其核心举措	江西余江（传统村落）的退出整治模式	改革目标：无偿退出超占部分，对村容村貌进行整治。 核心举措：以村民理事会为实施主体的县乡村组"四级联动"机制	三个案例的制度内容，都与其"状态"相适应，是对"初始相互依赖性"的正确和有益的改革方案
	四川泸县（谭坝村）的统筹发展模式	改革目标：以宅改为抓手，统筹村庄的土地、人力、资金、自然资源等多种要素，提升人居环境并创新乡村业态，全面促进村庄整体发展和振兴。 核心举措：有偿退出超占并促节约利用，将节余宅基地指标转换入市交易，获得村庄发展启动资金，实现乡村一、二、三产融合发展	
	陕西高陵（张南联村）的盘活利用模式	改革目标：盘活利用闲置房屋（宅基地），增加村民及村集体收入。 核心举措：搭建交易平台及其他基础性交易契约安排，吸引市民来村租赁及投资	

续表

比较维度	比较对象	比较范畴	比较结果
制度实施——利益相关者的利益博弈	江西余江（传统村落）的退出整治模式	①因村施策明确"一宅"之标准，使无偿退出成为村庄共识，降低交易成本。②让政府、村集体、村民事务理事会及普通村民，从宅改中获得的收益大于支付的成本	三个案例的制度实施方案，都能让利益相关者获得真实利益
	四川泸县（谭坝村）的统筹发展模式	①通过"三社合一"组建农民经济合作社，保证村民从闲置退出、村居改善、土地入股、产业发展等综合改革中获得切切实实的利益。②通过"强制的有礼貌的引导"手段与村民形成利益博弈，引导村民配合村集体推进的改革方案	
	陕西高陵（张南联村）的盘活利用模式	①村民获取闲置农房90%的租金收入，村集体获得10%的租金收入。②政府、村集体等部门合力打造有利于闲置农房（宅基地使用权）交易的基础性契约制度安排	
制度嵌入——有无本地制度及在地化的实施机制	江西余江（传统村落）的退出整治模式	①制定了村级"宅改实施方案"等制度性文件。②制度主要依靠政府主导下的村民事务理事会推动，理事长多由村干部或乡贤兼任，因而制度同时深嵌于乡村社会结构和社会关系	三个案例的制度结构（内容和实施方案），都深嵌入乡村社会结构，或乡村社会关系
	四川泸县（谭坝村）的统筹发展模式	①制定了村级"宅改实施方案"等制度性文件。②制度主要依靠村集体推动，因而深嵌于乡村社会结构	
	陕西高陵（张南联村）的盘活利用模式	①制定了专项"共享村落实施方案"等制度性文件。②各项基础性契约制度安排主要依靠县乡村三级政府打造；村集体还参与交易契约的签订过程，因而制度实施深嵌于乡村社会结构	
制度绩效——整体改革效果及利益相关者损益情况	江西余江（传统村落）的退出整治模式	①整体改革效果非常好，受到上级政府和多家媒体赞誉，使宅基地占用重回公平起点。②各利益相关者都从宅改中获得真实利益	三个案例所推行的宅基地制度嵌入式改革模式，都是成功的
	四川泸县（谭坝村）的统筹发展模式	①村庄获得大发展，由一个省定贫困村发展为明星"四好村"，多次受到上级政府表扬和媒体赞誉。②各利益相关者都从宅改中获得真实利益	
	陕西高陵（张南联村）的盘活利用模式	①整体改革效果很好，受到上级政府和多家媒体赞誉。②各利益相关者都从宅改中获得真实利益	

表 5 - 11 显示，三个案例所采取的宅改制度内容（目标及举措）及其实施方式，都与其"状态"相适应，是对物品特性所决定的"初始相互依赖性"的正确和有效的改革方案，而且三个案例都采取了能让各利益相关者获得真实收益的制度安排，且通过社会嵌入保证了其实施方式的在地化。由此，三个案例都取得了预期改革绩效，既完成了上级交办的宅改任务，又让各利益相关者获得切切实实的利益，因而都是成功的改革模式。

如果将这三个案例分别看作三个自然状态下的改革实验，则每一个案例都是对前一个案例的"逐项复制"。这种逻辑是案例研究方法论专家罗伯特·殷（2014）[①]所提倡的"逐项复制"——即当 A 在不同场合出现时都导致现象 a，那么就可推测 A 与 a 有因果联系（吕力，2014）[②]。复制的结果表明，SSEP 四个构件及其逻辑关联——推出的制度内容（改革目标及核心举措）契合当地的"状态"（土地资源的物品特性及所决定的相互依赖性），制度实施方式嵌入当地的社会结构和社会关系，是一个成功宅改模式不可或缺的条件组合。此即嵌入式宅改模式共同具有的运行机制。从而也表明，本书所构建的 SSEP 分析框架具有很好的现实解释能力。

本 章 小 结

本章通过对三个典型案例运行机制的比较，既情境化地再现了"退出整治""统筹发展"和"盘活利用"三类嵌入式改革模式的运行机制，又运用多案例比较中的"复制逻辑"法则，检验了本书所构建的 SSEP 框架对现实的解释能力。研究发现：

1. 江西余江的"退出整治模式"

（1）"状态"（situation）分析显示：江西余江属于传统农区，宅基地资源相对丰裕；一户多宅、一户大宅等超标准占用现象比较严重。当地非农经济不发达，宅基地没有明显的发展非农产业或发展乡村旅游的经济价值。（2）"结构"（structure）分析显示：当地政府基于这种"状态"，将非城镇规划区农村的宅改目标确

---

① 罗伯特·K. 殷. 案例研究方法的应用（第 3 版）［M］. 周海涛，夏欢欢，译，重庆：重庆大学出版社，2014（9）：41.

② 吕力. 归纳逻辑在管理案例研究中的应用：以 AMJ 年度最佳论文为例［J］. 南开管理评论，2014（1）：151 - 160.

定为无偿退出（超占部分）和村庄整治，在落实"一户一宅"式居住保障前提下提升村居环境，并试图将宅改目标延伸到"一改促六化"之中。为顺利推进宅改，余江区在各村成立了村民事务理事会作为宅改实施主体，构建了县、乡、村、组"四级联动"机制保障宅改工作。（3）"嵌入"（embeddedness）分析显示：在制度内容方面，余江区采取"因村施策"方案，要求各村根据自身实际制定"本村宅改实施方案"，确定本村的无偿退出标准，从而将改革目标转换为村庄共识，有效降低了无偿退出的交易成本。在制度实施方面，余江政府要求各村村民事务理事会的理事长由村干部或乡贤（有经济实力、有群众威望的村庄精英）兼任，将制度实施机制深嵌于乡村社会结构和社会关系之中。（4）"绩效"（performance）分析显示：对各方的利益博弈分析显示，该退出整治模式理论上可行。事实上，余江宅改有效达成了预定目标，超占部分大多得到了退出（或有偿使用），宅基地占用重回历史公平起点，各利益相关者都从改革中获得真实利益。

2. 四川泸县的"统筹发展模式"

（1）"状态"（situation）分析显示：四川泸县谭坝村位于该县北部，宅基地资源丰富，超占、闲置现象严重；离县城很近，交通便利；境内多丘陵，自然风景很好。因此，该村宅基地有显著的产业发展经济价值。（2）"结构"（structure）分析显示：谭坝村基于本村的这种"状态"优势，以宅改为抓手，统筹村庄的土地、人力、资金、自然资源等多种要素，通过提升人居环境和创新乡村业态，全面促进村庄发展和振兴。为达此改革目标，谭坝村通过有偿退出（超占部分）和奖励节约等改革措施释放出土地空间，将节余宅基地指标转换入市交易，获得村庄发展启动资金；发挥农村三块地（宅基地、经营性建设用地和农用地）联动改革优势，为招商引资提供用地优惠，促进村庄一、二、三产业融合发展。为了顺利推动上述改革措施，谭坝村通过"三社合一"的方式组建农民经济合作社，保证村民从闲置退出、村居改善、土地入股和产业发展中获得真实利益。除此，该村还采取"强制的有礼貌的引导"手段与村民形成利益博弈，引导村民配合村集体推进和改革方案。（3）"嵌入"（embeddedness）分析显示：谭坝村制定了多项"本村改革实施方案"等村级规范，各项制度改革的推行主体主要依靠村两委力量，因而其实施机制深嵌于当地的乡村社会结构当中。（4）"绩效"（performance）分析显示：村集体与农民的利益博弈结果是，村集体愿意进行创新性改革，村民愿意配合。事实上，泸县谭坝村的改革获得成功，村庄获得整体发展，在短短三年内由一个省定贫困村发展为明星级的"四好村庄"，多次受到上级表扬和媒体赞誉。

3. 陕西高陵的"盘活利用模式"

（1）"状态"（situation）分析显示：张南联村位于西安市郊（离市中心 50 千米），土地资源稀缺；村民进城务工定居普遍，村内房屋闲置严重。当地非农经济发达，城市居民来村租房居住或创业的需求旺盛。（2）"结构"（structure）分析显示：当地政府基于这种"状态"优势，选择了闲置农房（含宅基地使用权）盘活利用作为宅改目标。为此，该试点区搭建县、乡、村三级产权交易平台，并构建相关的促进产权交易的基础性契约制度安排。（3）"嵌入"（embeddedness）分析显示：该村为这一盘活利用模式命名为"共享村落"，并制定了专项"共享村落实施方案"等政策性文件；明确了县、乡、村各级政府的职责；村集体设专人负责接洽外来客户并参与三方交易契约签订过程；制度实施机制深嵌于当地的社会结构。（4）"绩效"（performance）分析显示：对各方的利益博弈分析显示，该盘活利用模式理论上可行。事实上，该模式取得良好效果。截至 2019 年初，该村已有 6 户闲置农房成交，农户累计获得收益 88 万元，得到了央媒和陕西当地媒体的肯定性报道。

综上可知，上述三个案例都具备 SSEP 四个构件，各构件之间的关联也符合其内在逻辑要求——推出的制度内容（改革目标及核心举措）契合当地的"状态"（土地资源的物品特性及所决定的相互依赖性），制度实施方式嵌入当地的社会结构和社会关系，由此保证不同改革模式都能取得预期"绩效"。如果将这三个案例分别看作三个自然状态下的改革实验，则每一个案例都是对前一个案例的"逐项复制"。复制的结果表明，SSEP 四个构件及其逻辑关联，是一个成功宅改模式不可或缺的条件组合，这是嵌入式宅改模式共同具有的运行机制。从而也表明，本书所构建的 SSEP 分析框架具有很好的现实解释能力。

第 6 章

试点地区宅基地制度嵌入式
改革模式的运行绩效

前文运用跨案例比较方法探索了不同的嵌入式宅改模式的运行机制，进一步以情境化的知识验证了本文提出的 SSEP 框架的正确性。这一嵌入式宅改机理是指，改革村庄应当在遵循中央改革精神的前提下，根据本地宅基地资源的"状态"（物品特性及其相互依赖性），选择适合本地的宅改目标及核心举措，将制度内容和实施方式予以"在地化"，即嵌入当地的社会结构或社会关系之中，借此推动改革以取得预期"制度绩效"。那么，各个具体的嵌入性因素是否都会对改革绩效产生预期影响？这依然是一个需要论证的问题。为此，本章根据笔者及调研助手对 13 个试点地区入户调查获得的问卷数据，对上述问题进行实证分析和比较。

6.1 研 究 设 计

6.1.1 变量关系及其测量

由于各试点县（市、区）推进改革的基本路径是以村庄为改革基层单位，上述嵌入式宅改机理也可以表达为下列作用机制：{中央精神＋县级制度}→嵌入试点村庄经济社会结构（状态：物品特性＋相互依赖性）→{制定村级制度（制度内容嵌入）＋村庄实施方式（制度实施方式嵌入）}→改革绩效。

由此可以判断：（1）如果某试点村庄制定了仅适用于本村的制度文本，如《××村宅改实施方案》，则可认为上级制度在该村庄发生了"制度内容嵌入"。（2）进一步地，如果某试点村庄组建了充分吸收村庄民间力量参与宅改的实施方式，则可认为该村庄的宅改模式发生了"制度实施方式嵌入"。因此，上述宅改机理可以操作为下列可以观察的逻辑链条，即自变量 {村庄制度 + 村庄实施方式}→因变量 "改革绩效"。据此，我们在问卷中设计了下列问题，对上述概念或变量进行测量。

首先，关于因变量的测量。SSP 框架中的 "绩效"（本书构建的 SSEP 框架等同），是指既定状态下权利选择的函数，强调的是财富和机会在不同的个人或团体间的分配。爱伦·斯密德（1999）认为，传统的以自由、效率和经济增长为绩效考察的标准被认为过于抽象。因为现实世界中个人（团体）之间存在利益冲突，抽象地谈论自由、效率和 GNP 增长对于绩效的评价是没有意义的，必须表明所指的自由、效率和 GNP 增长是对谁或哪个团体有利，现实中不可能存在一种不偏袒任何一方的权利结构①。由此可知，"制度绩效" 指的是分配绩效，是一个相对的概念，在个体认知层面可由 "满意度" 得到测量。据此，我们在问卷中用 "考虑到上面提到的所有因素，您对村里的宅基地改革满意吗？" 测量制度绩效。同时，为了验证 "满意度" 对村民获益的表征程度，我们进一步分析了两者的相关性。

其次，关于自变量的测量。（1）制度内容的嵌入情况，即是否制定了村级宅改制度。在问卷中，我们设计了一个问题——"您村里有没有制定仅适用于本村的《宅基地改革实施方案》"，回答选项是 "有" 和 "没有" 两个。（2）制度实施方式的嵌入情况，即对村级制度实施方式的测量。在问卷中，我们设计了一系列问题，分别有 "是否成立了村民理事会""是否积极发表意见""是否积极参加宅改" 和 "意见是否得到尊重" 四个问题，用来测量宅改方式是否发生了村级嵌入。受访村民对这些问题的回答情况，后面会有详细介绍。

6.1.2 问卷的效度和信度分析

（1）效度。本次问卷共分 "受访者基本情况""宅改状态""村级制度内容"（嵌入村庄后的具体化）、"制度实施方式"（在地化）和 "制度变革绩效" 五大部分（参见附录3）。问卷的设计思路源于本文所构建的 SSEP 框架，而 SSEP 框架又是爱伦·斯密德（1999、2004）创建的 "状态—结构—绩效"（SSP）模型进行修正和改善的结果。而且，在问卷设计过程中，我们还充分参考了已有文献的相关量表和问题项目，并咨询了一些同行专家。因此，问卷设计能够准确测得 SSEP 框架所要调查的内容，达到有效性（效度）要求。

---

① 爱伦·斯密德. 财产、权力和公共选择——对法和经济学的进一步思考［M］. 黄祖辉，蒋文华，郭红东，译. 上海：上海三联书店，上海人民出版社，1999. 译者的话第 2 ~ 5 页、第 55 ~ 56 页、第276 ~ 287 页。

（2）信度。为节省问卷篇幅，问卷对大多数变量基本上只用一个题目测量，给分半信度和 Cronbach 系数的计算带来很大困难。而再测信度和复本信度都需要重复测量，耗时费力自不必说，也与本次调研所采用的简单随机抽样和资料收集方法不相容。为此，我们退而求其次，通过计算问卷中属于同一意义部分中的两两变量间的相关性，估计出问卷的内部一致性（信度）。

首先，在问卷第一部分，有关于受访者的职业类别与经济收入的测量问题，理论上两者应显著相关，可进行信度检验。检验方法（为节省篇幅，制表过程略）：虽然可将职业类别的排序近似地看作定序变量，但它们毕竟还是命名变量，而家庭年收入是定序变量，因而卡方检验与 Eta 系数是适合检验两者是否相关的统计方法。卡方检验结果得到似然卡方值（likelihood ratio value）= 169.97，p = 0.000，排除两者独立的虚无假设 H_0，得到农民职业类别与经济收入在总体中显著相关；另计算 Eta（家庭年收入为因变量）系数[1] = 0.444，可知"职业分化"与"家庭年收入"两个变量之间已达到中等程度的相关[2]。

其次，在问卷第三部分，关于"权属认知"和"祖业观"方面的测量问题，理论上两者应显著相关。由于"产权认知"是名义变量，"祖业观"是定序变量，适合卡方检验方法。卡方检验得到似然卡方值（likelihood ratio value）= 56.606，p = 0.000，排除两者独立的虚无假设 H_0，表明村民对宅基地的权属认知与祖业观在总体中显著相关。另外，我们在交叉表中还观察到：一共有 466 位（占总有效样本的 65.2%）村民认为宅基地归农民家庭私有，在这 466 位中，就有 399 位（占 85.6%）村民完全赞同"宅基地是祖业，是中国人的根"这一说法，还有 58 位（占 12.4%）村民部分赞同"宅基地是祖业，是中国人的根"这一说法。测量结果完全符合理论预期。

再次，在问卷第四部分，有测量村民主观积极性的变量"是否会积极发表意见"和测量村民客观积极性的变量"是否会积极参与"，理论上两变量也会显著相关。两变量均为定序变量，通过计算两变量之间的 Spearman 等级相关系数 = 0.708，p = 0.000（双尾），表明两者呈现显著的相关关系。

最后，在问卷第五部分，有测量村民对宅改的"获得感"和"满意度"的问

---

① Eta 系数的取值范围在 0 ~ 1 之间，其值越接近于 1，表示两变量的相关性越强。参见薛薇. SPSS 统计分析方法及应用［M］. 北京：电子工业出版社，2004：92 - 107.

② 相关系数的变化总在 0 ~ 1 的范围之内，变量关系的强弱由相关系数的绝对值来表示，但不同的人对于相关的强弱程度有不同的相关系数值的要求。一般认为，数值在 0 ~ 0.19 之间的相关系数提示微弱的相关关系，数值在 0.2 ~ 0.5 之间的相关系数提示中等程度的相关关系，数值在 0.5 以上的相关系数提示较强的相关关系（参见唐盛明，2003）。

题。前者问题较多，此处仅选择一个测量"环境改善"方面的问题，计算其与"满意度"的相关系数（后面会全面计算），得到 Spearman 等级相关系数 = 0.176[①]，p = 0.000（双尾），表明两者呈现显著的相关关系。

综上可知，本问卷的内部一致性较好，通过了信度检验。

6.1.3 数据来源及结构

第一部分中的 1.3 节已述，首先，本书组通过对第一批十二个试点县（市、区）进行了实地调查，通过简单随机抽样方式[②]对部分试点县中的试点村村民进行了问卷调查；其次，对江西余江进行了数轮调研，最后一次余江调研使用的问卷与上述全国性调研问卷相同；再次，所指导的"挑战杯"团队对四川泸县进行了重点调研，使用的问卷也与上述全国性调研问卷相同。由此，我们一共获取 730 份问卷［不包括 2021 年笔者指导的第三组"挑战杯"团队对六个案例村庄收集的 717 份问卷（表 1-2）］，数据结构如表 6-1 所示。

表 6-1 问卷数据的结构

	地区	江西余江	湖北宜城	陕西高陵	宁夏平罗	青海湟源	四川泸县	云南大理	湖南浏阳	总计
地区分布	数量 N	206	61	63	55	74	205	30	36	730
	有效占比（%）	28.2	8.4	8.6	7.5	10.1	28.1	4.1	4.9	100.0
	累积占比（%）	28.2	36.6	45.2	52.7	62.9	91.0	95.1	100	100.0

	年龄	22 岁及以下	23 岁~40 岁	41 岁~60 岁	60 岁及以上	缺失	总计
年龄分布	数量 N	1	125	374	225	5	730
	有效占比（%）	0.1	17.2	51.6	31.1	0.7	100.0
	累积占比（%）	0.1	17.3	68.9	100		100.0

---

① 相关系数值及显著水平与样本量有很大关系，当样本量大于 100 个以上时，相关系数值会变小，但这并不表示其相关程度变低（参见林震岩.多变量分析——SPSS 的操作与应用［M］.北京：北京大学出版社，2007：220）；本研究的样本总数达到 930 份，因而此处的相关系数值较小并不当然表示相关程度就很低。

② 为了获取最真实的调研数据，我们在到达某试点县（市、区）之前，事先并不向当地三项试点改革办公室和试点村的领导打招呼，自驾车深入试点改革实地，对改革现场进行观察和拍照，对所遇村民进行深度访谈和问卷调查。只有在对试点县内所有重要试点村的实地调研结束后，我们才来到当地三项试点改革办公室，对相关领导进行访谈，求取制度文本等质性数据。因此，问卷调查只能采取简单随机方式进行抽样。为了克服多数受访村民因文化程度低读不懂问卷的困难，笔者及助手两个人需要一道题、一道题地读给村民听，故而问卷调查过程极为艰辛。

续表

<table>
<tr><td rowspan="3">性别
分布</td><td>性别</td><td colspan="2">男</td><td colspan="2">女</td><td colspan="2">缺失</td><td colspan="2">总计</td></tr>
<tr><td>数量 N</td><td colspan="2">434</td><td colspan="2">290</td><td colspan="2">6</td><td colspan="2">730</td></tr>
</table>

性别分布		男	女	缺失	总计
	数量 N	434	290	6	730
	有效占比（%）	59.5	40.1	0.8	100.0
	累积占比（%）	59.9	100.0		100.0

文化程度	教育分段	小学及以下	初中	高中	大专	本科及以上	缺失	总计
	数量 N	391	249	68	15	5	2	730
	有效占比（%）	53.7	34.2	9.3	2.1	0.7	0.3	100.0
	累积占比（%）	53.7	87.9	97.3	99.3	100.0		100.0

职业分布	职业	农业劳动者	农村管理者	智力劳动者	农民技术工	普通雇工	个体工商户	企业管理者	私营企业主	缺失	总计
	数量 N	444	21	17	86	98	42	5	11	6	730
	有效占比（%）	61.3	2.9	2.3	11.9	13.5	5.8	0.7	1.5	0.8	100.0
	累积占比（%）	61.3	64.2	66.6	78.5	92.0	97.8	98.5	100		100.0

收入分布	年收入（元）	1万~2万	2万~3万	3万~5万	5万~8万	8万~10万	10万~12万	12万~15万	15万以上	缺失	总计
	数量 N	165	228	182	73	34	13	9	14	12	730
	有效占比（%）	23.0	31.8	25.3	10.2	4.7	1.8	1.3	1.9	1.6	100.0
	累积占比（%）	23.0	54.7	80.1	90.3	95.0	96.8	98.1	100.0		100.0

收入来源	收入来源	纯粹农业收入	以农为主，非农为辅	非农为主，以农为辅	纯粹非农收入	缺失	总计
	数量 N	133	154	333	109	1	730
	有效占比（%）	18.2	21.1	45.7	15	0.1	100.0
	累积占比（%）	18.2	39.4	85.0	100.0		100.0

表 6-1 显示，问卷的样本质量相当好，理由如下：

第一，在年龄分布上：（1）超过一半（51.6%）的受访者年龄分布在 41 岁至 60 岁，这是村庄推行宅基地制度改革的主体力量；（2）有 31.1% 的受访者年龄分布在 60 岁及以上，这代表了当前中国农村留守者年龄偏大的实际情况，他们对村庄改革有重要的发言权。两部分累积占比 82.7%，进一步表明本轮问卷调查访问到了影响村庄宅改的主体力量。

第二，在性别分布上，男性受访者占比 59.5%，女性受访者占比 40.1%，符合中国农村男主外、女主内的实际情况。

第三，在文化程度上，"小学及以下"的受访者占比 53.7%；初中文化程度的受访者占比 34.2%；两者累积占比 87.9%。这一点也符合农村留守人口的实际情况，即受教育程度较高者大多选择进城务工。

第四，在职业分布上，受访者以"农业劳动者"为主，占比达到 61.3%，这与中国农村劳动力分布的实际情况相符合。因为在当前城镇化加速发展背景下，绝大多数非农劳动者选择进城务工，留守在农村的多为农业劳动者（从事种植业、养殖业、捕鱼业等）。

第五，在收入方面：（1）在年收入分布上，受访者年收入分布在"2 万 ~ 3 万元"的最多，占比 31.8%；其次是"3 万 ~ 5 万元"，占比 25.3%；两者累积 57.1%，收入分布符合当前农村的实际情况。（2）在收入来源方面，有 45.7% 的受访者的家庭收入来源为"非农为主、以农为辅"，另有 21.1% 的受访者家庭收入来源为"以农为主、非农为辅"，符合当下中国农村家庭兼业型的实际情况。

6.2 样市村庄宅基地制度试点改革的绩效分析

前文已述，SSEP 框架中的制度绩效（P）是指分配性绩效，关注的是谁在制度变革中得到了利益，或谁在制度变革中受到了损失。由于本轮宅基地制度改革必须坚守的三条底线之一是"农民利益不受损"，因此，如果能够通过问卷方法调查农民对宅改的获得感及满意度，可以达到测量制度变革绩效的目的。

6.2.1 村民对宅改的获得感

我们在问卷上设计了一系列相关问题调查村民从宅改中的获得感。这些问题合在一起组建成一道表格题："经过本轮宅基地改革，您村里发生了哪些显著的变化？"回答项有五个，即完全不符合、有些不符合、我不知道、比较符合和完全符合。调查结果如表 6 - 2 所示。

表 6-2   村民从宅改中的获得感（N/有效%）

	问题	完全不符合	有些不符合	不知道	比较符合	完全符合	缺失	总计
居住环境	经过宅改，村庄道路基本硬化，出行更方便了	3 (0.4)	19 (2.6)	4 (0.6)	192 (26.4)	509 (70.0)	3 (0.4)	730 (100.0)
	经过宅改，村庄环境变美了	6 (0.8)	28 (3.9)	16 (2.2)	245 (33.8)	430 (59.3)	5 (0.7)	730 (100.0)
	经过宅改，村内的养老、教育、健身等其他公共设施更好了	12 (1.7)	50 (6.9)	13 (1.8)	251 (34.6)	399 (55.0)	5 (0.7)	730 (100.0)
社会环境	经过宅改，干群关系更和谐了	18 (2.5)	68 (9.4)	194 (26.8)	288 (39.7)	157 (21.7)	5 (0.7)	730 (100.0)
	经过宅改，邻里关系更和谐了	7 (1.0)	19 (2.6)	146 (20.1)	353 (48.5)	203 (27.9)	2 (0.3)	730 (100.0)
增收条件	经过宅改（抵押房地），村民从银行贷款更容易	30 (4.2)	33 (4.6)	273 (37.8)	232 (32.1)	154 (21.3)	8 (1.1)	730 (100.0)
	经过宅改可盘活利用房屋及宅基地，村民获取创业资金更容易	26 (3.6)	29 (4.0)	304 (42.2)	279 (38.7)	83 (11.5)	9 (1.2)	730 (100.0)
	经过宅改，村民致富门路更多了	15 (2.1)	53 (7.4)	254 (35.7)	256 (36.0)	134 (18.8)	18 (2.5)	730 (100.0)

由表6-2不难发现，问卷中向农民提出的八个问题，分属于居住环境、增收条件和社会环境三个领域，从不同侧面测量了农民从宅基地制度改革中的获得感。细分起来如下：

第一，在"居住环境"方面，农民的获得感最强。关于道路硬化，占96.4%的村民选择了"比较符合"和"完全符合"；关于环境改善，占93.1%的村民选择了"比较符合"和"完全符合"；关于公共设施，占89.6%的村民选择了"比较符合"和"完全符合"。

第二，在"社会环境"方面，农民的获得感相对较弱。关于"干群关系"，占61.4%的村民选择了"比较符合"和"完全符合"；关于"邻里关系"，占76.4%的村民选择了"比较符合"和"完全符合"。

第三，在"增收条件"方面，农民的获得感更弱。关于"抵押贷款"，占53.4%的村民选择了"比较符合"和"完全符合"；关于"盘活利用"，占50.2%的村民选择了"比较符合"和"完全符合"；关于"致富门路"，占54.8%的村民选择了"比较符合"和"完全符合"。

6.2.2 村民对宅改的满意度

我们在问卷中用"考虑到上面提到的所有因素，您对村里的宅基地改革满意吗？"来测量制度绩效。结果如表6-3所示。

表6-3 村民对宅改的满意度

	完全不满意	基本不满意	态度中立	比较满意	完全满意	缺失	总计
数量 N	30	85	59	402	152	2	730
有效占比（%）	4.1	11.7	8.1	55.2	20.9	0.3	100.0
累积占比（%）	4.1	15.8	23.9	79.1	100.0		100.0

表6-3显示，在样本村庄中，村民对宅改的满意度相当高。在730位受访者当中，选择"比较满意"的人高达402位，有效占比55.2%；选择"完全满意"的人有152位，有效占比20.9%；两者累积，至少有占76.1%的村民对本村的宅基地制度改革"比较满意"。之所以达到这么高的满意度，可能和上级政府对试点村的投入有关。也就是说，与非试点村相比，村民明显感受到了自己村发生了良好的变化，有较强的获得感。

6.2.3 宅改获得感与满意度的相关性

上述各表显示，测量村民宅改获得感和村民满意度的问题均为定序变量，可以分别计算前者各问题与后者之间的 Spearman 等级相关系数，可了解它们是否相关。结果如表 6 - 4 所示。

表 6 - 4 村民宅改满意度与获得感的相关性分析

	道路硬化	环境变美	设施更好	干群关系	邻里关系	银行贷款	创业资金	致富门路
满意度	0.204 **	0.176 **	0.178 **	0.273 **	0.128 **	0.137 **	0.137 **	0.190 **

注：* 在 0.05 水平上显著，** 在 0.01 水平上显著。

表 6 - 4 显示，测量村民宅改获得感的八个问题都与村民宅改满意度之间在 0.01 水平上显著，一方面表明村民宅改满意度变量集中获得了村民宅改获得感的支撑，另一方面也进一步说明了问卷的信度。两者合在一起，能够准确地表征本轮宅基地制度改革的分配性绩效。同时还需特别说明的是，虽然表 6 - 4 中的相关系数值都不大，但正如前文所述，相关系数值及显著水平与样本量有很大关系，当样本量大于 100 个时，相关系数值会变小，不表示其相关程度就变低[1]。本研究的样本总数达到 730 份，因而此处的相关系数值较小并不当然表示相关程度就低。

6.3 嵌入性因素对宅改绩效的不同影响

6.3.1 制度内容嵌入对宅改绩效的影响

1. 制度内容的嵌入

我们在问卷中用"村里推行宅基地改革，有没有制定仅适用于本村的《宅基地改革实施方案》?"这一问题来测量上级制度是否嵌入村庄，回答情况如表 6 - 5 所示。

---

① 林震岩. 多变量分析——SPSS 的操作与应用 [M]. 北京：北京大学出版社，2007：220.

表6-5 村庄制定宅改实施方案的测量结果

	有制定	没有制定	缺失	样本总数
频数（%）	535（79.7）	136（20.3）	59（8.1）	730（100.0）

表6-5显示，大部分试点村庄制定了仅适用于本村的宅基地改革实施方案，表明中央改革精神和县级改革内容大体实现了向乡村经济社会的嵌入。

2. 制度内容嵌入对制度绩效的影响

考察"村级宅改实施方案"的制定情况对制度绩效的影响，需要比较"有制定"和"没有制定"两种情况下村民对本村宅改的"获得感"和"满意度"是否有显著的差异，这适合运用两独立样本T检验方法。由于"获得感"的测量使用了八个问题，需要做降维处理。表4-9显示，问卷设计时就考虑到了降维问题，这与SPSS统计软件中的因子提取原理是一样的。为此，我们通过计算三个维度中各问题的平均值创建三个新的变量，将其与"满意度"一起视作测量"制度绩效"的因变量。

T检验（T-test）的目的是检验两个独立样本中存在的平均数差异在总体中是否也同样存在。T检验的虚无假设 H_0：两个总体的平均数不存在差异，即 $u_1 = u_2$；替换假设则有三种可能性，即 $u_1 \neq u_2$，$u_1 > u_2$，$u_1 < u_2$。若T检验值的p值 < 0.05，则可拒绝虚无假设 H_0，接受替换假设，认为两组变量的平均值在总体中存在显著的差异（$u_1 > u_2$，$u_1 < u_2$）。T检验结果详见表6-6。

表6-6 "是否制定村级宅改方案"引致的获得感和满意度的差异

		有制定	没有制定	均值差值	T检验值	Sig.（双尾）
村民对宅改的获得感	居住环境	（N=529）4.506	（N=136）4.429	0.077	1.166	0.244
	增收条件	（N=510）3.629	（N=136）3.497	0.132	1.844	0.066
	社会环境	（N=531）3.865	（N=136）3.746	0.119	1.497	0.135
村民对宅改的满意度		（N=534）3.87	（N=136）3.38	0.492	5.042**	0.000

注：①*p<0.05；**p<0.01；无*则表示未通过显著性检验。

②各行"有制定"的频数各不相同，原因是它们的缺失个案不同，被SPSS统计软件自动删除了。

③从统计学原理上说，T检验的因变量应是尺度衡量的连续变量，本表中测量"满意度"的变量为定序变量，学界通常的做法是近似地将它们看作区间变量予以T检验。测量"获得感"的数据因为经过了加整和除法，变成了近似连续变量，可进行T检验。

④本表未列出方差是否相等的检验结果，原因是方差齐性检验只是T检验的过程而非结果，其作用只是用来判定到底要读取哪一横列T检验的结果，因而无需列出。

资料来源：林震岩. 多变量分析——SPSS的操作与应用［M］. 北京：北京大学出版社，2007：274.

表6-6显示：第一，在宅改获得感方面，三个维度中"有制定"和"没有制定"的平均值差异都没有通过0.05水平的显著性检验，故而接受零假设 H_0，认为"村级宅改方案"这一嵌入因素，对村民在居住环境、增收条件和社会环境等三个方面的获得感，没有显著的影响。第二，在宅改满意度方面，"有制定"和"没有制定"的平均值差异通过了0.01水平的显著性检验，应当拒绝零假设 H_0，接受替换假设 H_1，表明在总体中，制定了《宅改实施方案》的村庄的村民对宅改的满意度更高。

这一统计结果还表明，是否制定《村级宅改方案》对村民的"获得感"和"满意度"的影响是不同的。可能原因有二：第一，"获得感"是一个较为客观的概念，调研中发现，试点地区的各级政府对试点村进行了较大的投入，全面提升了试点村庄的综合品质，让试点村的村民普遍感受到了切身利益的增加，这即是表6-2中的得分普遍很高的原因。第二，"满意度"则是一个相对主观的概念，不仅受到获得感的影响，还受到宅改过程中"实施方式嵌入"（如参与度和被尊重度）的影响，这需要下面进一步的分析和验证。

6.3.2 实施方式嵌入对宅改绩效的影响

1. 村级实施主体创建及其对制度绩效的影响

我们在问卷中用"您村里推行宅基地改革，有没有成立村民理事会?"这一问题来测量制度实施主体方面的创新情况，回答情况如表6-7所示。

表6-7   成立村民事务理事会的测量结果

	有成立	没有成立	缺失	样本总数
频数（%）	519（71.6）	206（28.4）	5（0.7）	730（100.0）

表6-7显示，大部分试点村庄成立了村民事务理事会这一类的村民自治组织，表明制度嵌入乡土社会有了自己的推动组织。

同前，此处仍然需要应用 T 检验（T-test）方法分析实施组织创新所引致的村民获得感和满意度的差异，分析结果如表6-8所示。

表6-8 "有无成立村民理事会"引致的获得感和满意度的差异

		有成立	没有成立	均值差值	T检验值	Sig.（双尾）
村民对宅改的获得感	居住环境	（N＝514） 4.397	（N＝205） 4.689	-0.292	-5.285**	0.000
	增收条件	（N＝496） 3.591	（N＝204） 3.605	-0.013	-0.212	0.832
	社会环境	（N＝515） 3.807	（N＝206） 3.942	-0.135	-1.976*	0.049
村民对宅改的满意度		（N＝519） 3.82	（N＝205） 3.65	0.174	2.041*	0.042

注：① *p＜0.05；**p＜0.01；无*则表示未通过显著性检验。
②各行"有成立"的频数各不相同，原因是它们的缺失个案不同，被SPSS统计软件自动删除了。

　　表6-8显示：第一，在宅改获得感方面，"居住环境"和"社会环境"维度中"有成立"和"没有成立"的平均值差异都通过了0.05水平（前者通过了0.01水平）的显著性检验，故而拒绝零假设 H_0，表明成立了村民理事会的试点村庄，村民在居住环境和社会环境两个方面的获得感反而更低；当然，这是一个反常现象，下文将做进一步的讨论。与之相对，"增收条件"维度则没有通过0.05水平的显著性检验，其差异在总体中不存在。第二，在宅改满意度方面，"有成立"和"没有成立"的平均值差异通过了0.05水平的显著性检验，因而应当拒绝零假设 H_0，接受替换假设 H_1，表明成立了村民理事会的试点村庄，村民对宅改的满意度更高。

　　表6-8还显示了一个特别异常的现象，即在成立了村民事务理事会的村庄，村民的宅改获得感反而更弱（均值差全为负值）。其背后的原因可能是村民对理事会不信任，这与理事会的构成及其代表立场有关。

　　我们的调查提供了直接证据。我们在问卷中用一道多选题"如果您村里成立了村民理事会，主要由哪些人组成？"在所有730个样本中，有208人拒绝回答该问题，缺失占比高达28.5%，显示该问题极为敏感。在522个有效回答样本中，就有376人选了"现任村委会干部"，有效占比高达72.0%。当问到"你觉得村民理事会是在帮谁说话？"时，又有212位村民拒绝回答该问题，缺失占比高达29.0%；在518个有效回答样本中，有261位受访村民回答"两者都帮，但帮政府多一点"，有效占比高达50.4%。

　　间接证据也有不少。比如《余江县关于进一步加强村民事务理事会建设的实施意见》中规定:"原则上,村小组长和理事长要'一肩挑',村小组干部和理事会成员交叉任职,对没有理事长合适人选的,也可由村'两委'干部兼任。"而且,业界对村民理事会的负面评价早已有之,主要集中在如下五个方面:"村民事务理事会在与村'两委'的关系上不够明确,在组织形式上存在宗族化、家族化的倾向,成员面临年龄老化、文化素质偏低等发展瓶颈,在内部运作机制上有待进一步健全,缺乏明确发展方向和有效引导。①"

2. 村民参与积极性及其对制度绩效的影响

我们在问卷中设计了两个问题,分别测量村民参与宅改的主观积极性和客观积极性。下面先对两项进行交叉列联表分析和卡方检验,分析结果详见表 6 - 9。

表 6 - 9　　　　村民参与宅改的主观和客观积极性交叉表分析(N(%))

		村里宅改需要村民做一些事务,您会积极参加吗?					
		从来不参与	基本不参与	偶尔参与	经常参与	只要有机会就参与	合计
村里宅改需要广泛征求村民意见,您会积极发表吗?	从来不发表	59 (8.1)	9 (1.2)	5 (0.7)	0 (0.0)	11 (1.5)	84 (11.6)
	基本不发表	7 (1.0)	96 (13.2)	21 (2.9)	11 (1.5)	32 (4.4)	167 (23.0)
	偶尔发表	0 (0.0)	11 (1.5)	99 (13.7)	18 (2.5)	23 (3.2)	151 (20.8)
	经常发表	1 (0.1)	2 (0.3)	5 (0.7)	39 (5.4)	12 (1.7)	59 (8.1)
	只要有机会就发表	3 (0.4)	4 (0.6)	17 (2.3)	14 (1.9)	226 (31.2)	264 (36.4)
	合计	70 (9.7)	122 (16.8)	147 (20.3)	82 (11.3)	304 (41.9)	725 (100)
相关性	似然比卡方值:831.579,Sig.:0.000;Spearman 相关系数:0.708,Sig.:0.000						

表 6 - 9 显示,受访村民参与宅改的积极性很高,且具有内部一致性,即可信度较高。(1) 在主观积极性方面,有 36.4% 的受访村民选择了"只要有机会就发表"额;另外还有 20.8% 的村民选择了"偶尔发表"意见,8.1% 的村民选择了"经常发表"意见。三者合计,共有 65.3% 的村民倾向于发表意见。(2) 在客观积极方面,有 41.9% 的受访村民选择了"只要有机会就参与",还有 11.3% 的村民选择了"经常

① 关于加强村民事务理事会建设的意见. 余江县政府信息公开,http://www.yujiang.gov.cn/jxytyjx/bmgkxx/hzx/gzdt/zwdt/201508/t20150831_353146.htm.2015 - 8 - 31.

参加"，20.3%的村民选择了"偶尔参与"。三者合计，共有73.5%的受访村民倾向于参与宅改事务。（3）由卡方检验结果（卡方值 = 831.579，Sig. = 0.000）和Spearman 相关系数（系数值 = 0.708，Sig. = 0.000）可知，两变量高度相关，进一步表明问卷的内部一致性（信度）相当好。

为进一步分析村民参与宅改积极性对宅改效果的影响，我们通过 SPSS 软件的变量转换计算功能，将表 6 - 9 中的两个变量（均值）合并为一个变量，并将其视作自变量"参与宅改积极性"，将村民"获得感"和"满意度"视作因变量。此时，自变量为连续性变量，因变量为定序或等级变量，适合通过计算两者的Spearman 相关系数以分析其关联性。分析结果如表 6 - 10 所示。

表 6 - 10　　　　　　　村民宅改积极性与获得感和满意度的关联分析

	宅改获得感			宅改满意度
	居住环境改善	增收条件提升	社会环境改善	
参与宅改积极性	- 0.009	0.226 **	0.105 *	0.079 *

注：＊在 0.05 水平上显著，＊＊在 0.01 水平上显著。

表 6 - 10 显示，除了"居住环境"外，其余因变量和自变量的相关性都通过了 0.05 水平的显著性检验，其中，"增收条件"更是通过了 0.01 水平的显著性检验。因此，综合而言，村民参与宅改的积极性正向影响了他们从宅改中的获得感和满意度。也就是说，参与宅改积极性越高的村民，能够从宅改活动中获得更高的获得感和满意度。虽然因变量"居住环境改善"与"参与宅改积极性"没有显著的关联，但我们可以观察到它们的相关系数符号为负，这是一种很反常的现象。一种可能的解释是，一些试点村铺路、建设公共设施中的大部分资金是上级政府下拨的，政府为防止基层干群贪占或挪用资金，严防村民插手，将工程全部外包给上面指定的工程队。在这种情况下，村民心目中的"参与宅改"可能不包括参与修路、建设公共设施等宅改项目，由此导致村民参与宅改积极性与居住环境改善之间没有显著的相关性。

3. 村民意见受尊重情况及其对制度绩效的影响

我们在问卷中向村民提问"村里搞宅基地改革，您觉得自己的意见得到了尊重吗？"回答情况如表 6 - 11 所示。

表6-11 村民意见受尊重情况

	完全不被尊重	基本不被尊重	偶尔会被尊重	完全得到尊重	缺失	总计
数量 N	78	204	392	50	6	730
有效占比（%）	10.8	28.2	54.1	6.9	0.8	100.0
累积占比（%）	10.8	39.0	93.1	100.0		100.0

表6-11显示，有超过一半（54.1%）的受访村民认为自己的意见偶尔会被尊重，还有28.2%的受访村民认为自己的意见"基本不被尊重"，选择"完全得到尊重"或"完全不被尊重"的人数极少。因此，综合而言，在本轮试点改革当中，村民的意见或多或少还是得到了一些尊重。

同理，可将其视为自变量，通过计算其与宅改获得感和满意度之间的Spearman相关系数，以分析其对宅改效果的影响情况。分析结果如表6-12所示。

表6-12 村民意见受尊重情况与获得感和满意度的关联分析

	宅改获得感			宅改满意度
	居住环境改善	增收条件提升	社会环境改善	
村民意见受尊重情况	0.094 *	0.163 **	0.223 **	0.283 **

注：* 在0.05水平上显著，** 在0.01水平上显著。

表6-12显示，除了因变量"居住环境改善"和自变量的相关性只通过了0.05水平的显著性检验外，其余三个因变量都通过了0.01水平的显著性检验，而且，四个相关系数的符号都为正。因此，村民意见的受尊重情况正向影响了他们从宅改中的获得感和满意度。换句话说，村民的意见越是受到尊重，村民从宅改活动中获得的获得感越强，满意度越高。

6.4 实证分析结论

上文基于本书组对试点村庄调查获得的730份农户问卷数据，按照本书构建的SSEP框架思路，设计了变量关系及其测量和分析方法，对前文基于案例比较探索的嵌入式宅改机理进行了实证分析和比较。研究结果如下：

（1）因变量"改革绩效"的测量结果。由于SSEP框架中的绩效（P）指的是分配性绩效，即谁从改革中获益（或受损）。就此，我们发挥问卷方法擅长测量认知和态度的优势，通过测量村民对宅改的获得感和满意度两个指标，精准测量了本轮宅改的制度绩效。①在宅改"获得感"方面，我们分别测量了村民从居住环境、增收条件和社会环境三个方面的获得感。统计结果显示，村民从居住环境改善上面的获得感最强，社会环境次之，增收条件最弱。②在宅改"满意度"方面，村民对宅改的满意度非常高。在所有有效样本中，至少有占 76.1% 的村民对本村的宅基地制度改革"比较满意"。而且，宅改获得感和满意度之间存在显著的相关性，数据具有高度的内部一致性。

（2）自变量"制度嵌入"诸因素及其对改革绩效的影响情况。就此，我们从制度内容的地方化、实施主体的组织化和实施方式的村民参与化三个层面进行了分析。①关于制度内容的地方化及其影响。大部分试点村庄制定了仅适用于本村的宅基地改革实施方案，表明中央改革精神和县级制度内容大体实现了向乡村经济社会的嵌入。T 检验结果表明，在制定了宅改实施方案的试点村庄，村民对宅改的满意度更高，但获得感没有显著差异。其中原因可能是，获得感是一个相对客观的概念，多与主体对事实的受益感受有关，而与是否制定某项政策本身无关。②关于改革主体的组织化及其影响。大部分试点村庄都成立了村民事务理事会这一村民自治组织，这是制度嵌入乡土社会的推动力量。然而，T 检验结果表明，成立了村民理事会的试点村庄，村民从宅改活动中的获得感反而低于没有成立理事会的试点村庄。其中的原因可能是，理事会构成以村干部为主导，村民对它的代表性并不认同。虽然如此，但凡成立了村民理事会的试点村庄，村民对宅改的满意度普遍高于没有成立理事会的村庄。③关于改革方式的村民参与化及其影响。在样本村庄，村民参与宅改的主观积极性和客观积极性都比较高，且意见受到了一定程度的尊重。推断统计显示：宅改积极性越高的村民，在"增收条件"和"社会环境"两个维度上的获得感越强。而且，村民意见越是受到尊重，其从宅改活动中获得的获得感越强，满意度就越高。

综上可知，在本轮宅基地制度试点改革当中，各试点地区确实都采用了"嵌入式"改革方式：一是要求各试点村根据反映本村经济社会环境和资源禀赋的"状态"，制定适合本村的"宅改实施方案"，将中央精神和县级制度内容化解为地方性知识，通过宣传使其成为村庄共识。二是要求各试点村庄成立村民理事会这一村民自治组织，充分调动村民参与宅改的积极性，推动村庄宅改项目。通过这种嵌入式改革方式，本轮宅基地制度试点改革取得了相当好的制度绩效，突出表现为村民的获得感较强，满意度很高。然而，由于存在若干不足，村民的获得感和满意度造成负面影响，宅改绩效受到抑制。比如，村民理事会在构成上以村干部为主导，代表性难获村民认同，导致村民获得感降低；又如，在一些宅改项目（如居住环境改善）中，村民参与度不够，导致村民在该项目中的获得感降低。总之，本章基于农户问卷数据并采用相应统计分析方法，不仅清晰展现了"制度嵌入"诸因素对村庄宅改绩效的不同影响，而且从量化方法验证了制度嵌入式宅改模式的现实有效性，并进一步验证了本书所构建的 SSEP 分析框架对现实宅改模式的解释能力。

本 章 小 结

本章基于 730 份农户问卷数据及相应统计分析方法，进一步探索了制度嵌入诸因素对村庄宅改绩效的不同影响情况，获得下列研究发现：

1. 制度嵌入诸因素

（1）制度内容的嵌入情况：样本村庄基本上都制定了适用于本村的"宅改实施方案"，将中央改革精神和本地县级制度内容嵌入村庄经济社会结构当中。（2）制度实施方式的嵌入情况：为了推动改革，多数样本村庄都组建了村民理事会，并调动村民参与宅基地改革的主客观积极性，因而在实施主体和改革方式上实现结构性嵌入。

2. 制度嵌入诸因素对宅改绩效的不同影响

这种全方位的制度嵌入有效推动了样本村庄的宅改项目。整体而言，村民的获得感和满意度都相当高。差异性分析显示，制订了"本村宅改实施方案"的村庄，村民的满意度普遍高于未制定的村庄；组建了村民理事会的村庄，村民的满意度普遍高于未组建的村庄；村民积极性被充分调动，村民意见得到尊重，村民从宅改活动中获得的获得感普遍更强，满意度普遍更高。

总之，本章通过实证分析，清晰展现了"制度嵌入"诸因素对村庄宅改绩效的不同影响，从量化方法验证了制度嵌入式宅改模式的现实有效性，表明本书所构建的 SSEP 分析框架有很强的现实解释能力。

第 7 章

试点地区宅基地制度嵌入式
改革模式的局限性[*]

前文已经探明了本轮宅基地制度试点改革的主要模式、运行机制、运行绩效及其影响因素，全方位展现了制度嵌入式宅改模式的合理性、多样性和有效性。然而，从辩证逻辑角度看，任何事物在肯定自身的同时，必定包含否定其自身的某些因素。那么，嵌入式改革模式究竟内含了什么样的自我否定性因素？它们为什么和如何成为否定性因素的？这些都是关于"why"和"how"的知识，目前仅依靠理论根本无法得到，需要对当前的改革现实进行探索性研究，这也适合运用案例比较方法。为此，本章拟从"盘活利用"模式中选择三个实施方式不同的现实改革案例，探索嵌入式宅改模式自身所固有的局限性。

7.1　思路与方法

随着中国城镇化进程的加快，农村宅基地和房屋大量闲置的现象日益严重。据李婷婷等（2019）[①] 的调查，2018 年 140 个样本村庄宅基地空置率平均为 10.7%，最高的达到 71.5%。农房方面，有媒体认为全国有近 2 500 万套农村房屋处于空置状态[②]。另有估算更高，认为全国农村至少有 7 000 万套闲置房屋（常钦，

---

[*] 本章的缩略版《农村闲置宅基地盘活利用的嵌入性市场机制研究》，发表于《中国土地科学》2021 年第 6 期。

[①] 李婷婷，龙花楼，王艳飞. 中国农村宅基地闲置程度及其成因分析 [J]. 中国土地科学，2019（12）：64 – 71.

[②] 农村近 2 500 万套住房空置，东部空置率最高. 21 世纪经济报道，http：//finance. sina. com. cn/roll/2019 – 04 –29/doc – ihvhiqax5646577. shtml. 2019 -4 -29.

2018）①。如此巨量的资源闲置现象，必将严重阻碍乡村振兴和城乡融合发展步伐。为此，中共中央高度意识到盘活利用它们的重要性，密集出台相关政策②并在最新的《土地管理法（修正版）》中明确提出："鼓励农村集体经济组织及其成员盘活利用闲置宅基地和闲置住宅"。特别是，农业农村部于 2019 年 10 月专门颁发《农业农村部关于积极稳妥开展农村闲置宅基地和闲置住宅盘活利用工作的通知》，对"盘活利用"等相关工作做出了专门部署。

理论界早已关注到该问题，主要围绕下列五个主题展开研究：（1）分两个层面探究了闲置的原因：一是在直接动因方面，多认为有传统居住文化、城乡经济发展、农民市民化、利益驱动等多方面原因③④⑤⑥⑦。二是在制度根源层面，认为整体上源于宅基地制度的落后性质⑧，或者说是根源于城乡二元体制下的产权制度和管理制度⑨；细分之下，则有无偿取得且长期持有⑩⑪，使用权流转受限⑫⑬，退出机制缺失⑭等多维度制度性根源。（2）分两个层面探索盘活利用的条件，尚未基于某一理论范式系统论证其实施机制：一是笼统提出要按照"三权分置"思路，放开、搞活宅基地和农民房屋使用权⑮⑯；二是在其他主题论文中零星提出若干促进

---

①　常钦 . 让闲置农房成为促农增收的"黄金屋"[N]. 人民日报，2018 - 07 - 08（10）.

②　参见 2017 年中央"一号文件"，2018 年中央"一号文件"及《国家发改委关于总结推广第二批国家新型城镇化综合试点阶段性成果的通知》，2019 年《中共中央国务院关于建立健全城乡融合发展体制机制和政策体系的意见》《中央农村工作领导小组办公室农业农村部关于进一步加强农村宅基地管理的通知》，以及 2020 年中央"一号文件"等。

③　刘宇，项亚楠，赵映慧 . 农村闲置宅基地成因及综合处置建议——基于富锦市向阳川镇永太村的调查 [J]. 国土与自然资源研究，2016（2）：41 - 43.

④　艾希 . 农村宅基地闲置原因及对策研究 [J]. 中国人口·资源与环境（增刊），2015（5）：74 - 77.

⑤　钟在明 . 农村宅基地闲置原因与治理探析 [J]. 农业经济，2008（6）：57 - 58.

⑥　华心如 . 宅基地闲置成因及解决路径探究 [J]. 湖北农业科学，2018，57（19）：35 - 38.

⑦　Yurui Li，Yansui Liu，Hualou Long et al. Community - based rural residential land consolidation and allocation can help to revitalize hollowed villages in traditional agricultural areas of China：Evidence from Danchen county，Henan Province [J]. Land Use Policy，2014（39）：188 - 198.

⑧　刘守英 . 城乡中国的土地问题 [J]. 北京大学学报（哲学社会科学版），2018（3）：79 - 93.

⑨　房建恩 . 乡村振兴背景下宅基地"三权分置"的功能检视与实现路径 [J]. 中国土地科学，2019，33（5）：23 - 29.

⑩　宋志红 . 宅基地"三权分置"的法律内涵和制度设计 [J]. 法学评论，2018（4）：142 - 153.

⑪　孟祥仲，辛宝海 . 明晰使用产权：解决农村宅基地荒废问题的途径选择 [J]. 农村经济，2006（10）：13 - 15.

⑫　董祚继 . "三权分置"——农村宅基地制度的重大创新 [J]. 中国土地，2018（3）：4 - 9.

⑬　杨遂全，张锰霖，钱力 . 城乡一体化背景下农村闲置房屋的出路 [J]. 农村经济，2015（1）：13 - 18.

⑭　欧阳安蛟，蔡锋铭，陈立定 . 农村宅基地退出机制建立探讨 [J]. 中国土地科学，2009，23（10）：26 - 30.

⑮　魏后凯 . "十四五"时期中国农村发展若干重大问题 [J]. 中国农村经济，2020（1）：2 - 16.

⑯　郑风田 . 让宅基地"三权分置"改革成为乡村振兴新抓手 [J]. 人民论坛，2018（10）：75 - 77.

条件，综合起来大致有搭建城乡统一的土地市场交易平台、增加市场交易半径、交易期限可长可短①。(3) 介绍盘活利用的具体形态，但缺乏基于村庄类型的规范的案例研究②。这方面文献又可分为两类，一是探讨"房地一体"式的盘活利用模式，代表性文献有张等③通过对湖南省娄底市沈家村空置房屋问题的调查，提出了农村养老模式、农村短租模式和民宿接待模式三种空置房屋利用模式。孙东海等（2017）介绍了全国各地出现的四种典型模式："股份合作"模式、"能人带户"模式、"政府引导＋农户"模式和"招商引资＋农户"模式④。李凤⑤、沈国明等⑥、叶苏达⑦等介绍了浙江部分地区的闲置农房盘活利用经验。纪晓岚等（2019）介绍了上海远郊闲置宅基地（自建房）的一种活用模式——"睦邻四堂间"⑧。陈方丽等⑨专门探讨了三权分置条件下的农房租赁市场及其培育问题。二是直接关注闲置宅基地的盘活利用模式。如有的阐述了天津宅基地换房模式⑩；有的反思重庆地票制度⑪；有的介绍浙江"集地券⑫""房票⑬"和跨村流转⑭制度等；有的探索

---

① 韩立达，王艳西. 农村宅基地"三权分置"：内在要求、权利性质与实现形式 [J]. 农业经济问题 2018 (7)：36–45.

② 张勇，周丽，贾伟. 农村宅基地盘活利用研究进展与展望 [J]. 中国农业大学学报 2020 (6)：129–141.

③ Ying Zhang, Zuzhan Chen, Hongkai Sun, et al. Study on the Utilization of Vacant Houses in Rural Exurbs Under the Background of Revitalization Strategy by Taking Shenjia Village in Hunan Province as an Example [J]. Earth and Environmental Science, 2019 (371)：1–6.

④ 孙东海等. 多措并举盘活利用空闲农房 [J]. 决策，2017 (7)：42–45.

⑤ 李凤. 唤醒"沉睡"的资产——浙江省探索盘活利用农村闲置农房和宅基地 [J]. 浙江国土资源，2018 (8)：14–15.

⑥ 沈国明，章鸣，蒋明利. 关于省级层面引导地方规范开展宅基地"三权分置"改革的建议——从闲置农房激活看浙江宅基地"三权分置"改革 [J]. 浙江国土资源，2018 (8)：5–8.

⑦ 叶苏达. 温州市闲置农房盘活利用模式及推进策略 [J]. 农村经营管理，2019 (11)：10–12.

⑧ 纪晓岚，金铂皓. "睦邻四堂间"：一种远郊闲置宅基地的活用模式 [J]. 农业经济与管理，2019 (2)：48–54.

⑨ 陈方丽，黄祖辉，徐炯. 宅基地"三权分置"视角下的农房租赁市场及其完善研究 [J]. 农村经济，2019 (2)：17–22.

⑩ 杨成林. 天津市"宅基地换房示范小城镇"建设模式的有效性和可行性 [J]. 中国土地科学，2013 (2)：33–38.

⑪ 黄美均，诸培新. 完善重庆地票制度的思考——基于地票性质及功能的视角 [J]. 中国土地科学，2013 (6)：48–52.

⑫ 朱从谋，苑韶峰，李胜男等. 基于发展权与功能损失的农村宅基地流转增值收益分配研究——以义乌市"集地券"为例 [J]. 中国土地科学，2017 (7)：37–44.

⑬ 杨军. 浙江吴兴"房票"制度探析——对创新制度激活农村资源资产的几点思考 [J]. 农村经营管理，2017 (5)：19–21.

⑭ 沈杰，张新设. 农村农房跨村流转与宅基地退出机制——基于温州乐清农房流转的实践分析 [J]. 农村经济与科技，2016 (21)：48–50.

易地扶贫搬迁中的宅基地退出模式[①]。（4）关于盘活利用的实现障碍，有调研成果但缺乏深入分析。瞿理铜（2020）全面分析了我国宅基地市场化配置的制约因素[②]，实质上指明了宅基地盘活利用缺乏健全的市场机制。方志权等[③]的调研发现，盘活利用闲置农房遭遇到三个方面的机制障碍：项目开发审批难，配套设施不到位，发展定位同质化和低端化。邵恒心等[④]对重庆的调研发现，闲置宅基地和农房进行经营性开发利用的制约体现在农民顾虑大、社会资本入村难、宅基地三权主体收益分配机制不健全、多部门缺乏统筹协调机制、开发品质不高和政策配套不足六个方面。

综上所述，已有研究取得了丰硕成果，但其不足也较为明显，突出表现在三个方面：（1）没有意识到盘活利用实有市场主导和政府主导两类不同的实施机制，需要分别予以专门研究。实际上，中央政策对此做了明确区分[⑤]：一是利用闲置宅基地及房屋为乡村产业发展或城乡居民易地安居供地。该类模式本质上属于"以地引资"或"以地引建"行为，宅基地使用权放活是其前提，市场是其主导机制。二是对闲置宅基地进行"整治"，并经"增减挂"和"入市"等政策工具，达到复建、复垦或复绿等再利用的目的。该类模式以农户资格权的退出为前提，其背后涉及补偿、整治、政策利用等政府行为，政府是其主导力量。（2）仅零散地提出一些盘活利用的促进条件，没有意识到它们实质上是市场主导型实施机制构件，从而没有基于主流的契约经济理论予以系统化研究。（3）中央政策鼓励农村集体经济组织及其成员盘活利用闲置宅基地和农房，表明任何自上而下设计的盘活利用制度，都是通过嵌入乡村社会得以运行的，亟须研究者基于"嵌入性"角度予以研究，但目前尚未见到持此类视角的相关研究文献。

为有效弥补上述不足，本章拟从下列三个方面推进已有研究：（1）明确区分市场主导和政府主导两类不同性质的盘活利用实施机制，专门研究市场主导型盘活利用实施机制。（2）基于主流的契约经济理论，系统梳理市场主导型盘活利用市

---

① 耿敬杰，汪军民. 易地扶贫搬迁与宅基地有偿退出协同推进机制研究［J］. 云南社会科学，2018（2）：109－116.

② 瞿理铜. 我国农村宅基地市场化配置的制约因素及破解对策［J］. 湖南师范大学社会科学学报，2020（6）：59－65.

③ 方志权，晋洪涛，张晨. 上海探索盘活利用农民闲置房屋的调研与思考［J］. 科学发展，2018（6）：107－112.

④ 邵恒心，宇德良，宋德义. 宅基地"三权分置"背景下重庆市闲置农房盘活利用思路探讨［J］. 农村经济与科技，2019，303（14）：221－222，230.

⑤ 参见2019年10月《农村农业部关于积极稳妥开展农村闲置宅基地和闲置住宅盘活利用工作的通知》。

场机制构件。（3）基于新经济社会学的"嵌入性"视角，运用案例研究方法，探索市场机制构件在乡村社会的现实运行方式。借此，本章期望利用案例方法适合于探索"怎么样"和"为什么"等问题的优势①②，发展出一个有关闲置宅基地（含农房，下同）盘活利用的嵌入性市场机制模型，进一步探索"制度嵌入"对盘活利用效果的作用及其机理，由此推断嵌入式宅改模式固有的局限性。

7.2 理论分析

"盘活利用"一词出自中共中央的相关政策文件，是经济学"交易"和"投资再利用"的通俗说法。《现代汉语词典》对"盘活"一词的释义是"采取措施，使资产、资金等恢复运作，产生效益"；对"利用"一词的释义有"用手段使人或事物为自己服务"。据此，"盘活利用"一词转译为经济学话语则有下列三层意义：（1）原主人对某资产评价不高，故而宁可弃之不用，使其处于闲置状态；（2）通过交易（采取措施）使该资产转移到对它评价更高的人手里，以"恢复运作"；（3）通过投资（用手段）使其"产生效益"并"为自己服务（再利用）"。

闲置宅基地及农房的"交易"目的是"投资再利用"，并非单纯的产品交易，而是类似于生产要素交易。即使转入方对闲置农房进行投资改造的目的是用于自住，但只要这种"自住"能为投资者带来相对收益的增加，就不能否认它有要素交易的属性。而且，盘活利用和整治利用并非同一概念。整治利用一般会改变宅基地的性质和用途，如复垦为耕地或转换为村内公共建设用地或经营性建设用地，推动力量具有强烈的行政色彩③。盘活利用的结果是提高宅基地及其上房屋的再利用效率，一般不会改变宅基地性质和用途，背后的推动力量主要是市场机制。

据此，我们可将"盘活利用"视为一份产权交易契约。经济学发展到今天，从马克思、康芒斯、科斯、威廉姆森、德姆塞茨、诺思、张五常等，早已认识到"交易"的本质就是产权的交易，但是直到科斯之后，才认识到交易是有成本的，对资

① 罗伯特·K.殷.案例研究：设计与方法（第5版）[M].周海涛，史少杰，译.重庆：重庆大学出版社，2017（2）：4，27.

② 潘善琳，崔丽丽.SPS案例研究方法——流程、建模与范例[M].北京：北京大学出版社，2016（8）：19.

③ 如广西《关于农村闲置宅基地整治利用的实施意见》明确了农村闲置宅基地整治利用要遵循的首要重要原则是"政府主导，多方受益"；目标是"充分运用国家关于农村土地整治和城乡增减挂钩政策，以将闲置宅基地复垦为耕地和其他农用地为主，同时将腾退农村建设用地和城镇建设用地增长相挂钩，解决保障发展和保护耕地'两难'的问题。"

源的配置及其投资利用产生重要影响。对此，李建德（2000）① 有一个总结性观点，认为交易过程可以简要地表达为产权的确认、产权的界定和产权的交易过程。这三个基本点，就是交易过程中所形成的最必要的共同信息，并表达为一份市场交易的契约。正因为有交易成本的存在，即使人人明知有交易剩余存在，交易也不一定能够自动达成，表现出稀缺性特征。而且，分工越是发达，可能的交易链越长，交易的次数越多，降低交易成本的作用越是明显（李建德，1999）②。但是，关于交易成本，不同的学者有不同的理解，本书囿于主旨和篇幅不予展开讨论，仅从完成一项"交易活动所必需的费用"这一原始定义③出发，理解并寻找降低交易成本的途径和办法。

从一项交易发展的过程来看，事前需要界定产权；事中需要发布交易信息，在特定范围内选择和搜寻交易对象并签订交易契约；事后需要监督契约执行并防范事后风险。因此，要全面和有效地激活闲置宅基地及农房的产权交易和投资，需要在上述环节选择交易费用相对低廉的交易构件，即基础性契约制度安排。首先，交易是产权的市场交易，在交易之前要对产权进行权属方面的确认和数量方面的界定（李建德，2000：221），这就要求支付产权界定的成本。就此而言，由政府或其指定的第三方权威机构来界定和保护产权，是成本较低的选择（刘守英等，2017）④。其次，交易需要寻找交易伙伴，这需要支付搜寻成本。由政府或其指定的具有公信力的机构搭建产权交易平台，吸引任意有交易意愿和支付能力的主体前来交易，是一个节约交易成本的好办法。再次，产权交易还需要了解价格并展开讨价还价，订立交易契约。此时，当事人往往倾向于选择长期契约，一是避免短期契约带来的各种附加费用（科斯，1994）⑤ 或节约重新协商产生的各种成本（哈特，1998）⑥；二是为投资取得合理回报准备足够长的时间。最后，对闲置宅基地及农房的投资属于威廉姆森意义上的专用性资产投资，因而必然是一个不完全契约⑦。在不完全契约中，权利被划分为两种：一是可以经由契约条款明确规定的特

---

① 李建德. 经济制度演进大纲［M］. 北京：中国财政经济出版社，2000（4）：215，221.

② 李建德. 论交易的形态［J］. 当代财经，1999（12）：15–20.

③ 科斯在《社会成本问题》中指出："为了进行市场交易，有必要发现谁希望进行交易，有必要告诉人们交易的愿望和方式，以及通过讨价还价的谈判缔结契约，督促契约条款的严格履行等。这些工作常常是花费成本的，而任何一定比率的成本都足以使许多在无需成本的定价制度中可以进行的交易化为泡影。"

④ 刘守英，路乾. 产权安排与保护：现代秩序的基础［J］. 学术月刊，2017，49（5）：40–47.

⑤ 科斯. 论生产的制度结构［M］. 盛洪，陈郁，译. 上海：上海三联书店，1994：292.

⑥ 哈特. 企业、合同与财务结构［M］. 费方域，译. 上海：上海三联书店，1998：27.

⑦ 关于不完全契约实有两个流派：一个是以威廉姆森等为代表的交易费用经济学（TCE），认为契约的作用主要是最小化交易费用；另一个是以哈特等为代表的新产权学派（PRT），认为契约的作用主要是提供正确的投资激励。本文囿于主旨无法详述两者异同，仅在其核心思想指导下推进本书的研究。

定权利；二是契约条款无法明确规定的剩余权利，分为剩余控制权①和剩余索取权（对剩余的最终索取权）。因为剩余的不可预见性，以及事后敲竹杠等机会主义行为的广泛存在，较优的制度安排是将剩余控制权及相应的剩余索取权配置给专有性资产投入方，或者采取威廉姆森的"一体化"治理模式。两种理论范式虽在诸多方面有异，但事实上有相互补充的作用②。

从狭义角度讲，交易契约的实施机制仅指限制交易中的机会主义行为保证交易契约顺利履行的机制③，即仅指上述第五个交易构件。但是，由于中国农村宅基地产权制度尚处于"三权分置"改革初期，各项管理制度也很不完善，很多地方甚至还没有完成确权登记颁证工作，因而需要从广义角度界定盘活利用的实施机制，认为它实际上包括上述五个交易构件，即清晰界定产权、搭建交易平台、拓宽交易范围、选择长期合约及防范事后风险。

然而，在新经济社会学视野中，一切经济行动事实上都嵌入社会关系结构当中④⑤。就此共有两种分析策略⑥：（1）当"A 嵌入 B 时"，A 和 B 仍是两个独立的系统，嵌入机制是可以拆分的，此为可分析策略。（2）当"A 嵌入 B 时"，A 和 B 融为一体，嵌入机制不可拆分，此为不可分析策略。本书基于可分析策略，认为"嵌入"并不意味着市场在社会嵌入过程中丧失自身边界，研究者总可以从社会嵌入中剥离出一个市场结构"硬核"⑦。同时，"嵌入性借以创造对当前环境必要适应的同时，可能佯谬地降低一个组织的适应能力"⑧，即会产生悖论效应⑨。由此可知，五个交易构件当属市场"硬核"，各以社会嵌入方式运行并可能产生悖论效应。

---

① 关于剩余控制权，不同的学者也有不同的看法。据李建德（2000：401）的考察，哈特的本意是认为，剩余控制权是对剩余增加敏感部分的相关决策权。本书取此义。

② 卢现祥，朱巧玲. 新制度经济学 [M]. 北京：北京大学出版社，2007：257.

③ 袁庆明. 新制度经济学教程 [M]. 北京：中国发展出版社，2011，209-210.

④ Granovetter, M. Economic action and social structure：The problem of embeddedness [J]. American Journal of Sociology, 1985 (91)：481-510.

⑤ 马克·格兰诺维特. 梁玉兰，译. 作为社会结构的经济制度：分析框架 [J]. 广西社会科学，2001 (3)：91-95.

⑥ 刘世定. 嵌入性与关系合同 [J]. 社会学研究，1999 (4)：75-88.

⑦ 付平. 嵌入性：两种取向及分歧 [J]. 社会学研究，2009 (5)：141-164.

⑧ Uzzi, B. Social Structure and Competition in Interfirm Networks：the Paradox of Embeddedness [J]. Administrative science quarterly, 1997 (42)：35-67.

⑨ 乌兹（1997）分析了嵌入性变为累赘的三个条件：一个核心网络玩家不可预测的退出，使市场合理化的制度力量和嵌入过度成为网络的特征。本文囿于主旨和篇幅无法深入探究盘活利用市场机制社会嵌入悖论效应生成的具体过程，仅运用"交易成本"概念工具，作简单的推测。

7.3 案例研究设计

前文从理论上厘清了盘活利用市场机制的主要构件，接下来需要从经验层面对这些构件的现实可靠性进行检验，并对其现实运行规律进行探索和提炼，因此，接下来的经验研究实际上肩负理论检验和理论建构（罗伯特·K. 殷，2017）[①] 或称扩展现有理论（潘善琳和崔丽丽，2016）[②] 的双重任务，适合采用案例研究方法。

7.3.1 案例选择

近年来，中国乡村分化日益加剧，大多数村庄进一步衰落，只有少部分村庄才能活化（刘守英，2018）[③]。2018 年 9 月中共中央国务院印发《乡村振兴战略规划（2018 – 2022）》，将中国乡村分为"集聚提升类""城郊融合类""特色保护类"和"搬迁撤并类"四类村庄。其中有 71.5% 的村庄可以撤并[④]，意味着可以活化发展的村庄只有前三类：（1）承担城郊要素融合发展功能的"城郊农村"；（2）具有特色资源需要保护和发展的"特色乡村"；（3）经过搬迁撤并和集聚提升后的"中心村"。现实中，自 2018 年中央一号文件提出宅基地"三权分置"改革后，一些原本承担农村土地制度三项改革任务的试点县（市、区），积极在本辖区活化村庄中推进闲置农房盘活利用改革实践，形成了一些典型改革案例。

我们分别从城郊农村、特色乡村和中心村三类活化村庄类型中各选择一个案例。在城郊农村类型中选择了陕西省西安市高陵区张南联村创新的"共享村落"模式，在特色乡村类型中选择了湖南省浏阳市张坊镇田溪村的"旅游民宿"模式，在中心村类型中选择了湖南省浏阳市张坊镇上洪村创新的"城乡合作建房"模式。这三个案例分别代表了三类需要活化的村庄类型，涵盖了不同的地理区域和经济条件，都是在宅基地"三权分置"框架下探索农房财产权实现的改革模式，反映了

---

① 罗伯特·K. 殷. 案例研究：设计与方法（第 5 版）[M]. 周海涛，史少杰，译. 重庆：重庆大学出版社，2017（2）：4, 27.

② 潘善琳，崔丽丽. SPS 案例研究方法——流程、建模与范例 [M]. 北京：北京大学出版社，2016（8）：19.

③ 刘守英. 城乡中国的土地问题 [J]. 北京大学学报（哲学社会科学版），2018（3）：79 – 93.

④ 参见李国祥在《农村绿皮书（2018 – 2019）》发布会上的发言. http：//www. china. com. cn/zhibo/content_74707877. htm.

研究的政策取向。且每个案例的改革绩效各有不同，具备典型性。案例选择符合 Yin（2014）[1] 所称的复制逻辑要求——案例结果典型、反映政策取向和涵盖不同经济区域。据此，我们可得到假设检验的复制法则，这是一种归纳性分析（Yin，2017）[2] 而非统计性分析，表明本研究具有很好的建构效度。

7.3.2　数据来源及分析方法

数据来源在第二部分中已有详细交代，此处不再赘述。

本研究利用 NVivo12.0 软件对案例数据进行管理和分析，大致有三步：（1）数据导入。将所有质性数据按编号归类，导入 NVivo12.0 软件中。（2）数据编码。按前述理论分析所示的变量创建相关节点并命名，通过人工方法全面阅读数据，将表征相关变量的语句拉入相应节点，对数据进行编码。为了保证编码信度，我们采用协议编码方法。编码过程、方法和结果详见下文。（3）撰写备忘录。将表达变量关系的语句及其含义，撰写到备忘录中，并将备忘录与相关原始数据和相关节点创建联结，方便日后查询。上述编码和撰写备忘录的过程并非前后相继的线性关系，而是一个循环往复的数据阅读和分析过程。

7.4　案 例 描 述

7.4.1　城郊农村的"空房长租"模式

该案例的运行机制实际上已经在 5.4 节得到详细阐述，本应省略。但是，为了方便读者与另两个案例形成对比性阅读，故而仍然将它撰写为一个完整的小故事予以呈现。

陕西省西安市高陵区地处关中平原腹地，泾河、渭河两岸，西安市北部，总面积 294 平方公里，总人口为 35.11 万，距西安市钟楼和咸阳国际机场 20 千米、新

---

① 罗伯特·K. 殷. 案例研究方法的应用（第 3 版）[M]. 周海涛，夏欢欢，译. 重庆：重庆大学出版社，2014（9）：41.

② 罗伯特·K. 殷. 案例研究：设计与方法（第 5 版）[M]. 周海涛，史少杰，译. 重庆：重庆大学出版社，2017（2）：52.

市政中心仅 7 千米，境内一马平川，素有关中"白菜心"之称。该区农村居民大多因外出务工、小孩上学等原因迁往市区，农村住房空置严重，但因地处西安这一省会城市近郊，属于活化农村类型。

2015 年，高陵区成为全国农村土地制度改革的 33 个试点县（市、区）之一。在承担本轮宅改试点任务之前，高陵区为了促进并规范农村集体资产资源的交易行为，在县、乡、村分别成立产权交易中心（2013 年）。2017 年，高陵区大力推进并基本完成了农房的"房地一体"确权登记颁证工作。2018 年，高陵区政府紧紧把握宅基地"三权分置"政策机遇，出台了《西安市高陵区"共享村落"（农民闲置宅基地和闲置农房使用权出租）管理办法（试行）》《关于第一批"共享村落"（农民闲置宅基地和闲置农房使用权出租）的通告》和《高陵区"共享村落"扶持政策》等文件。由此，高陵区建立起闲置农房盘活利用的制度框架。

在完成确权颁证、交易平台搭建等工作的基础上，为保证"共享村落"的正常运行，高陵区还创新了一系列细致入微的改革举措：（1）产权确认。由具有资质的第三方评估机构对宅基地上的建筑物、附着物、构筑物进行清点并登记造册，作为资产交割依据。成交后，还为承租人颁发《不动产权证书》[1]。（2）完善契约条款，包括承租人的区域范围（全国）、所享权利（新建权、改建权、转让权、经营自主权、经营收益权、融资抵押权等权益）、共享年限（原则上不超过 20 年）。（3）明确交易流程，包括个人和集体出租信息发布流程和交易流程。（4）收益分配。共享租金 90% 归出租房屋人所有，村集体则凭宅基地所有权人资格从租金中收取 10% 作为宅基地使用费，用于村内基础设施维护、公共服务建设、评估费用等。（5）事后不确定性的应对。《管理办法（试行）》还明确规定了在遭遇到拆迁等政策调整导致租赁合约中止情况下的财产权利分割原则。

2018 年 7 月，高陵区在张卜街道张南联村正式推出首批共享房源共计 50 户。截至 2019 年初，已成交 6 户，农户累计收益 88 万元[2]。到目前为止，该模式运转状态良好，得到了央媒[3]和陕西当地媒体[4]的肯定性报道。

---

① 参见《〈半月谈〉刊文："共享村落"：城市资源下乡忙》，新华网，http：//www. sn. xinhuanet. com/ 2021 - 04/09/c_1127310085. htm. 2021 - 04 - 08.

② 数据来源有二：一是《"共享村落"，能否双赢？——西安市高陵区"共享村落"调查》，搜狐网，https：//www. sohu. com/a/316545539_753478；二是本书组对张南联村某村干部的访问. 2019 - 05 - 26.

③ 《"共享村落"引领中国乡村转型发展》，央广网，http：//country. cnr. cn/mantan/20190412/ t20190412_524575879. shtml. 2019 - 04 - 12.

④ 《"共享村落"拿什么让人魂牵梦绕》，陕西网，http：//www. yidianzixun. com/article/0Ll2rQqv. 2019 - 04 - 17.

7.4.2 特色乡村的"旅游民宿"模式

湖南省浏阳市也是第一批承担宅基地试点改革的县（市、区）。该市下辖的张坊镇田溪村地处大围山东麓，辖区面积近 20 平方公里，现有居民 242 户，908 人，其中建档立卡贫困户 44 户，贫困人口 162 人，属于省级贫困村①。该村地处深山，旅游资源丰富而珍贵，成为辐射长株潭和江西所在城市等地区的乡村旅游理想目的地，属于活化乡村类型。

近年来，该村在宅基地"三权分置"制度框架下，创建"旅游民宿"模式，为富有旅游资源的特色乡村盘活利用闲置农房提供了一个典型范例。"旅游民宿"模式运作的核心要件如下：（1）近 200 户村民入股"众筹"近 1 000 万元资金，成立西溪旅游开发公司，负责当地旅游景点的软硬件建设，村民依入股数量分红。（2）首批 44 户农户将自有闲置农房集中，按旅游公司要求的标准进行改建升级，以开发乡村民宿和农家乐，为游客提供食宿并按标准管理客房。（3）引入湖南农城旅游信息科技开发有限公司负责"旅游民宿"的宣传和推广，为游客通过手机 App 网上订房提供交易平台（农城微旅平台）。（4）村管员作为三方联系人负责现场事务公共管理。（5）旅游收益（仅指订房收入）按照农城微旅 20%、西溪旅游公司 10%、农户 65%、乡村管理员 5% 的比例进行分配②。

在上述四方主体的关系中，如何理解农户与"农城微旅"平台之间的关系是核心。该市改革办认为③，从农户进入共享平台开始，就已经与平台形成了交易契约关系，即由双方共同拥有房屋使用权（含宅基地使用权），由此产生的收益也主要归双方分享。但实质上，"旅游民宿"模式是农户与住店旅客形成的或长或短的房屋使用权（含服务）交易关系，"农城微旅"网络平台仅是提供了信息服务，依此获得 20% 的订房收入。农户除了获取 65% 的订房收入外，还可依自主经营自负盈亏方式（剩余控制权）获得无法明确界定的其他旅游服务收入（剩余索取权），如饮食服务收入、销售土特产品的收入等。至于农房投资，则可看作农户与自己签订的一份长期投资（再利用）合约，房屋修建改造的标准虽要按旅游公司的统一规定，但因是自我投资，事后风险得到了很好的控制。

---

① 资料来源：《浏阳市农村土地制度改革试点工作纪实：2015 - 2018》，第 17 ~ 18 页。

② 资料来源有二：一是本书的现场调研，二是参见《浏阳张坊："众筹"一个美丽新乡村》，华声在线，2018 - 08 - 06：https：//baijiahao. baidu. com/s？ id = 1608020697132726031&wfr = spider&for = pc.

③ 参见浏阳市农村土地制度"三项"试点改革办公室编：《坚持以"活权"为重点，实现房有所值——浏阳市宅基地"三权分置"典型案例》，2018 年 12 月。

"旅游民宿"不仅有效盘活了农村闲置农房,还带动了当地农副产品的对外销售,走出了一条以宅基地三权分置助推乡村旅游的脱贫致富之路。2017 年度获评"长沙市十大最具魅力旅游乡村"称号。截至 2018 年 7 月,该村接待游客 12 万余人次,门票收入 430 万元,带动村民增收 1 500 余万元①。

7.4.3 中心村的"城乡合作建房"模式

目前,一些城市居民希望下乡定居或创业,但因无权到农村购买宅基地建房而受阻。与此同时,一些贫困农户迫切希望迁出深山或翻修老旧房屋,但因缺乏资金而不能实现。为解决这对矛盾,浏阳市在农村宅基地"三权分置"框架下,及时出台《城乡合作建房改革试点实施细则》,结合《国务院办公厅关于支持返乡下乡人员创业创新促进农村一二三产业融合发展的意见》,创新"城乡合作建房"模式,为盘活利用闲置农房探索了一条新的路径。

该实施细则规定,所谓城乡合作建房,是指依法不享有农村宅基地资格权的城镇居民、法人或其他组织,在符合土地利用规划和城乡规划的前提下,与享有农村宅基地资格权的农户联合新建、改建自有住房,或直接租用农户自有住房,用于返乡、下乡自住或发展农村一二三产业。城乡合作建房必须遵从农村居民一户一宅、面积法定的原则,总面积不得超过参与建房的农户依法可批准的用地面积总数,合作期限由合作协议进行约定,不得超过 50 年。细则还规定了合作双方的权利和义务,明确了外来合作方可申请领取"房屋使用权证";合作期限内,外来合作方有对房屋使用权进行流转(获利)的权利;合作期满后,房屋使用权由农户收回,或依据相关法律法规政策处置。此外,据《坚持以"活权"为重点,实现房有所值——浏阳市宅基地"三权分置"典型案例》介绍,该市成立了湖南首家农村资源交易中心,城市居民有意参与合作建房的,可通过交易平台择位竞价。

浏阳市将"城乡合作建房"试点改革放在张坊镇的上洪村。张坊镇地处浏阳东部边界,境内群山环绕、沟壑纵横,地质灾害频发,许多农民迫切希望迁出深山,解决入学、就医、务工不便困难,但苦于资金有限,迟迟不能达成愿望。上洪村是该镇境内一个行政中心村,属于第三类需要活化发展的村庄类型。该村抓住改革机遇,在平原地带规划集中居民点地 27 亩,引导 38 户深山农民(其中贫困户和五保户 10 户)退出原有旧宅集中统建。按照浏阳市宅基地管理相关规定,该村农

---

① 资料来源:《浏阳田溪村:贫困村华丽变身旅游新地》,腾讯网,https://new.qq.com/omn/20190924/20190924A0RCYE00.html. 2019 - 09 - 24.

民宅基地资格面积标准为 180 平方米/户，38 户住房按规划建成后实际占地 3 660 平方米，节余 3 180 平方米，用于吸引城市居民到此投资建房。（若合作成功，笔者注）"每户（将）获得合作款 10 多万元，既确保了住有所居，改善了居住环境，又略有盈余，增加了农民收入。同时，城市下乡创新创业人员有了用房保障，带来了更多的资金、人才和产业，有效促进了农村一二三产业融合发展。①"

据我们的调查显示：（1）交易平台方面。目前，上洪村还没有利用该市的农村资源交易平台（相关领导说成熟后会启用）招徕合建者，信息发布方式主要是张贴通告（我们收集到通告照片），实际上是人际网络传播方式。（2）成交情况。至今已有一户长沙市民与本村居民合作建房，合作双方是熟人关系，双方经过协商谈判，已就合作期限、投资金额、房屋产权分割等事项达成契约。（3）颁证方面，因为房屋属于私有财产，关键要颁发宅基地使用权证（实施细则上讲的"房屋使用权证"并不恰当），但在如何颁证方面还没有明确，还在谨慎地探索（采访领导），因此，外来合建者一直没有办到相关产权证书（对合建村民的访谈）。有媒体报道，"长沙市民王中翼表示，跟（上洪村）村民合作建房，最大担忧是不能办证，合法权益得不到保障"②，佐证了我们的调查。迄今，尚未听说有新的城市居民来该村进行合作建房，原来的意愿者还处于观望状态。

7.5 案例比较

7.5.1 数据编码

编码（coding）是质性研究资料分析基本工作之一，是将原始数据打散，赋予概念和意义之后，再以自己的方式重新组合成为一个具有组织性的架构（郭玉霞等，2009）③。为了保证编码的信度，我们采用多层次"协议编码"策略（伍多·

---

① 参见中共浏阳市委、市人民政府编. 坚持赋权活能、深入确权登记：切实让群众获得宅基地的恒产恒利. 2018 – 12 – 13.

② 农地改革大动作：这个市宅基地"全市流转"，"城市人"可合作建房. 陕西法制网，https：//baijiahao. baidu. com/s？id = 1644922927292737863&wfr = spider&for = pc. 2019 – 09 – 17.

③ 郭玉霞，刘世闵，王为国等. 质性研究资料分析：NVivo8 活用宝典［M］. 台北：高等教育文化事业有限公司，2009（7）：221.

库卡茨，2017）①，操作程序如下：（1）笔者与另一位成员分别依据上述交易构件显示的变量关系独立编码，完成各树状节点的创建。（2）对树状节点之下的案例子节点内容进行比较和协商，取得一致性共识。（3）运用 NVivo 软件对各子节点进行编码一致性比较，对"一致百分比"比较低的子节点，查找存在差异的原因，协议后再独立修改子节点编码，然后再进行编码比较。如此反复数次，直到各个子节点的编码一致性达到 90% 以上为止。编码结果详见表 7 – 1。

7.5.2 理论构件的案例检验

依据表 7 – 1，结合原始数据，对三个案例进行比较，得到下列结果。

1. 案例一显示的条件关系

（1）在村庄类型上，案例村地处省会城市西安市郊区，土地资源相对紧缺，农房空置率高，但同时，该村距离西安市约 50 千米，城市居民来此居住和下乡创业的意愿也高，属于可以活化的一类村庄。（2）五个交易构件中，在产权界定方面，该村事前完成了"房地一体"确权登记颁证，交易后为转入方颁发宅基地使用权证。在交易平台方面，搭建了县、乡、村三级交易平台，尤其是在村委会办公地点专门设有接待外来考察的人员，并提供周到服务。在交易范围方面，允许全国范围内的公民和组织来村租赁闲置农房。在交易期限方面，规定租期长达 20 年，且期满后可续租。在事后风险治理方面，允许外来共享人（承租方）对农房进行自主改造、自主经营和自负盈亏，并对事后不确定性事件（如政策性拆迁）下的添附物处理进行了合理合法的规定，由此将剩余控制权和剩余索取权配置给了农房投资方。（3）盘活利用取得较好效果。据上可以推知，当五个交易构件都具备时，闲置农房的盘活利用工作能够取得正常效果。但是，仅由单一案例并不能证明这个条件关系的真实存在，还需要进行案例间的比较。

2. 案例二和案例一的比较

（1）在村庄类型方面，案例二"旅游民宿"模式在区位条件、资源禀赋、发展现状和改革方式等方面，都与案例一存在显著的差异。（2）在盘活利用的具体

---

① 伍多·库卡茨. 朱志勇，范晓慧，译. 质性文本分析：方法、实践与软件使用指南［M］. 重庆：重庆大学出版社，2017（9）：73.

表 7-1　案例数据编码结果

案例	交易构件					盘活利用效果	其他条件
	产权界定	交易平台	交易范围	合约期限	事后风险治理		
案例一：空房长租模式	交易前农户有的"房地一体"的"不动产"证。交易中,村集体组织双方对集体组织资产清点造册;交易后为外来投资者办宅基地使用权证书	①有县、乡、村三级产权交易平台;②村集体专门设立接待办公室聘以居间担保身份参与签订三方合同	全国公民都可来承租	租期不超过20年,期满后可续期	①承租人有自主改造并决定用途的权利(剩余权);交易资产得到清点造册,且有关于事后不确权性的应对约定。②承租人不担心事后被"敲竹杠"	①2018年改革之初,推出共享房源共计50户;②2019年初,成交6户,农户累计收益88万元①;有央媒②的肯定性媒③报道;③2021年4月的追踪调查显示,成交户数上升到12户,已有8户对共享农房和宅基地进行了投资并入住。村干部表示,随着基础设施进一步改善,会有更多的成交数量	村庄区位、资源禀赋、发展现状等,此处改革方式、具体改革过程中会比较过案例简述
案例二：旅游民宿模式	除获得官方确权颁证外,农户对自家房屋进行改造,未与第三方转移,产权事实上得到界定了充分界定	①村集体通过组建旅游公司,组织农户对自家房宅进行投资;②村集体出面与"农城微旅"网络平台签订合作协议,招徕游客	农户实际上是与自己签订长期投资契约(与游客签约属于农户自主经营范围,不属于此处讨论的产权交易范畴)		采取"一体化治理"方式,农户对自家宅地进行长期投资,自主经营、自负盈亏,事实上没有关于事后专用性资产产权投资的事后风险	①2017年度获评"长沙市十大最具魅力旅游乡村"称号;②2017年筹建的第一个"滑草游乐园"项目,2018年就接待游客40%;③截至2019年,累计接待游客12万余人次,门票收入430万元,带动村民增收1500余万元④;④2021年3月的追踪调查显示,模式运转良好,2020年即使受疫情影响,仍获利润200多万元,给入股村民分红10%⑤	

续表

案例	交易构件					盘活利用效果	其他条件
	产权界定	交易平台	交易范围	合约期限	事后风险治理		
案例三:城乡合作建房模式	最初承诺为外来村合建者颁发宅基地使用权和房屋所有权证,但后来暂缓颁发宅基地使用权证。产权界定主要依靠组织体村集体的承诺	由村委会发布"合建"招商通告,信息依靠人际关系传播	本省城乡	50 年宅基地使用权	①合作期内外来合建者有权流转房屋及宅基地(剩余权利),期满后房屋归农户所有。②外来合建者认为本村合建者后来会为难他(敲竹杠),因为双方关系很好,但还是希望政府能为他办宅基地权证	①2019 年 1 月和 4 月的调查得知,有三位长沙市民愿意未此与某村民合作建房。②(合建者)最大的担忧是不能办证。(担心)③2021 年 3 月的追踪调查⑦得知,目前村民与长沙市合作建房只有一户村民仍只有合法权益得不到保障⑥。前述一户村民与长沙市合作建房,但宅基地使用权证仍然办不下来	村庄区位、资源禀赋、发展现状、具体改革方式等,此处略,案例比较集中会简述

注:数据来源有三:一是《"共享村落",能否双赢?——西安市高陵区"共享村落"调查》,搜狐网,https://www.sohu.com/a/316545539_753478.2019 - 05 - 26;二是课题组对张南村某村干部的访问。

例如《"共享村落"引领中国乡村转型发展》,央广网,http://country.cnr.cn/mantan/20190412/t20190412_524575879.shtml.2019 - 04 - 12.

例如《"共享村落"拿什么让人魂牵梦绕》,陕西网,http://www.yidianzixun.com/article/0L12rQqv.2019 - 04 - 17.

资料来源:《刘阳田溪村:贫困村华丽变身旅游新地》,腾讯网,https://new.qq.com/omn/20190924/20190924A0RCYE00.html.2019 - 09 - 24.

2021 年 3 月,课题组对当地村民的访谈显示:"一到夏天,田溪村民宿基本上就都住满了",短剧(几天)和长期(一两个月)的都有。《农地改革大动作:这个宅基地"全市流转","城市人"可合作建房》,陕西法制网,https://baijiahao.baidu.com/s? id=1649229272_9273863&wfr = spider&for = pc.2019 - 09 - 17.

2021 年 3 月,课题组再次对该村与长沙市民合作建房者"一直没办下来"宅基地使用权证,村里再也"没有别人"与城里人合作建房,实际上,这个政策没有真正推行出来。另据笔者电话回访得知,原本打算面来合作建房的另两位城市居民,有的犹豫不决,有的想放弃。

措施方面,案例二也与案例一存在显著的差异。(3)案例二中的五个交易构件也都具备,且盘活利用取得良好效果。可见,案例二和案例一看似不同而实质相同。从这种看似不同的案例间寻找共同点会产生更为深入的理解[①]。从归纳逻辑上讲,这种比较属于殷(Yin)所提倡的"逐项复制"方法,即当 A 在不同场合出现时都导致现象 a,那么 A 与 a 就有因果联系[②]。

3. 案例三与案例一的比较

(1)案例三的交易构件部分残缺:①产权没有完全得到官方界定,主要表现为没有给外来合建者颁发宅基地使用权证。②交易信息的传播面较窄,信息搜寻成本较高。③对事后风险的治理措施与案例一基本相同,即都着眼于剩余权的配置而不是"一体化"治理。但案例三稍有不足,即没有给外来合建者颁发宅基地使用权证。(2)案例三的盘活利用效果是"机制能够运行,但很难持续"。(3)与案例一的比较结果:当五个交易构件不完全具备时,盘活利用模式虽能运行,但难以持续。这种比较逻辑系殷(Yin)的"差异复制"方法,即如果因素 A 不出现,在其他因素相同的情况下,现象 a 也不出现,那么 A 就与 a 就有因果联系(吕力,2014)。虽然"其他因素"并不完全相同,但由于案例二和案例一的比较已经证明"其他条件"对盘活利用没有影响,因而案例三实质上从"反面场合"(盘活利用难以持续)进一步佐证了前述条件关系。

综上可知,上述五个交易构件确实是闲置宅基地盘活利用的市场机制"硬核",但在不同的活化村庄,则有不同的表现形式。而且,理论逻辑和经验研究均显示,没有遗漏其他重要条件,研究达到理论饱和。

7.5.3 基于社会嵌入视角的进一步探索

表 7 - 1 还显示,案例三的多个交易构件并不完美,但为什么其盘活利用机制还能运转?为寻求答案,笔者特对表 7 - 1 的数据编码(必要时参考原始数据)作了进一步的精炼分析,比较三个案例中的交易构件在社会嵌入方式上的差异及其对盘活利用效果的影响,为下文进一步讨论其运行机制并构建理论模型

---

① Kathleen M. Eisenhardt. 由案例研究构建理论[C]//李平,曹仰锋. 案例研究方法:理论与范例——凯瑟琳·艾森哈特论文集. 北京:北京大学出版社,2012(6):11.

② 吕力. 归纳逻辑在管理案例研究中的应用:以 AMJ 年度最佳论文为例[J]. 南开管理评论,2014(1):151 – 160.

做好准备。

（1）在产权界定方面：案例一于事前事后通过正式制度（法律证书）对产权进行了界定。案例二因为采取"一体化"经营策略，产权事实上得到了充分界定。但是，案例三未给外来合建者颁发宅基地使用权证，产权没有得到制度化界定。早期主要依靠村集体组织的承诺，在社会嵌入的支持下得以运行；后期，当潜在合建者得知无法办证时，即使有村级组织承诺即嵌入性支持也不会前来交易，改革模式处于停摆状态而无法正常运转。

（2）在交易平台方面：案例一为降低信息搜寻和谈判成本，村集体专门设有接待办公室，且居间担保参与签订三方协议，嵌入当地的社会结构。案例二的村集体通过组建旅游公司，一方面组织农户对自家房宅进行长期投资，另一方面与第三方"农城微旅"网络平台签订合作协议，为民宿招徕游客，也深嵌于当地的社会结构。案例三中，村集体出面发布招商公告，招商信息主要面向在当地有人脉关系的城镇居民传播，交易平台同时深嵌于当地的社会结构和社会关系。

（3）在事后风险治理方面：案例一明确规定将剩余权利配置给外来投资者，承租人不需依靠与村庄维持某种非正式关系，就可防范事后被"敲竹杠"的风险，可视为没有社会嵌入。案例二由于采取了"一体化"契约治理结构，不存在事后"敲竹杠"风险，也没有社会嵌入。案例三因为没有给外来合建者颁发宅基地使用证书，对事后风险的治理在很大程度上依赖于与当地合建者的良好社会关系（前来合建的领头市民与当地村民是兄弟关系，市民之间又是同事熟人关系），是对社会关系的深度嵌入。

（4）在盘活利用效果方面：对三个案例的追踪调查显示，案例一和案例二自创建以来，盘活利用市场机制一直都在正常运行，并取得良好效果。与此不同，案例三在成立之初，就吸引了三位长沙市民前来合建，说明前期是可以运行的（组织承诺可以办理"房地一体"证书），但在其中一位市民来村合作建房之后，宅基地使用权证一直没有办下来（房产证可以办），自此，该项目没有新的进展，目前基本上处于停摆状态。

综上所述，可整理得到三案例的交易构件、社会嵌入与盘活利用效果的关联情况，见表 7-2。

表 7 - 2 社会嵌入与盘活利用效果的关联性比较

案例	交易构件	有无社会嵌入支持					市场机制运转状况（时序分析）
		产权界定	交易平台	交易期限	交易范围	事后风险治理	
案例一	完备	无	有	与社会嵌入无关	与社会嵌入无关	无	2018 年创建，一直都能正常运行，并获得良好效果
案例二	完备	无	有			无	2015 年创建，一直都能正常运行，并获得良好效果
案例三	残缺	有	有			有	2018 年创建，前期可以运行（组织承诺办证），后期因为办不下宅基地使用权证，项目即停摆

7.6 比较结果：嵌入性悖论及其影响

表 7 - 2 显示，在三个案例中，闲置宅基地盘活利用市场机制中的五个交易构件与社会嵌入有着不同的关联。（1）"交易期限"和"交易范围"属于为交易契约设定的时空范畴，具有自然属性，与社会嵌入没有关系。（2）"交易平台"的构建和运行天然依靠所在社区，因而三个案例的交易平台都有社会嵌入的支持。（3）"产权界定"和"事后风险治理"属于交易契约的法律构件，与社会嵌入具有相当复杂的或然关系。在案例一和案例二中显示"无支持"，对应的案例绩效为"市场正常运行"，而在案例三中显示"有支持"，对应的案例绩效则为"市场不能持续运行"。

为揭示上述第（3）种关系及其形成原因，需要区分两种情况做进一步地分析。其一，在案例一和案例二中，"产权界定"和"事后风险治理"两个交易构件都具备，盘活利用市场机制无需社会嵌入支持就可正常运行。对此较为合理的解释是，这两个交易构件都完备，意味着一整套能够节省交易成本且能防范事后风险的制度都已安排到位，交易双方通过市场机制就能实现信任互惠，市场机制得以正常运行。

其二，在案例三中，"产权界定"这个交易构件不完备，不仅其自身需要社会嵌入支持（村级组织承诺），且会引发"事后风险治理"构件对社会嵌入的依赖（与交易对象保持良好社会关系）。对此较为合理的解释是：（1）当能够节省交易成本和防范事后风险的制度安排存在缺陷时，需要借助高强度的社会嵌入建立信任和互惠机制[1]，才可弥补市场机制缺陷，保证市场运行。这是社会嵌入对市场机制的正向促进作用。（2）但从长期来看，社会嵌入支持终究难以取代交易契约法律构件的保障功能，由此制约市场正常运行（如当组织承诺的法律证书没有兑现时，投资者会取消投资交易）。这是社会嵌入对市场机制的逆向制约作用。

由此可知，社会嵌入对市场机制的作用方式有三种情况：（1）为构建和运行"交易平台"提供正面支持。（2）当"产权界定"和"事后风险治理"两个交易构件完备时，市场机制无需社会嵌入支持即可自我运行。（3）当"产权界定"构件残缺时，需要有社会嵌入支持，市场机制才可运行，但难以持续。其作用机制有二：一是在短期内通过建立信任互惠机制，降低交易成本助推市场运行；二是随着时间推移，社会嵌入终究无法替代法律构件的保障功能，降低市场绩效，阻碍市场运行。两者合在一起，即是社会嵌入的悖论效应。

鉴于市场机制无法完全脱嵌于社会独立运行，那么完善市场结构，特别是要给外来投资者确权颁证，避免市场机制对社会的过度嵌入（我们将那种试图替代具有法律属性交易构件的社会嵌入称为过度嵌入），就成为治理嵌入式悖论效应的关键。据此，我们可构建一个有关闲置宅基地（含农房）盘活利用的嵌入性市场机制模型，见图 7-1。

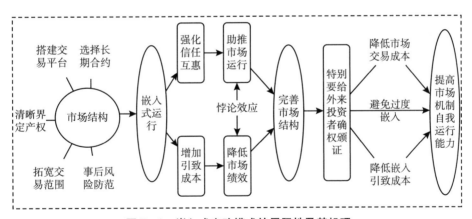

图 7-1　嵌入式宅改模式的局限性及其机理

由图 7-1 可知，前文经由契约经济理论推导出的五个交易构件，确属闲置宅

---

① Uzzi, B. The Sources and Consequences of Embeddedness for the Economic Performance of Organizations [J]. American Sociological Review, 1996（61）：674-698.

基地盘活利用市场机制"硬核"，但因与社会嵌入有不同的关联，体现出不同的政策含义。（1）在产权界定方面，除了要清晰界定交易标的物的产权外，还要给外来投资者颁发宅基地使用权证，才可进一步防范事后交易风险，避免市场机制对社会的过度依赖。（2）在契约制度安排中设计好事后风险防范内容，要么帮助农户采取"一体化治理"的盘活利用方式，要么将剩余控制权及相应的剩余索取权配置给专用性资产投资者。（3）借助社会嵌入的支持，搭建好城乡统一的产权交易平台。（4）尽可能拓宽宅基地使用权的交易范围（县域、省域乃至全国），并选择足够长的交易期限（20年、50年乃至70年）。"三权分置"改革要求适度放活宅基地使用权，为选择并推广该政策消除了制度障碍。

当然，我们并不能说只要具备这五个交易构件，闲置宅基地及农房的盘活利用就一定会发生。我们只能说："当某些'因'存在时，与这些'因'不存在时比较，更有可能产生某些'果'"[1]。因为因果关系本来就牵涉概率问题，每一个实现条件对结果的影响都属于"非充分亦非多余条件"，这是大部分定性比较分析模型中所假定的因果模式[2]。所谓"非充分亦非多余条件"，是指特定结果的"充分不必要条件中不充分但并非多余"的那部分条件，简称为 INUS 起因。社会研究对象的复杂性决定了我们面对的是多元起因，且往往是这种 INUS 起因[3]。

以"拓宽交易范围（X_3）"为例，可进一步说明这种 INUS 起因的作用。假设某村有一所长期闲置的农房被省城一市民长期租用并进行了升级改造，此时我们会说，该闲置农房在"拓宽交易范围"与其他四个构件组合的共同作用下被"盘活利用（Y）"了，这五个条件组合（X_{1-5}）对于盘活利用（Y）而言是必要的（无 X_{1-5} 必然无 Y，有 X_{1-5} 未必有 Y），但这并不意味着"拓宽交易范围"就是"盘活利用"的必要条件（无 X_3 必然无 Y），因为在某些特殊情况下，该农房也可由本村居民长期租用并投资改造而予以盘活。然而，如果没有"拓宽交易范围"这个交易构件，则所有非本村居民都没有资格获得宅基地使用权，也就不会参与农房交易和投资，那么更有效率的盘活利用现象就不可能发生。此时，"拓宽交易范围"就是"盘活利用"的非充分亦非多余条件，其他交易构件的作用与之雷同。

① 艾尔·巴比. 社会研究方法（第十一版）[M]. 邱泽奇，译. 北京：华夏出版社，2012（4）：7.
② 约翰·吉尔林. 案例研究：原理与实践 [M]. 黄海涛，刘丰，孙芳露，译. 重庆：重庆大学出版社，2017（4）：94.
③ 王天夫. 社会研究中的因果分析 [J]. 社会学研究，2006（4）：132-136.

本章小结

本章基于主流的契约经济理论和新经济社会学的嵌入性视角，运用多案例比较方法，系统探索了闲置宅基地（及农房）盘活利用的嵌入性市场机制，主要结论如下：

（1）"盘活利用"是通俗的政策用语，在市场主导类型当中，对应的经济学术语是产权的市场交易机制。（2）广义而言，闲置宅基地盘活利用的市场机制包括五个交易构件，即清晰界定产权、搭建交易平台、拓宽交易范围、选择长期合约及防范事后风险。这些要件共同构成闲置宅基地盘活利用的必要不充分条件。（3）现实中，"交易平台"构件天然具有社区支持特征，必然采用社会嵌入方式运行。（4）"产权界定"和"事后风险防范"两个构件与社会嵌入的关联具有或然性。当两构件完备时，没有社会嵌入支持，市场也可正常运行；与之相对，当两构件残缺时，即使有社会嵌入支持，市场机制也只能短期运转，长期内不能持续。

鉴于市场机制无法完全脱嵌于社会独立运行，那么完善市场结构，特别是要给外来投资者确权颁证，避免市场机制对社会的过度嵌入（我们将那种试图替代具有法律属性交易构件的社会嵌入称为过度嵌入），就成为治理嵌入式悖论效应的关键。该结论具有重要的政策启示：（1）应当明确闲置宅基地盘活利用的市场机制具有通用性结构要件，实践中应从构造上述五个交易构件入手，完善市场机制结构。（2）正确对待社会嵌入对市场机制的双向作用：一方面，借助社会嵌入支持，搭建好城乡统一的产权交易平台；另一方面，通过完善"产权界定"和"事后风险防范"两个具有法律属性的交易构件，特别要为外来投资者颁发宅基地使用权证，提高市场机制自我运行能力，避免市场对社会的过度嵌入。

总之，要避免嵌入式改革陷入这种"悖论"困境，应当通过完善基础性契约制度安排，提高制度结构对目标行为的激励能力。当然，这要留待下一章予以详细论证。

第 8 章

试点地区宅基地制度嵌入式
改革模式的优化路径*

　　前一章以闲置宅基地盘活利用的市场机制为例，分析了"制度嵌入"对市场机制的双向作用（悖论效应）及其治理措施：一是为构建和运行"交易平台"提供正面支持；二是当"产权界定"构件残缺时，在社会嵌入的支持下市场机制可以运行，但难以持续；三是通过完善具有法律属性的交易构件，提高市场机制的自我运行能力，避免市场结构对社会结构的过度依赖，以治理这种嵌入性悖论效应。

　　鉴于"市场结构"是"制度结构"在特定状态下的表现形式，本章拟进一步探讨制度嵌入改革中的嵌入性悖论效应的生成机理及一般性治理对策，以优化嵌入式改革模式。为此，我们需要回到 SSEP 框架予以分析：当一种改革模式的"制度结构"（S）通过"嵌入"（E）不同的"状态"（S）中，取得预期绩效（P）的关键在于，这种"结构"是否具有广泛的"状态"适应能力。无疑，当"制度结构"能够对改革希望发生的目标行为提供较好的正向激励时，则可认为该改革模式具有广泛的"状态"适应性，可有效避免嵌入性悖论效应。但是，一项改革模式的"制度结构"则由它所处的更为基础的"产权结构"所决定。据此，我们可将本章研究的"模式优化"问题转换化为一个可在主流学术平台上讨论的问题，即对能够决定改革模式"制度结构"的基础性产权结构进行分析。

　　下文分三步完成该研究任务：一是探讨历史以来中国农村宅基地产权制度对个体行为的实际激励效果，深入分析其内在困境。二是在个体行为层面，探讨各类改革模式应当共同具备的关键性结构特征，以对目标行为提供有效激励。三是探讨该核心结构对宅基地"三权"关系的内在要求，进而提出推进"三权分置"改革的合理建议。

---

　　* 本章的缩略版《农村宅基地"三权"分量：问题导向、分置逻辑与实现路径》，发表于《南京农业大学学院（社会科学版）》，2022 年第 2 期。

8.1 历史以来宅基地产权激励功能的扭曲：扎根分析

8.1.1 数据与方法

1. 数据说明

本节的研究目的是探索历史以来农村宅基地产权制度对个体宅基地占用行为的实际激励功能。由于因变量是关于"个体行为"方面的变量，要完成该目标将会遇到一个方法论难题。

如果采用量化研究范式，最精确的方法是选取固定样本，通过问卷测量新中国成立以来（至少是改革开放以来）每一年的时间序列数据进行比较分析。这种研究方法属于长期研究（longitudinal study）中的"相同人选组"方法，非常精确，但不可行。因为即使有哪个组织或个人有能力在数十年内，每年就相同的问题进行调研，但要就相同的样本加以跟踪测验也是不可能的。即使是退而求其次，在长期研究方式中选择"趋势研究"和"共同特征组研究"这样两种不要求相同样本的调查方法，但也因耗资大、费时多、控制难[①]而难以实施。更何况，我国并没有相关机构从事长期的社会经济调查中介服务。还有一种利用剖面研究（cross-sectional study）进行长期动态分析[②]的替代方法。实施该方法的关键是选择一个研究视角（相当于自变量），通过问卷测量处于不同（自变量）状态下的因变量的差异性，借此透析因变量随自变量变化而变化的规律。但是，这种剖面研究要求自变量是一个或一系列可用问卷方法测量的具有连续性变化特征的变量，且其变化会显著地甚至即时地引起自变量的相应变化，否则问卷也难以准确测量因变量的变化。很明显，本节所要研究的"制度约束及其变革"不具有这种变量特性。

因此，采用长期研究方式定量研究制度约束对农民宅基地占用行为的影响，几乎是不可行的。我们只能退而求其次，采用质性研究方法。业内周知，历史以来我国推进的任何重大制度变革，都是政策先行，法律跟进。而且，中央相关部门出台任何一项政策，都会在其文本中集中表达当时所要解决的现实问题，同时也会指出

---

① 唐盛明. 社会科学研究方法新解 [M]. 上海：上海社会科学院出版社，2003（9）：64 – 67.

② 袁方. 社会研究方法教程 [M]. 北京：北京大学出版社，1997（2）：133.

该现实问题由什么违规行为或不当观念所引发，以及应当如何治理该类违规行为等。因此，我们可从新中国成立以来的历史制度文本中观察到"制度与行为相互作用"的丰富信息，依此构建一个以"制度约束"为解释变量，"个体观念或行为模式"为被解释变量的解释性理论框架。

此处的制度文本仍然可沿用第 3 章表 3 - 1 显示的制度文本数据，但分析方法则必须与主题分析、评估分析和类型建构有本质上的不同。因为要依据质性数据建构一个解释性理论，最适合的方法是扎根分析。该研究方法最初由社会学家巴尼·格拉泽和安塞尔姆·施特劳斯在研究医院中的死亡过程而创立；他们的合著《扎根理论的发现》（*The Discovery of Grounded Theory*，1967）第一次明确阐述了这一研究策略，即提倡在经验数据的研究中发展理论，而不是从已有的理论中演绎可验证性的假设。扎根理论方法的核心是对质性数据进行编码并形成类目①，一般有三级编码，即开放编码、主轴编码和选择性编码。

2. 数据分析方法

在众多质性分析软件中，NVivo 本是设计者根据扎根理论以及实务经验需求所研发的，可以说是质性研究电脑化的滥觞②。在 NVivo 软件中，节点（nodes）是种范畴或类目（categories），可以有多个层级。借助该软件，我们可以相对轻松地对原始数据进行多层级节点创建工作：创建出的第一层级的子节点相当于扎根分析的开放编码；第二层级的树状节点相当于扎根分析的轴心编码；还可根据研究需要创建出第三级、第四级乃至更多层级的树状节点。将最终层级的树节点按其逻辑联系构建起某种关系模型，就相当于完成了扎根分析的选择性编码工作。当然，这一步是 NVivo 软件所不能自动完成的，需要研究者依靠其理论敏锐性才能完成这项数据分析工作。

本书在开始编码时并没有严谨的研究构架，但在综述已有研究、搜集并初步阅读数据及撰写案例总结的过程中，初步形成了有助于达到研究目标的四个问题③，即制度变迁的起点在哪里？紧随其后的变革主题是什么？继而产生了什么样的后果？后又采取了哪些对治举措？之后，带着这四个问题再次阅读所有的"案例总

---

① 伍多·库卡茨. 质性文本分析：方法、实践与软件使用指南［M］. 朱志勇，范晓慧，译. 重庆：重庆大学出版社，2017（9）：20.
② 刘世闵，曾已丰，钟明伦. NVivo11 与网络质性研究方法论［M］. 台北：五南图书出版股份有限公司，2017（6）：3.
③ 笔者赞同伍多·库卡茨（2017：11 - 12）的观点，即研究者不可能不带任何先验知识开展一项新的研究，因而先行阅读现有文献且整理好研究思路，是必须的明智之举。

结"（必要时回到原始数据），经过反复研究和比较，逐步提炼出七大树状节点和二十五个子节点，相当于完成了扎根分析中的一级和二级编码。这七大类目分别是"所有权变革"（起点）"无偿居住保障"（紧随的变革）"居住保障的约束条件""农民产权观念及行为模式改变"（直接后果）"宅基地占用状况"（间接后果1）"管理制度改革"（后果治理1）和"产权制度的进一步改革"（后果治理2）。

为保证编码的信度，我们采用多层次"协议编码"策略（伍多·库卡茨，2017：73）。操作程序如下：（1）在遵循上述七大类目逻辑联系的基础上，笔者和另一位熟悉软件操作的团队成员，各自独立进行子类目的创建和编码，在协商的基础上初步完成子类目的创建。（2）如果发现有新的子节点或者对七大类目属性有新的看法时，及时与对方协商，以使子节点的创建达成一致。（3）运用 NVivo 对各子节点进行编码一致性比较，对其中的"一致百分比"比较低的子节点进行重点分析和比较，查找存在差异的原因，协议后再独立修改子节点编码，然后再进行编码比较。如此反复数次，直到各个子节点的编码一致性达到90%以上为止。

8.1.2 数据编码过程

在扎根分析中，一级编码（开放编码）"开始于对某部分原始数据的彻底研读，试图去理解该部分数据表达的含义，并且识别若干构念用以描述数据将会怎样，……开始思考浮现类别的特性或维度。[1]"或者说，是"概念化数据，识别并界定类目的维度和子类目"。二级编码（主轴编码）是把因开放式编码而分裂了的数据重新排列为连贯整体的策略，所关注的是具体的类目以及它与其他类目之间的联系[2]。经过多层次协议编码，我们一共创建了七个树状节点和25个子节点，相当于完成了扎根分析中的开放式编码（形成子节点）和主轴编码（形成树状节点）过程。编码结果详见表8-1。

---

① Deborah，Dougherty，苏筠，郑英建．质化研究及其数据分析［C］//陈晓萍，徐淑英，樊景立．组织与管理研究的实证方法（第二版）．北京：北京大学出版社，2012（6）：280.

② 伍多·库卡茨．质性文本分析：方法、实践与软件使用指南［M］．朱志勇，范晓慧，译．重庆：重庆大学出版社，2017（9）：23，77.

表 8 - 1   基于 NVivo 的树状节点编码结果

树状节点（主范畴）	子节点（子范畴）	参考点	代码（举例）	制度年份
A. 所有权由私变公	农民土地所有	4	实行农民的土地所有制；依法保护农民的土地所有权；土地改革完成后，由人民政府发给土地所有证，并承认一切土地所有者自由经营，买卖及出租其土地的权利	1950、1954
	生产队集体所有	14	社员的宅基地，……都归生产队集体所有。社员对宅基地、……只有按照规定用途的使用权，没有所有权	1962、1963、1981、1982
	农民集体所有	29	宅基地和自留地……也属于集体所有；集体所有的土地依照法律属于村农民集体所有，由……经营、管理；坚持农村土地集体所有、不搞私有化	1986、1988、1998、2007、2019
B. 无偿为农民提供长期有保障的宅基地使用权	集体分配责任	8	社员新修房屋需用的地基，由合作社统筹解决；社员需新建房又没有宅基地时，由本户申请，生产队统一规划，帮助解决；向所在生产队申请，生产大队审核同意，报公社批准	1956、1962、1986、1988
	农户无偿取得长期使用权	4	社员的宅基地……归各户长期使用，长期不变；社员新建住宅占地无论是否耕地，一律不收地价（1963）；取消农村宅基地有偿使用收费、农村宅基地超占费、土地登记费；各地一律不得在宅基地审批中向农民收取新增建设用地土地有偿使用费（2004）	1963、1993、2004
C. 农民无偿获取居住保障的条件	不予分配宅基地的除外条件	7	出卖、出租房屋的，不得再申请宅基地；将原有住房出卖、出租或赠予他人后，再申请宅基地的，不得批准	1982、1986、1988、1998、2004、2007
	宅基地不得转让和抵押	20	生产队所有的土地，包括社员的宅基地，一律不准出租和买卖（1962、1963）；不得非法转让土地；严禁炒卖土地；不得违规违法买卖宅基地；宅基地使用权不得抵押（1995、2007）	1962、1963、1982、1986、1988、1995、1998、1999、2007、2018
	城镇居民不得购买农村宅基地	6	城镇居民不得到农村购买宅基地、农民住宅或"小产权房"；对城镇居民在农村购买和违法建造住宅申请宅基地使用权登记的，不予受理	1998、2004、2007、2008、2011
D. 产权观念与行为模式改变	多吃多占集体资产的行为	5	多种经营的产品和收入，……任何人不许多吃多占；生产队的储备粮，……生产大队和公社都不许调动，……避免干部多吃多占	1962
	产权观念改变	10	农村中不少干部和群众，存在着集体土地可以自由支配的错误观念	1986

续表

树状节点 （主范畴）	子节点 （子范畴）	参考点	代码（举例）	制度年份
E. 宅基地占用乱象丛生	干部带头违规占地建房	8	坚决刹住干部带头占地建房风；少数干部以权谋私，违法占地私房，群众意见很大	1982、1986、1990
	村民乱占耕地建房	10	近几年来，农村建房滥占耕地的情况十分严重；乡镇企业和农村建房乱占耕地、滥用土地的现象极为突出；同义词还有：乱占滥用耕地／土地、乱占耕地、违法占地、占用耕地	1981、1982、1986……1997、2010、2015
	非法转让集体土地使用权	6	用地秩序混乱；非法转让土地使用权；非法交易农民集体土地；以开发果园、庄园为名炒卖土地；炒地热；违规违法买卖宅基地；下乡利用农村宅基地建设别墅大院和私人会馆	1982、1986、1988、1998、1999、2018
	宅基地闲置浪费	9	空心村、闲置宅基地、空置住宅、一户多宅	2004、2008、2010、2015、2018
F. 对宅基地占用乱象的治理	法制教育与惩戒	9	要向广大干部群众进行广泛深入的宣传教育，反复说明节约用地的重要意义；加强全民土地国情国策的宣传教育。对那些以权谋地……和出卖宅基地，要依法处罚或给予行政处分	1981、1997、2004、2007
	居民点规模控制与建设用地的城镇化	20	农村居民点要严格控制规模和范围；用地指标主要通过农村居民点向中心村和集镇集中；农村建设用地计划指标应结合农村居民点布局和结构调整，重点用于小城镇和中心村建设，控制自然村落无序扩张；按照城乡一体化的要求，……防止出现新的"城中村"；城镇建设用地增加与农村建设用地减少挂钩。允许……把有偿收回的闲置宅基地……转变为集体经营性建设用地入市	1999、2000、2009、2010、2012、2016、2018、2019
	村庄规划与宅基地用地计划管理	19	村庄规划由生产大队制订；各级政府要切实加强村庄规划编制工作；村民建住宅必须符合村庄规划；改进农村宅基地用地计划管理方式；编制多规合一的村庄规划（2019）	1982、2005、2007、2008、2010、2013、2015、2016、2019
	户有所居与面积管制（从一户一宅到一户一房）	10	农村村民一户只能拥有一处宅基地，其面积不得超过……标准；探索农民住房保障在不同区域户有所居的多种实现形式；在土地利用总体规划确定的城镇建设用地规模范围内，通过……保障农民"一户一房"。推动各地制定省内统一的宅基地面积标准	1998、2004、2008、2010、2015、2018、2019

续表

树状节点 （主范畴）	子节点 （子范畴）	参考点	代码（举例）	制度年份
F. 对宅基地占用乱象的治理	宅基地申请审批制度改革与耕地保护	38	社员需新建房……，必须占用耕地时，报县人民委员会批准；加强宅基地审批管理工作；对干部建房用地实行"双重审批"；宅基地审批应坚持"三到场"；农村村民建住宅，应当符合乡（镇）人民政府审核，由县级人民政府批准；其中，涉及占用农用地的，依照本法《土地管理法》第四十四条的规定办理审批手续。改革宅基地审批制度，……使用新增建设用地的，下放至县级政府审批	1963、1982、1985、1990、1998、2004、2010、2015、2018、
	有偿使用改革	12	进行农村宅基地有偿使用试点，强化自我约束机制；取消宅基地有偿使用费；不得在宅基地审批中向农民收取新增建设用地土地有偿使用费；对超标准占用和一户多宅的，以及非本集体经济组织成员通过继承房屋等占有的宅基地，探索有偿使用	1990、1993、2004、2010、2015、2018
	闲置宅基地的利用、治理与退出机制	20	对一户多宅和空置住宅，各地要……鼓励农民腾退多余宅基地；探索宅基地"三权分置"，鼓励盘活利用闲置宅基地和房屋；开展闲置宅基地复垦试点。探索对增量宅基地实行集约有奖、对存量宅基地实行退出有偿	2004、2008、2010、2015、2018、2019
G. 宅基地产权制度的进一步改革	持续推进确权登记颁证工作	12	加强农村宅基地登记发证工作；加强农村土地确权登记发证和档案管理工作；扎实推进"房地一体"的农村集体建设用地和宅基地使用权确权登记颁证；加快推进宅基地使用权确权登记颁证工作，力争2020年基本完成	1989、1995、2004、2008、2010、2011、2015、2016、2018、2019
	用益物权的确立、保护与实现	10	宅基地使用权人……有权依法利用该土地建造住宅及其附属设施；依法保障农户宅基地用益物权；在保障农户宅基地用益物权前提下，选择若干试点，慎重稳妥推进农民住房财产权抵押、担保、转让；有条件的地区可在风险可控前提下，继续稳妥探索宅基地使用权抵押	2007、2008、2013、2014、2015、2016、2017、2018
	"三权分置"与农房财产权实现	9	探索宅基地所有权、资格权、使用权"三权分置"；农房抵押贷款业务拟纳入宅基地"三权分置"改革的大盘子统筹考虑。鼓励农村集体经济组织及其成员盘活利用闲置宅基地和闲置房屋	2018、2019
	宅基地产权改革与农民市民化	11	探索进城落户农民在本集体经济组织内部自愿有偿退出或转让宅基地；鼓励进城落户的农村村民依法自愿有偿退出宅基地；维护进城落户农民的……宅基地使用权；不得以退出宅基地作为农民进城落户条件	2014、2015、2016、2017、2018、2019

8.1.3 理论建构

在扎根分析中，三级编码（选择性编码）是先选择一个核心类目，然后将所有其他类目与该核心类目建立联系，并证实这些联系，补充那些需要进一步发展和修订的类目的过程①。为此，需要在 NVivo 软件中进一步进行节点矩阵编码，以显示不同节点之间的关联②，借此寻找核心类目，进行理论建构。

1. 矩阵编码

通过将每个树状节点（主范畴）分别与其他六个进行一对一式的矩阵分析后，发现它们实质上可以分为两组：一是"产权由私变公"引发的制度跟进及后果；二是有关"宅基地占用乱象"的原因及治理。两组类目的矩阵编码分析结果详见表 8 - 2、表 8 - 3。

表 8 - 2　　　　　　　　"所有权由私变公"与相关树状节点的关系矩阵

	A. 所有权由私变公			
	共同代码	共同代码来源	参考点	主范畴的关系提示
B. 无偿提供居住保障	社员的宅基地都归生产队集体所有，但仍归各户长期使用，长期不变，生产队应保护社员的使用权，不能想收就收，想调剂就调剂	《中共中央关于各地对社员宅基地问题作一些补充规定的通知》（1963 年 3 月）（以下简称为《补充规定》）	3	B 是 A 的交换对价
C. 限制取得资格与流转范围	（1）社员的宅基地归生产队集体所有，一律不准出租和买卖。（2）必须重申，……分配给社员的宅基地……，社员只有使用权，既不准出租、买卖和擅自转让，也不准……	（1）《补充规定》。（2）《国务院关于制止农村建房侵占耕地的紧急通知》（1981 年 4 月）	4	C 是 B 的附加条件

---

① Strauss, A. L. & Corbin, J. M. Basics of Qualitative Research：Techniques and Procedures for Developing Grounded Theory（2nd ed.）［M］. Thousand Oaks, CA：Sage Publications, 1998：143.

② 刘世闵，李志伟. 质化研究必备工具 NVivo10 之图解与应用［M］. 北京：经济日报出版社，2017（5）：216.

续表

	A. 所有权由私变公			
	共同代码	共同代码来源	参考点	主范畴的关系提示
D. 产权观念与行为模式改变	（1）农村中不少干部和群众，存在着集体土地可以自由支配的错误观念；（2）社员不能借口修建房屋，……侵占集体耕地，已经侵占的必须退出	（1）《中共中央、国务院关于加强土地管理、制止乱占耕地的通知》。（2）《补充规定》	3	D 是 A 的直接后果
G. 产权制度的进一步改革	（1）坚持农村土地集体所有、不搞私有化。（2）宅基地使用权人……有权依法利用该土地建造住宅及其附属设施（有占有、使用权，无收益权）	（1）《中共中央国务院关于坚持农业农村优先发展做好"三农"工作的若干意见》。（2）《中华人民共和国物权法》第一百二十五条	2	G 是对 A 的进一步强化和完善

注：（1）A 与 E，A 与 F 没有共同节点。（2）A 与 G 虽有共同节点，但没有显示"三权分置"新内容。

表 8－3　　　　　　**"宅基地占用乱象"与相关树状节点的关系矩阵**

	E. 宅基地占用乱象丛生			
	共同代码	共同代码来源	参考点	主范畴的关系提示
D. 产权观念与行为模式改变	（1）少数干部以权谋私，违法占地建私房；不少地方经常发生宅基地纠纷。（2）有些党员干部……在刮起滥占耕地的歪风中起了恶劣的带头作用	（1）《国务院批转国家土地管理局关于加强农村宅基地管理工作请示的通知》（1990 年 1 月）。（2）《中共中央办公厅国务院办公厅转发书记处农村政策研究室、城乡建设环境保护部〈关于切实解决滥占耕地建房问题的报告〉的通知》（1982 年 10 月）	4	D 是 E 的原因
F. 对占用乱象的治理	（1）对国家干部和农村基层干部用地建房要严格审查。（2）对那些以权谋私、违法占地、非法出租和出卖宅基地的，要依法处罚或给予政纪处分	（1）同前（2）（1982 年 10 月）；（2）同前（1）（1990 年 1 月）	9	F 是 E 的治理措施
G. 产权制度的进一步改革	适度放活宅基地和农民房屋使用权，不得违规违法买卖宅基地，严格实行土地用途管制，严格禁止下乡利用农村宅基地建设别墅大院和私人会馆	《中共中央国务院关于实施乡村振兴战略的意见》第九条第（二）款	3	G 是治理 E 而作的进一步改革

注：（1）D 与 F、G 无共同节点。（2）F 与 G 有四个共同节点，主要内容均为"盘活闲置宅基地和农房"。

2. 核心类目及其逻辑关系

（1）核心类目选择。表 8 – 2 和表 8 – 3 显示，一共有两个树状节点同时出现在两个表中，即"产权观念与行为模式改变"和"产权制度的进一步改革"。但是，比较两者发现，只有"产权观念与行为模式改变"才是沟通连接七大类目的核心类目。因为，它既是"产权由私变公"（标志着产权制度变革起点）的直接后果，又是"宅基地占用乱象丛生"（标志着管理制度变革起点）的直接原因，具有承上启下的枢纽地位。这一点符合历史事实。当《人民公社六十条》宣布无偿将农民私有的宅基地收归集体所有，伴随当时盛行的"共产风"，农民原有的土地权属观念被彻底打乱，以至于多占、侵占宅基地的问题难以制止，闲置宅基地也难以收回，造成资源浪费，加大管理难度[①]。

（2）核心类目间的逻辑关系。表 8 – 2 和表 8 – 3 最右列的关系提示，各树状节点之间的逻辑联系共有四种：①交换对价："所有权由私变公"是宅基地产权制度变革的起点，"无偿提供居住保障"是集体所支付的交换对价。②约束条件：农民无偿获取居住保障的"条件"是接受国家对宅基地使用权流转的约束，共同节点只显示了"不准出租和买卖"，实质上还有"不得抵押"（1995 年、2007 年）和"房屋出卖、出租或赠予他人的，不再批给宅基地"等内容。1998 年城镇住房商品化改革后，还进一步排除了城镇居民到农村购买宅基地、农房或小产权房的资格。③变革后果："所有权由私变公"的直接后果，就是改变了干部和群众的产权观念，导致某些人认为集体的土地（资产）可以"多吃多占"。这种农民产权观念又引发了"宅基地占用乱象"。国家给予农民土地使用权的约束（限制流转和抵押）直接消灭了宅基地使用权的财产性功能。④后果治理：一是管理制度方面的改革；二是产权制度方面的改革（A 和 G 的共同节点没有显示最新的"三权分置"改革）。

3. 理论框架建构

围绕核心类目"产权观念与行为模式改变"，结合表 8 – 2、表 8 – 3 右列提示的主范畴关系，可发现一条清晰的理论故事主线：所有权由私变公 {对价 + 约束}→直接后果 {产权观念与行为模式改变}→间接后果 {占用乱象丛生 + 财产功能消失}→后果治理 {管理制度改革 + 产权制度变革}，由此可构建一个"产权制度变迁↔产权观念与行为模式改变"相互作用的宅基地制度变迁模型，

---

① 赵树枫. 改革农村宅基地制度的理由与思路 [J]. 理论前沿，2009（12）：10 – 12，15.

如图 8-1 所示。

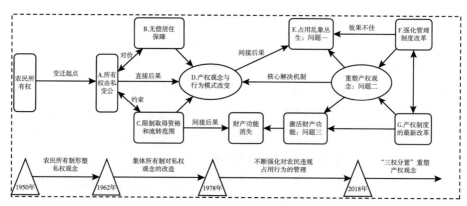

图 8-1　新中国成立以来"产权制度变迁↔产权观念与行为模式"相互作用模型

图 8-1 显示，新中国成立以来宅基地"产权制度变迁↔产权观念与行为模式改变"之间的相互作用大致经历了四个阶段：（1）农民所有制形塑私权观念时期：1950～1962 年。在这一时期，依法保护农民的土地所有权。土改完成后发给土地所有证，承认土地所有者有自由经营，买卖及出租其土地的权利。（2）集体所有制对私权观念的改造：1962～1980 年。1962 年颁布的《人民公社六十条》第二十一条规定："生产队范围内的土地（含宅基地），都归生产队所有。……一律不准出租和买卖。"国家要求生产队（村集体）为农民"无偿提供长期有保障的宅基地使用权"以作为对价，但同时附加了约束条件，主要包括"限制宅基地的取得资格和流转范围"（仅限于本集体经济组织内部流转）。由此，为后期的"宅基地占用乱象丛生"打下了产权观念基础。（3）不断强化对农民违规行为的管理：1980～2018 年。改革开放以来，农村"建房热"以及一波又一波的"造城运动"对宅基地的需求日益旺盛，大多数农民依然视宅基地为私有财产[1][2]，且认为"集体资产不占白不占""多占即多得"，导致"宅基地占用乱象丛生"。国家站在土地公有立场，一方面强烈批判"集体土地可以自由支配"的错误观念，一方面试图通过一系列

① 彭长生. 农民宅基地产权认知状况对其宅基地退出意愿的影响——基于安徽省 6 个县 1413 户农户问卷调查的实证分析［J］. 中国农村观察，2013（1）：3，21-33.
② 吴九兴. 宅基地产权的农户认知、产权流转及市场治理——以芜湖市 267 份农户问卷为实证［J］. 云南农业大学学报，2017（2）：47-52.

行政管理手段治理乱占滥用行为，但是治理效果不佳①。很明显，这一时期的特征突出表现为对农民违规行为的强化管制及对其产权观念的强力引导，但效果不佳。（4）三权分置重塑产权观念时期：2018 至今，国家不断启动一轮又一轮宅基地制度试点改革（2015 年启动第一轮，2020 年启动第二轮），核心内容是在明晰产权（确权颁证）的前提下推进"三权分置"改革，以期在做实集体所有权、保障农户资格权的基础上适度放活宅基地使用权，促进宅基地资源的节约集约利用和农房财产权的有效实现。

总而言之，集体化以来我国宅基地产权制度提供的激励作用是扭曲的，即于无形之中鼓励广大农村干部和群众形成一种"集体土地不占白不占"的产权观念，在改革开放之后，这种产权观念在建房经济能力快速上升的催化作用下，普遍显化为全国性的超占乱占地建房的行为，包括"非法转让宅基地"（表 8 - 1 中的第 13 个子节点）。因此，近年来推进的试点改革，无论采取什么样的改革模式，最终都必须形成一种有效的行为激励，促使相关个体形成有利于改革目标的经济行为模式，简称其为"目标行为"。

8.2 "三权分置"框架下宅基地产权激励功能的回归：实证分析

8.2.1 研究假设

中央文件对宅基地"三权分置"改革的表述是"落实集体所有权、保障农户资格权和适度放活宅基地使用权"。很明显，适度放活使用权的制度目标是激活财产功能，保障农户资格权似乎可以治理占用乱象，但其背后的行为机理是什么，目前尚不清楚。至于重塑产权观念，该问题由本书的扎根分析所发现，之前并未进入

---

① "治理效果不佳"几乎贯穿了整个改革开放时期，因为相关内容已编入了 E 大类目当中，故不再另行编码，此处再列举一些制度文本作为证据。例如，1981 年颁发的《国务院关于制止农村建房侵占耕地的紧急通知》就指出："有不少地方……农村建房和兴办社队企业乱占滥用耕地的现象相当严重。"1997 年颁发的《中共中央国务院关于进一步加强土地管理切实保护耕地的通知》再次提到："一些地方乱占耕地……的问题没有从根本上解决。"2004 年颁发的《国土资源部关于加强农村宅基地管理的意见》道："各地要因地制宜地组织开展'空心村'和闲置宅基地、空置住宅、'一户多宅'的调查清理工作。"直到 2018 年中央一号文件《中共中央国务院关于实施乡村振兴战略的意见》再次重申："不得违规买卖宅基地，……严格禁止下乡利用农村宅基地建设别墅大院和私人会馆。"

学术视野。

在图 8 - 1 显示的三个历史遗留问题中，重塑产权观念处于核心地位，原因如下：（1）"产权观念与行为模式改变"既是"产权由私变公"的后果，又是"占用乱象丛生"的原因。（2）激活财产功能须以合法流转为前提，合法流转又以合法占有为前提。如果农民没有清晰的互不侵犯产权的观念，依然是"集体土地不占白不占"的心理和行为模式，那么，激活财产功能就缺乏合法占有的基础。因此宅基地三权分置改革亟须通过重塑农民清晰的产权观念，推动另外两个历史遗留问题的解决。

那么，究竟如何重塑农民清晰的产权观念呢？一般而言，如果农民对宅基地产生了拥有感，就会产生强烈的流转安全感，这将有利于解决"激活财产功能"问题。同时，为了获得他人对自己产权的尊重，也会尊重他人产权，这将有利于解决"占用乱象丛生"问题。因此，重塑农民清晰的产权观念，实质上就是激发农民对宅基地产生拥有观念。而已有研究表明，农民关于土地的拥有观念产生于稳定的产权环境，[①]其背后的发生机理是认知建构主义。承上，我们可提出如下两个研究假设：假设一：产权环境越稳定，农民越倾向于认为宅基地归农民所有。假设二：持宅基地农民所有的，会有更强的财产拥有感、流转安全感和对他人产权的尊重意识。如果两个假设成立，则可得到历史遗留问题的核心解决机制，此即矫正宅基地产权激励功能的着力点或突破口。

8.2.2 实证检验

（1）变量测量。数据来源及其结构在第 6 部分第 6.1 节中已有详细交代，此处不再赘述。为节约研究篇幅，特将各变量的测量题目及其回答情况汇总到一张表格中予以呈现，见表 8 - 4。

（2）对假设一的统计检验。由于"产权稳定情况"为定序变量，"权属观念"为名义变量，分析两者的相关性适合运用卡方独立性检验方法。结果见表 8 - 5。

---

① 洪名勇，施国庆. 欠发达地区农地重要性与农地产权：农民的认知——基于贵州省的调查分析 [J]. 中国农业经济问题，2007（5）：35 - 43.

表 8-4 变量及其测量结果（样本总数：730）

变量	测量变量的问卷题目	回答项及其回答情况 N（%）					有效样本
产权稳定情况	在宅基地改革之前，村里是否存在"多占多得、少占少得、不占不得"的现象？	非常少	比较少		比较多	非常多	722 (100)
		85 (11.8)	481 (66.6)		132 (18.3)	24 (3.3)	
权属观念	您认为农民建房用的宅基地归谁所有？	国家或政府	村集体		村小组	农民所有	727 (100)
		152 (20.9)	43 (5.9)		59 (8.1)	473 (65.1)	
财产拥有感	有人认为，宅基地是农民家庭世代相传的祖业。你同意这一说法吗？	完全不同意	有点不同意		有点同意	完全同意	717 (100)
		8 (1.1)	24 (3.3)		81 (11.3)	604 (84.3)	
流转安全感	你愿意将住房（同宅基地）抵押给银行贷款吗？	不愿意			愿意		726 (100)
		270 (37.2)			456 (62.8)		
尊重他人权利意识*	村民获批宅基地后，须按规定的时间和户型建造房屋。你认同该说法吗？*	完全不认同	基本不认同	认为无所谓	比较认同	完全认同	727 (100)
		155 (21.3)	84 (11.6)	33 (4.5)	182 (25.0)	273 (37.6)	

注：*该题是从反面测量村民对他人处分权的尊重意识，得分越高者尊重意识越弱，反之则反是。

表 8-5 产权稳定与权属观念的交叉列联表分析：N（占总数%）

		国家政府所有	村集体所有	村小组所有	农民所有	行总数
乱占宅基地现象	非常少	20 (2.8)	9 (1.3)	12 (1.7)	44 (6.1)	85 (11.8)
	比较少	103 (14.3)	16 (2.2)	33 (4.6)	328 (45.6)	480 (66.7)
	比较多	21 (2.9)	12 (1.7)	13 (1.8)	85 (11.8)	131 (18.2)
	非常多	6 (0.8)	4 (0.6)	1 (0.1)	13 (1.8)	24 (3.3)
	列总数	150 (20.8)	41 (5.7)	59 (8.2)	470 (65.3)	720 (100.0)

样本总数：730，缺失：10（1.4%）；似然卡方值=24.983，P=0.003（双侧）

表 8-5 显示：①卡方值=24.983，相伴概率为 0.003，表明应当拒绝"两者不相关"的原假设 H_0，认为产权稳定和权属观念两变量在总体中相关。但是，由于因变量权属观念为名义变量，无法计算自变量与它相关的方向，需要根据交叉表做进一步的分析。②在第二行中，总共有 480 位村民（占总有效样本的 66.7%）认为所在村庄乱占宅基地的现象"比较少"，即"产权稳定情况"比较好。在这 480 位村民中，又有 328 位村民认为宅基地"归农民所有"，占比 68.3%（328/480），

表明产权环境越稳定，村民越倾向于认为宅基地归农民所有。③在第四列中，总共有 470 位村民（占总有效样本的 65.3%）认为宅基地"归农民所有"，其中有 372 位（328 + 44）村民（占 470 位中的 79.1%）选择了"比较少"和"非常少"，即认为本村的产权比较稳定。这进一步说明，产权环境越稳定，越倾向于认为宅基地归农民所有。综上所述，假设一得到验证，即产权环境越稳定，村民越倾向于认为宅基地归自己所有。

（3）对假设二的统计检验。在假设二中，"权属观念"成为自变量，主要考察农民所有观念对其他因变量的影响，为此，需要将"归国家或政府所有""归村集体所有"与"归村小组所有"合并为"公有认知"，从而将表 8 - 5 第二行的"权属观念"变量转换为"公有认知"和"私有认知"这种二分变量。当自变量为二分变量时，适合运用两独立样本 T 检验方法，通过比较持"公有认知"和持"私有认知"的村民在财产拥有感、流转安全感和尊重他人产权意识方面是否有显著的差异。检验结果详见表 8 - 6。

表 8 - 6　权属观念引致的财产拥有感、流转安全感和尊重他人权利意识的差异

	公有认知	私有认知	均值差值	T 检验值	Sig.（双尾）
财产拥有感	（N = 249）4.57	（N = 466）4.84	- 0.275	- 4.974 ***	0.000
流转安全感	（N = 254）1.30	（N = 471）1.42	- 0.123	- 3.263 ***	0.001
尊重他人权利意识	（N = 253）3.81	（N = 472）3.27	0.537	4.401 ***	0.000

　　注：① * p < 0.05；** p < 0.01；*** p < 0.001。
　　②各行内的"公有认知"和"私有认知"的频数均不同，原因是各行的缺失个案不同，SPSS 统计软件会自动删除缺失值。

　　表 8 - 7 显示：①在"财产拥有感"和"流转安全感"两个方面，持私有认知的村民的意愿得分都高于持公有权属观念的村民，且通过了 0.001 水平的显著性检验，表明持私有认知的村民，有更强的财产拥有感和流转安全感。②在"尊重他人权利意识"方面，问卷是从反面进行测量的，得分越高者越不尊重他人处分权。T 检验显示，持公有权属观念的村民的意愿得分显著高于持私有认知的村民，且通过了 0.001 水平的显著性检验，表明持公有权属观念的村民，较持私有认知的村民，更加不尊重他人的处分权。反之则反是。假设二由此得到证实，即认为宅基地归农民所有的，对宅基地有更强的财产拥有感、流转安全感，且更加尊重他人的产权。

8.2.3　实证结果

承前可知，只要在实践中稳定宅基地产权环境，就可促使农民建构起关于宅基地的拥有观念，提升农民对于宅基地的财产拥有感、流转安全感和尊重他人产权意识，这是治理占用乱象和激活财产功能的认知和行为基础。那么，究竟应当如何构建一个稳定的产权环境呢？

成员所有权观念类似于心理所有权，可以在没有法定所有权的情况下产生[①]，但需要主体基于某项权利对目标物予以实际控制[②]，这与前述的产权稳定在本质上是一致的。集体所有权由农民集体拥有和行使，纵使稳定也不能帮助农民产生成员所有权观念。宅基地使用权在未流转时与农户资格权合二为一，由农户占有、使用和收益；一旦发生流转，则与农户资格权相分离，成为其他社会主体享有的用益物权。因此，宅基地使用权归属实际上处于不确定的状态，也无法帮助农民形成成员所有权观念。由此可知，在宅基地"三权"中，只有农户资格权才是农民实际控制宅基地的权利基础，其性质、内容在一定程度上决定了它的稳定状态，对于促使农民产生成员所有权观念至关重要。

因此，如果能够在当下的宅基地"三权分置"改革中，将农户资格权视为从集体所有权中分离出的成员权，按集体所有权限制下的成员所有权为其授权赋能，并为其提供固化式保障，同时，将宅基地使用权视为可在更大范围流转的用益物权，则宅基地制度就能恢复其应有的产权激励功能，即"静"能实现定分止争的功能，"动"能实现财产价值的功能。为直观表达上述行为逻辑，特按逆向思维将前文研究结果重新整理，如图 8 - 2 所示。

图 8 - 2 显示，基于农户资格权形塑农民的成员所有权观念，其本身就是为了解决"重塑产权观念"这个历史遗留问题，也为另外两个历史遗留问题——激活财产功能和治理占用乱象的解决提供认知和行为基础。当然，这仅是一个必要条件，除此之外还需其他诸多条件的配合，如确权登记颁证、强有力的外部监督、农村产权交易平台等。囿于主旨和篇幅，恕难展开讨论。

---

① Iiro Jussila, Anssi Tarkiainen, Marko Sarstedt & Joseph F. Hair. Individual psychological ownership: concepts, evidence, and implications for research in marketing [J]. Journal of marketing theory and practice, 2015, 23 (2): 121 - 139.

② Jon L. Pierce, Tatiana Kostova & Kurt T. Dirks. Toward a theory of psychological ownership in organizations [J]. Academy of Management Review, 2001, 26 (2): 298 - 310.

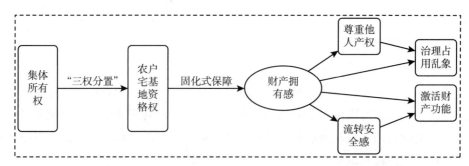

图 8 - 2　"三权分置"框架下宅基地产权激励功能回归的行为逻辑

8.3　产权激励功能回归对宅基地三权关系的诉求：观点比较

关于农户资格权的性质和权能，学术界主要有下列三类观点：（1）农户资格权是一种身份性质的集体成员权①，指向的是一种身份资格和取得权利的资格②。其权能主要包括申请取得使用权、无偿保有及恢复使用权③及退出补偿权④等。原宅基地使用权则为用益物权。（2）农户资格权是依成员资格取得的宅基地使用权⑤，是一种具有人身依附性的用益物权⑥⑦⑧。原使用权则为次级用益物权。非本集体成员通过流转取得的是房屋所有权与宅基地租赁权，并不享有宅基地使用权⑨。（3）在"总有"法律关系下，农户资格权具有人身权和财产权的双重属性⑩，内容包括宅基地分配资格和宅基地使用权，是一种兼具身份权和财产权的复

----

① 程秀建. 宅基地资格权的权属定位与法律制度供给 [J]. 政治与法律，2018（8）：29 - 41.

② 耿卓. 宅基地"三权分置"改革的基本遵循及其贯彻 [J]. 法学杂志，2019（4）：42.

③ 刘宇晗，刘明. 宅基地"三权分置"改革中资格权和使用权分置的法律构造 [J]. 河南社会科学，2019（8）：80 - 86.

④ 秦勇，韩世鹏. 农村宅基地资格权的权属定位与法权构造 [J]. 中国石油大学学报（社会科学版），2020（6）：90 - 95.

⑤ 宋志红. 宅基地"三权分置"的法律内涵和制度设计 [J]. 法学评论，2018（4）：149 - 150.

⑥ 徐忠国，卓跃飞，吴次芳，等. 农村宅基地三权分置的经济解释与法理演绎 [J]. 中国土地科学，2018（8）：16 - 22.

⑦ 刘国栋. 论宅基地"三权分置"政策中农户资格权的法律表达 [J]. 法律科学，2019（1）：196.

⑧ 韩立达，王艳西，韩冬. 农村宅基地"三权分置"：内在要求、权利性质与实现形式 [J]. 农业经济问题，2018（7）：36 - 45.

⑨ 高圣平. 农村宅基地制度：从管制、赋权到盘活 [J] 农业经济问题，2019（1）：60 - 72.

⑩ 孙建伟. 宅基地"三权分置"中资格权、使用权定性辨析——兼与席志国副教授商榷 [J]. 政治与法律，2019（1）：125 - 138.

合权利①。

在上述三类观点中，成员权最为稳定，但已有观点将其内容局限于"申请取得、无偿保有或恢复持有宅基地"的资格，很难满足唤醒产权激励功能所要求的清晰的成员所有权观念。如果配合"增人不增地、减人不减地"的固化式保障，则该项权利会更为稳定，更易催生出成员所有权观念。为此，本书主张将农户资格权视为从集体所有权中分离出来的成员所有权，并按集体所有权限制下的成员所有权内容为其赋能，使其具有占有、使用、收益和限制处分等权能。上述主张与已有学术观点存在明显差异，辨析结果详见表 8 - 7。

表 8 - 7 　　　　　　　　　　有关农户资格权的学术观点比较

	权利性质	权利内容（权能）	分离的权利母体	目标功能	社会主体获得的使用权
1	成员权（非物权）	对宅基地使用权的申请取得、无偿保有或恢复持有等内容	集体所有权	居住保障	用益物权/财产权
2	用益物权	占有、使用、收益和限制处分权	原宅基地使用权	居住保障 + 财产实现	次级用益物权
3	复合权	成员权 + 用益物权（第1、2类权能加总）	集体所有权（总有）	居住保障 + 财产实现	次级用益物权
4	成员权（本文主张）	集体所有权限制下的成员所有权内容	集体所有权（总有）	解决历史遗留问题	用益物权/财产权

注：此表前三行内容系笔者根据学界主要观点进行归纳得到，与相关学者的观点没有一一对应的关系。

表 8 - 7 显示，（1）在权利性质上，本书主张农户资格权是一种成员权，社会主体通过流转获得的使用权是一种用益物权，这与已有的"成员权"观点（第一行）相似。但是，本书主张的成员权是一种特殊的成员所有权，具有自物权性质，而已有的成员权观点则认为农户资格权是一种身份权，不具有物权性质。（2）在权利内容上，本书主张按集体所有权限制下的成员所有权内容为农户资格权赋能，借此落实集体所有权对其他两权的统摄作用。这一点与已有的"用益物权（第二行）"观点极为相似，但在权利性质、分离的权利母体及其他各方面又有所不同。（3）在分离的权利母体方面，本书主张农户资格权分离于具有"总有"性质的集体所有权，这一点与已有的"复合权（第三行）"观点类似，但在权利性质、社会

① 陈耀东. 宅基地"三权分置"的法理解析与立法回应［J］. 广东社会科学，2019（1）：223 - 230.

主体获得的使用权性质等方面又有不同。（4）在目标功能上，本书主张通过固化农户资格权进一步稳定产权环境，促使农民建构起成员所有权观念，以唤醒产权的激励功能，并推动另外两个历史遗留问题的解决。而已有的成员权观点指向的目标功能较为单一（居住保障），另两行中的学术观点指向的目标功能虽然更综合（居住保障和财产实现），但都忽略了历史制度文本反复强调的一个历史遗留问题，即重塑农民清晰的产权观念。

上述主张与法理逻辑既不相悖，又有利于实现宅基地"三权分置"改革精神，农民集体土地所有制度最接近于历史上的"总有"制度①②。在这种"总有"制度中，集体成员本就共同拥有土地所有权（成员所有），但不能要求实际分割。《物权法》第五十九条规定"农民集体所有的不动产和动产，属于本集体成员集体所有"，实质上就是试图通过引入成员权来进一步明确农村集体土地所有权主体的立法活动③。如果借鉴《物权法》方式将农户资格权的性质表述为"本集体成员集体所有"，保留其农户资格权名称，则可避免在法律文本上出现"一物二主"之现象。

本 章 小 结

本章分三个步骤探索了宅基地制度嵌入式改革模式的优化路径：第一步采用扎根分析方法，探索了历史以来宅基地产权制度对农民占用行为激励的扭曲情况；第二步进一步从理论与实证两个方面探索了矫正产权激励功能的关键着力点，即重塑农民的产权观念；第三步继续进一步分析了该"着力点"对宅基地"三权分置"改革的要求，并描述了它背后的行为逻辑。研究结果显示：

（1）集体化以来宅基地制度演进到当下，其产权激励功能发生了严重扭曲，突出表现为于无形之中鼓励广大农村干部和群众形成一种"集体土地不占白不占"的产权观念。在改革开放之后，这种产权观念普遍显化为严重的超占乱占地建房行为，包括"非法转让宅基地"。因此，近年来推进的试点改革，无论采取什么样的改革模式，最终都必须形成一种有效的行为激励，促使相关个体形成有利于改革目标的产权观念和经济行为。

---

① 小川竹一. 中国集体所有土地所有权与总有论 [J]. 经济法论坛，2014（11）：256-280.
② 于飞. 集体所有、共同共有、总有、合有的关系 [C]//国务院发展研究中心农村集体产权制度改革研讨会会议论文，2014年12月1日.
③ 王利明、周友军. 论我国农村土地权利制度的完善 [J]. 中国法学，2012（1）：47.

（2）矫正宅基地产权激励功能的关键着力点是重塑农民清晰的产权观念。理论和实证分析结果均显示，重塑农民清晰的产权观念，可有效提升农民对于宅基地的财产拥有感、流转安全感和尊重他人产权意识，为治理占用乱象和激活财产功能提供认知和行为基础。而且，如果能在实践中稳定宅基地产权环境，就可促使农民建构起关于宅基地的清晰的成员所有权观念。

（3）为了重塑农民清晰的产权观念，需要稳定产权环境，这对宅基地"三权"法理关系提出了特殊要求。这是以往的研究所忽略的一个关键点。为此要求，宅基地"三权分置"改革，应继续坚持集体所有制度，以此锚定宅基地产权的公有制意识形态功能。将农户资格权视为从集体所有权（总有）分离出来的成员权，并按集体所有权限制下的成员所有权为其授权赋能，使其拥有占有、使用、收益和限制处分等权能，而且，借鉴农地"增人不增地、减人不减地"的做法，为其提供固化式保障，以此激活农民的心理拥有感。同时，将宅基地使用权界定为可在更大范围流转的用益物权，以此激活宅基地的财产性功能。如此，我国宅基地的产权制度才能恢复其应有的激励功能，即"静"能实现定分止争的功能，"动"能实现财产价值的功能。

第 9 章

研究结论与政策含义

行文至此，我们已经在制度嵌入分析框架（SSEP）下，运用多种研究方法，系统探索了第一轮宅基地制度试点改革模式的主要类型、运行机制、运行绩效、局限性及优化路径，各项预定的研究任务均已完成，下面开始进行研究总结、理论升华并提出政策建议。

9.1 研 究 总 结

由前文可知，第 3 章通过对中华人民共和国成立以来 60 份正式制度的文本分析，探讨了本轮宅基地制度嵌入式改革模式的历史起点——陷入两个"二难困局"，完成了子研究目标一。第 4 章探讨了本轮宅基地制度嵌入式改革模式的形成原因、模式识别方法和模式识别结果，即主要的模式类型，完成了子研究目标二。第 5 章运用多案例比较方法，探索了嵌入式改革模式的运行机理，完成了子研究目标三。第 6 章则进一步在实证层面，探讨了制度嵌入诸因素对嵌入式改革模式绩效的影响情况，完成了子研究目标四。第 7 章运用多案例比较方法，探讨了嵌入式改革模式固有的缺陷，即可能陷入嵌入性悖论困境，完成了子研究目标五。第 8 章从完善产权结构角度进一步探究了嵌入式改革模式的优化问题，并指出宅基地"三权"应有的权利关系，完成了子研究目标六。

9.1.1 分论点提炼

上述各章的研究内容已在其"本章小结"得到了很好的总结，毋庸赘述。此处的目的在于进一步归纳提炼子研究结论（对应的子研究目标逐一完成，不再赘述），为下文提炼出总结论及核心观点服务。

子研究结论一：中华人民共和国成立以来，中国农村宅基地制度变革深陷于两个不可兼得的"二难困局"之中，这是当前及今后宅基地制度改革的历史与逻辑的起点，决定了改革在一些关键性问题上只能走"取此舍彼"式的改革道路。

通过对中华人民共和国成立以来60份正式制度文本进行主题分析、评估分析和类型建构分析，发现制度文本一共阐述了七个务必解决的政策问题，其中有四个问题持续受到高度关注，表征了其所在历史阶段的核心改革任务："无偿居住保障"是集体化以来一直在应对的问题，治理"乱占滥用耕地建房"和"粗放利用与闲置"是改革开放以来的重点改革内容，解决"农房财产权实现难"是党的十八大以来改革的新任务。但是，由于"无偿居住保障"与另外三个受到高度关注的政策问题在解决方案上存在方向性冲突，致使制度变革陷入两个"二难困局"而无法兼顾。

（1）困局1。在占用环节，制度既要为农民"无偿提供居住保障"，又希望"严控乱占滥用耕地建房"行为以治理"粗放利用与闲置"问题，但由于"无偿居住保障"是"乱占滥用耕地建房"的制度性根源，表明它与治理"乱占滥用耕地建房"和"粗放利用与闲置"两个问题在改革目标上存在方向性冲突，两个方面无法同时兼顾。（2）困局2。在流转环节，相关制度既要"严禁转让"以强化宅基地的居住保障功能，又要求宅基地具备"可转让性"为"农房财产权实现"创造条件，因而"无偿保障"又与"农房财产权实现"在改革目标上存在方向性冲突，两者也无法同时兼顾。

由此启示，新一轮试点改革在宅基地的初始取得（分配）、占用、流转、退出等关键性问题上，无法追求两全其美之策，而要在矛盾困局中作好取舍式决策。在当前及未来相当长的一段时间内，中国面临的改革与发展大势是，在保障国家粮食安全（耕地保护）的前提下加快推进农村城镇化和农民市民化，这就要求宅基地的居住保障功能退居于财产性功能之后。因此，新一轮试点改革应在整体上，淡化宅基地的"无偿居住保障"功能，而将注意力放在如何促进节约集约利用土地和实现农房财产权上面。

子研究结论二：在中央"顶层设计"与地方"因地施策"的相互作用下，本轮试点改革呈现出显著的制度嵌入式特征，一共分化出五类典型模式，即退出整治模式、统筹发展模式、盘活利用模式、扶贫搬迁模式和集中安居模式。而且，现实案例进一步丰富了理论模式类型中的子类型，这种丰富的子类型主要发生在"退出整治""统筹发展"和"盘活利用"三类模式当中。

本轮试点改革启动之初，中央政府就对本轮试点改革进行了"顶层设计"，规定了试点改革的底线、目标和任务。在此基础上，鼓励甚至要求各试点地区立足本地实际进行差异化探索和创新，并要求试点改革采取"封闭运行"方式，进一步强化了改革的地方性，在制度嵌入框架下催生出各种极富地方特色的宅改模式。

依据本书构建的 SSEP 框架，选取关键特征向量，可在理论上得到五种嵌入式宅改模式类型，即退出整治模式、统筹发展模式、盘活利用模式、扶贫搬迁模式和集中安居模式。进一步将现实改革案例与之进行匹配，结果显示五大类理论模式具有极强的概括能力，能够包括目前所能见到的各类改革模式。而且，现实案例进一步丰富了理论模式类型中的子类型，这种丰富的子类型主要发生在"退出整治""统筹发展"和"盘活利用"三类模式当中。

子研究结论三：不同类型改革模式具有共同的运行机制，即都满足 SSEP 框架显示的逻辑结构：一是所推出的制度内容（改革目标及核心举措）契合当地的"状态"（situation）（土地资源的物品特性及所决定的相互依赖性）；二是采取的制度实施方式嵌入当地的社会结构和/或社会关系；三是两者合在一起即为"制度结构"（structure），通过"嵌入"（embedding）方式运行，保证改革取得预期"绩效"（performance）。

在五类模式当中，退出整治模式、统筹发展模式和盘活利用模式是本轮宅基地制度试点改革创新的三类典型模式。本研究分别从江西余江、四川泸县和陕西高陵的改革中各选择一个典型案例，情境化地再现了"退出整治""统筹发展"和"盘活利用"三类嵌入式改革模式的运行机制。本书还进一步运用多案例比较分析中的"复制逻辑"法则，对三个案例的运行机制进行结构分析，发现三者都具备 SSEP 四个构件（状态—结构—嵌入—绩效），各构件之间的关联也符合其内在逻辑要求，即"制度结构"既与"状态"相契合，又发生了"制度嵌入"，并取得了预期改革绩效。因此，如果将这三个案例分别看作三个自然状态下的改革实验，则每一个案例都是对前一个案例的"逐项复制"，结果表明，SSEP 四个构件及其逻辑关联，是一个成功宅改模式不可或缺的条件组合。这一条件组合即是嵌入式宅改模式的运行机制。同时也表明，本书所构建的 SSEP 分析框架具有很好的现实解释能力。

子研究结论四：实证结果表明，制度嵌入方式对改革绩效的影响是正向和显著的。整体分析显示，样本村庄大多制定了适用于本村的"宅改实施方案"，将中央精神和县级改革内容分化为村庄共识（制度内容嵌入）；多数样本村庄组建了村民理事会，设法调动村民积极参与宅改（制度实施方式嵌入）。差异分析显示，但凡制定了"村级宅改方案"的村庄，村民的满意度普遍高于未制定村庄的满意度；

组建了村民理事会的村庄，村民的满意度普遍高于未组建村庄的满意度；村民的积极性被充分调动，村民的意见得到尊重，村民的获得感更强且满意度更高。

基于 730 份农户问卷数据，实证分析了制度嵌入诸因素对村庄宅改绩效的不同影响情况，获得下列研究发现：（1）试点地区的制度嵌入情况。①在制度内容方面，大多数样本村庄制定了适用于本村的"宅改实施方案"，成功地将中央改革精神和本地县级制度分化成为村庄共识，这是一种制度内容的社会嵌入。②在制度实施方式方面，为了推动改革，多数样本村庄组建了村民理事会，调动村民参与宅基地改革的主观和客观积极性，在实施主体和改革方式上实现了结构性嵌入。（2）制度嵌入诸因素对宅改绩效的影响情况。整体性统计分析显示，村民的获得感和满意度都很高。差异性分析显示，制定了"本村宅改实施方案"的村庄，村民的满意度普遍高于未制定的村庄；组建了村民理事会的村庄，村民的满意度普遍高于未组建的村庄；村民积极性被充分调动，村民的意见得到尊重，则村民的获得感更强，满意度更高。

子研究结论五：正如任何事物在肯定自身的同时，必定包含否定其自身的因素一样，嵌入式改革模式也具有自身固有的局限性。当改革模式要件具备时，制度嵌入能够帮助其更好运转；当部分要件残缺时，借由社会嵌入获得的外部组织推力和人际信任机制，改革模式仍能运转，但难以持续运行，即具有"嵌入性悖论效应"。

为了进一步探索嵌入式宅改模式的局限性，综合运用理论分析与案例研究方法，从"盘活利用"模式中选择了三个不同村庄案例做比较，以进行理论验证性和探索性研究。结果显示，当五个重要的交易构件——清晰界定产权、搭建交易平台、拓宽交易范围、选择长期合约及防范事后风险都完备时，制度嵌入通过促进交易平台运转，对不同类型的盘活利用模式都有促进作用。但是，当那些具有法律属性的交易构件残缺时，借由制度嵌入获得的外部组织推力和人际信任机制，盘活利用模式仍能保持运转，但其效果难以持续。因此，改革实践应当尽可能完善基础性制度安排，完善改革模式核心构件，促使其成为一种自我实施的改革机制，避免陷入"嵌入性悖论"困境。

子研究结论六：为避免宅改模式陷入"嵌入性悖论"困境，需要提升 SSEP 框架中"制度结构"的行为激励功能，使其具有更广泛的"状态"适应能力。由此要求更基础的产权结构改革，这涉及宅基地"三权分置"改革范畴：一是在坚持集体所有制的前提下，将农户资格权视为从集体所有权（总有）中分离出来的成员权，并按集体所有权限制下的成员所有权内容为其赋能，并提供固化式保障，以激活农民的心理拥有感；二是将宅基地使用权界定为可在更大范围流转的用益物权，激活其财产性功能。

（1）对历史以来的宅基地制度文本数据进行扎根分析，研究结果显示，集体化以来宅基地产权制度的行为激励功能发生了严重扭曲，突出表现为于无形之中鼓励广大农村干部和群众形成一种"集体土地不占白不占"的产权观念。在改革开放之后，这种产权观念普遍显化为严重的超占乱占地建房行为和非法转让宅基地牟利行为。（2）进一步的理论和实证分析结果显示，重塑农民清晰的产权观念可以有效提升农民对于宅基地的财产拥有感、流转安全感和尊重他人产权意识，为治理占用乱象和激活财产功能提供认知和行为基础。而重塑农民清晰的产权观念，可以通过稳定产权环境达到。（3）稳定产权环境和重塑产权观念，对宅基地"三权"关系提出了特殊要求：一是在集体所有制度框架下，将农户资格权视为从集体所有权分离出来的成员权，按集体所有权限制下的成员所有权为其赋能，使其拥有占有、使用、收益和限制处分等权能。二是借鉴农地"增人不增地、减人不减地"的做法，为其提供固化式保障，以激活其心理拥有感（拥有感→流转安全感和尊重他人产权意识）。三是将宅基地使用权视为可在更大范围流转的用益物权，激活其财产性功能。如此，我国的宅基地产权制度才能恢复其应有的产权激励功能，即"静"能实现定分止争的功能，"动"能实现财产价值的功能。

9.1.2　核心观点提炼

研究总结论：中国农村发展的不平衡性决定了村庄资源禀赋的巨大差异，试点地区结合本地实际，将中央政策"嵌入"当地社会结构或（和）社会关系，推进宅基地制度改革，使改革模式分化出多种典型类型。不同类型的改革模式都遵循SSEP框架的内在逻辑要求，推行的"制度结构"（制度内容＋实施方式）与"状态"（宅基地物品＋相互依赖性）相适用，通过"制度嵌入"乡村社会获得正常运行，并取得预期改革绩效。然而，这种嵌入式改革模式具有"双刃剑"效应，在对改革起促进作用的同时，也会拖累改革模式朝向自我实施机制发展，此即"嵌入性悖论"。为了避免"嵌入性悖论"的负面作用，需要为SSEP框架中的"制度结构"提供更基础的制度安排，提升其对目标行为的激励能力。具体要求如下：在集体所有制框架下，将农户资格权视为从集体所有权分离出来的成员权，按集体所有权限制下的成员所有权内容为其赋能，以此激活农户的心理拥有感；将宅基地使用权视为可在更大范围内流转的用益物权，以此激活其财产性功能。

据此可进一步提炼得到本书核心观点：试点地区结合本地实际，将中央改革精神嵌入当地的乡村社会结构和社会关系，成功推动改革并使其分化成为不同类型的改革模式。这些改革模式因制度嵌入获得自身存在的合理性、多样性与可行性，但也受制于制度嵌入而可能使自身陷于嵌入性悖论困境当中。正确定位宅基地"三权"关系，提升改革所推"制度结构"（制度内容及实施方式）对目标行为的激励能力，可对嵌入式改革模式予以优化，助其走出嵌入性悖论困境，取得更优改革绩效。该核心观点即为第一轮试点改革的核心经验。

9.2 政 策 含 义

2020 年 10 月，中央农办、农业农村部批复了全国 104 个县（市、区）和 3 个设区市为新一轮农村宅基地制度改革试点地区，试点期限为 2020 年至 2022 年。据了解，新一轮农村宅基地制度改革试点将进一步厘清宅基地所有权、资格权、使用权之间关系，明确各自权能，形成层次分明、结构合理、平等保护的格局，探索完善宅基地分配、流转、抵押、退出、使用、收益、审批、监管等制度的方法路径，推动农村宅基地制度更加健全、权益更有保障、利用更加有效、管理更加规范[①]。本书研究成果对于新一轮宅基地制度试点改革具有非常重要的启示，突出体现在如何应对下列三个层面的重大问题上。

9.2.1 宏观价值层面：善作取舍促改革走出二难困局

1. 在宅基地功能目标上要善作取舍

第 3 章显示的两个"二难困局"表明，新一轮试点改革应在宅基地的分配（初始取得）、占用、流转、抵押、退出等关键性问题上，无法追求两全其美之策，而要在矛盾困局中作好取舍式决策。整体而言，在当前及未来相当长的一段时间内，中国面临的改革与发展大势是，在保障国家粮食安全（耕地保护）的前提下加快推进农村城镇化和农民市民化，这就要求宅基地的居住保障功能退居于财产性功能之后。然而，中国各地农村发展极不平衡，宅基地资源稀缺性程度也极不相

---

① 新一轮农村宅基地制度改革试点地区出炉. 人民网—江西频道，http：//jx. people. com. cn/n2/2020/1025/c186330－34371449. html. 2020－10－25.

同，切不可用一把价值尺子量所有地区。建议各地因村施策，选择不同的宅基地功能目标。

（1）在经济发达地区，土地资源相对稀缺，农民非农就业稳定且多在城镇有固定住所，应将宅基地的财产性功能放在首位，采取"户有所居"式的保障方式，并允许当地村民对其空闲的房屋和宅基地进行盘活利用。比如浙江义乌、江苏武进、陕西高陵等经济发达地区的一些农村。对于一些有特色资源可以发展其他非农产业的农村地区，可以参照经济发达地区的做法，既可根据当地土地资源紧缺状况为农民提供不同的居住保障方式，又可允许他们利用本地特色资源，盘活利用现有房屋及宅基地。比如湖南浏阳田溪村发展的旅游民宿模式等。

（2）在传统农牧区，土地资源相对丰裕，但非农价值不高，多数农牧民仍过着进城务工与季节性回乡的候鸟式生存方式。在这类地区，应将居住保障放在首位，采取"一户一宅"式的保障方式，并允许农民发展庭院经济。比如，我们调查发现，在宁夏平罗的一些村庄，当地就根据实际情况给予牧民圈建庭院的面积，允许牧民在院内饲养牲口。在青海湟源的一些村庄，通过扶贫整村搬迁，在保障村民"一户一宅"的基础上，为落实人畜分离的卫生要求，另外再给每户划定圈养牲口的面积。而江西余江的大部分农村，为村民提供一户一宅式保障外，不允许农民圈建庭院（已圈的要缴有偿使用费），一定程度上影响了当地农民发展庭院经济的需求（养家禽、种菜等），调研中发现，村民多有怨言。

（3）在生态脆弱或贫困地区，则需要通过易地搬迁才能落实居住保障，此时，居住保障肯定应当放在首要位置。具体方式，一是在中心村附近建设新的居民集中安居点或安居小区，此时应当实行节约土地的"一户一居"式保障（如安徽金寨、天津蓟州等）；二是在异地某村内空闲宅基地上建造房屋，为"插花式"移民搬迁户提供"一户一宅"式的居住保障（如宁夏平罗）。

2. 在无偿或有偿保障方式上要善作取舍

第3章揭示的"二难困局"还表明，新一轮试点改革应以某一时间节点为界，取消目前"无偿取得和无偿使用"的福利分配制度，改而采用有偿获得和有偿使用办法，激励人们节约集约利用宅基地。这种"舍"并非以削弱农民的居住权益保障为代价，改革中应当区分不同地区采取不同的居住权益保障方式：如在城市郊区，可将新增农村人口纳入城镇居民保障性住房体系；在一般农村，可在中心村附近规划一个集中居住区，允许农村新增人口采取跨村择位竞价方式有偿获取住宅建设用地。我们调研发现，在四川泸县、湖南浏阳等试点地区就建有多个集中安居点，允许本县（市、区）农村居民（无宅基地或退出本村宅基地），通过跨区择位竞价方式获得宅基地或建成房屋，有效实践了这种居住保障方式，值得其他同类地区借鉴和推广。

9.2.2 中观模式层面：制度嵌入推动改革分类实施

本书第 4~6 章的研究表明，刚刚结束的第一轮宅基地制度试点改革，普遍采取的推进方式是"制度嵌入"，由此，各地分化出五大类嵌入式改革模式。而且，理论和实证研究均表明，这些改革模式由于符合 SSEP 框架的逻辑结构，各种嵌入性因素对改革绩效的影响是正面且有效的。由此启示：

（1）改革内容要因村施策。调研发现，即使是同一个试点县（市、区）内部，不同村庄的资源禀赋也存在很大差异。因此，新一轮试点改革要以村庄为单位，在中央"顶层设计"与地方"因地制宜"的相互作用下，"因村施策"确定自己的具体目标、改革内容。建议各试点村庄在下列五种典型模式——退出整治模式、统筹发展模式、盘活利用模式、扶贫搬迁模式和集中安居模式中选择一种模式，作为村庄改革的模式参照，依此再发展出适合自身的子模式类型。

（2）模式选择要遵循嵌入逻辑。研究发现，不同类型的嵌入式改革模式的运行机制具有共同特征，都满足 SSEP 框架显示的逻辑结构。具体有三：所推出的制度内容（改革目标及核心举措）契合当地的"状态"（situation）（土地资源的物品特性及所决定的相互依赖性）；采取的制度实施方式都嵌入当地的社会结构和/或社会关系；两者合在一起即为"制度结构"（structure），通过"嵌入"（embedding）方式保证改革取得预期"绩效"（performance）。由此启示，新一轮试点改革应在村庄改革模式上，遵循 SSEP 框架的上述逻辑，选择适合自己的改革模式。

9.2.3 微观激励层面：重塑产权观念，构建目标行为激活机制，避免陷入嵌入性悖论困境

研究发现，这种嵌入式改革模式具有悖论效应，在对改革起促进作用的同时，也会拖延制度结构不完备的改革模式朝向自我实施机制发展的步伐。为了避免嵌入性悖论的负面作用，需要提升 SSEP 框架中"制度结构"对目标行为的激活能力。这就要求通过更为基础的"三权分置"改革重塑农民的产权观念，将集体化以来长期存在的"集体资产不占白不占"的扭曲心理，转变为对宅基地的"拥有感

（静态的家园观）""流转安全感（动态的财产观）"和"相互尊重产权意识（杜绝乱占→定分止争）"。由此进一步要求，在不违背"一物一主"物权法精神的前提下，在集体所有框架下，将农户资格权视为成员权（集体所有下的成员所有→固化式保障→家园拥有感），将宅基地使用权视为可在更大范围流转的用益物权（心理拥有感→可变现的财产权观念）。如此方可真正激活宅基地使用权。

具体而言，（1）激活农户的心理拥有感。本书研究表明，如果宅基地产权稳定，则可促使农民建构起关于宅基地的成员所有权观念。此时，农民会有更强烈的财产拥有感、流转安全感和尊重他人产权的意识。这既有利于节约利用土地，又有利于实现宅基地的财产权功能。而要达到稳定产权的制度目标，需要按成员所有权内容为农户宅基地资格权授权赋能。（2）充分拓展使用权的流转时空。本书调研的案例显示，四川泸县允许宅基地使用权在县内农村流转，期限为70年；湖南浏阳的"城乡合作建房"模式，允许宅基地使用权在省内城乡流转，期限为50年；陕西高陵区的"共享村落"模式，允许宅基地使用权在全国范围内流转（出租），期限为20年（期满后还可优先续期）。案例比较得到的研究结论是，但凡获得成功的改革案例，都尽可能拓展了宅基地使用权的流转时空。目前，自然资源部已经将宅基地使用权的继承范围拓展至城镇居民[1]，一些地方政府也在大胆探索拓展宅基地使用权的流转范围[2]。因此，我们有理由认为，只要是坚持和落实农村土地制度改革的三条底线——"公有制性质不改变、耕地红线不突破和农民权益不受损"的流转范围，都可被视为"适度放活"。

9.3 研究展望

总之，在中国各项土地制度当中，宅基地制度是计划色彩最浓厚、最复杂、矛盾最多的一项制度安排。按第一轮试点改革思路，新一轮宅基地制度试点改革肯定也要借助"制度嵌入"方式运作，但要有系统性思维，在"取舍式"改革思维的

---

[1] 自然资源部对十三届全国人大三次会议第3226条建议进行了答复，认为"农民的宅基地使用权可以依法由城镇户籍的子女继承并办理不动产登记"。参见中国网财经2020年10月20讯。http://finance.china.com.cn/news/20201020/5399920.shtml.

[2] 例如，2020年10月5日，中共海南省委办公厅、海南省人民政府办公厅印发《关于大力发展农村市场主体壮大农村集体经济的十八条措施》的通知（琼办发〔2020〕54号）中要求：建立城乡统一的农村产权交易平台，逐步将……宅基地使用权纳入交易范围；鼓励农户自行通过协议将闲置宅基地或闲置农房流转给经营者。参见《海南日报》2020年10月16日网络版，http://www.hainan.gov.cn/hainan/5309/202010/242f9779e01244cb89 b65d5dbc4eaed6.shtml.

指导下，全面完善宅基地的取得、使用、流转、退出等各方面的基础性制度安排，正确定位宅基地"三权"关系，为消除"嵌入性悖论"提供行为激励机制。

本书研究尚有下列欠缺：笔者通过自驾车走村入户方式，对十三个试点县（市、区）进行田野调研，调查效果非常好，缺点是既费时又费钱。而本书研究依托的是一般项目，调研差旅费预算最高不超过2.8万元，难以支撑更长时间对更多村庄的田野调研。因此，本书对部分村庄的调研时间还不够长，资料占有还不够细致和丰富。

尚需进一步深入研究的问题：（1）本书现有成果对"嵌入式宅改模式局限性"的分析，目前尚停留于质性阶段。我们的主要目的是定性判断嵌入式改革模式的局限性是什么，发生机理是什么。下一步研究拟设计问卷量表，定量分析嵌入式改革模式局限性及其对改革绩效的影响情况。（2）中国新一轮宅基地制度试点改革已经启动，地区发展的不平衡性依然存在，新一轮试点改革仍有极大可能采取制度嵌入方式推进。进一步的研究需要更加深入新一轮试点改革实地，展开更丰富的田野调查和更深入的理论研究。

附录 1

调研实施方案（含访谈提纲）

一、数据采集步骤

第一步：走访×试点县（市、区）的"三项试点改革办公室"（也可根据情况放在试点村的实地调研之后）。

（1）向办公室索要本试点地区的相关制度文本；

（2）询问本试点地区推进宅基改革的主要进展，并请求联系 4~6 个试点村进行问卷调查和案例访谈。

第二步：进入试点村，对理事长或村干部或村民代表进行访谈，主要提下列六个问题。

问题 I：贵村宅基地资源丰富还是紧缺？能够满足"一户一宅"需求吗？（物品特性）

问题 II：宅改之前村民对宅基地占用的情况是怎样的？是否存在多占多得、少占少得、不占不得的相互竞争现象呢？（初始的相互依赖性）

问题 III：贵村是否因地制宜制定了针对本村情况的《宅基地改革实施方案》（拍照或求取一份纸质文本）？（县级制度文本对当地的嵌入情况）

问题 IV：宅改之初群众是否都拥护本村的《宅基地改革实施方案》？对那些不赞同的村民，依靠谁去给他们进行解释并进行思想动员的？（了解制度如何成为村庄改革共识）

问题 V：为推进宅基地改革，村里成立了什么样的村民自治组织？它与村两委的关系是怎样的？谁是推动本村宅改真正的主导力量？［制度嵌入当地社会关系与社会结构，即制度（结构）的实施机制］

问题 VI：本村宅改取得了怎样的效果？最大的特色或经验是什么？（制度绩效）

第三步：问卷调查，视情况采取下列三种方式之一。

（1）小型座谈会：请村干部或理事长召集本村在村户主（或成年人），一边座谈一边发放问卷，由调研人员逐一宣读问卷问题，当场作答当场收回问卷。

（2）随机抽样、入户调查。

二、调研阶段及其路线

第一阶段：所在城市→1. 湖北宜城→2. 陕西高陵→3. 宁夏罗平→4. 青海湟源→5. 四川泸县→6. 云南大理→7. 湖南浏阳→回家休整。

第二阶段：所在城市→8. 安徽金寨→9. 天津蓟州→10. 江苏武进→11. 浙江义乌→回家休整。

第三阶段：所在城市→12. 福建晋江→13. 江西余江（后因有急事延后至 2020年 8 月 30 日至 9 月 1 日补充调研）→调研结束。

三、网络调查：15 个试点地区的试点改革简介（略）

附录 2

调 研 问 卷

尊敬的老乡：您好！

我们是国家社会科学基金项目"试点地区农村宅基地制度改革模式的比较研究"（本书编号 18BJY129）的研究人员。为了优质完成这项研究，需要对咱们这个试点县（市、区）的宅基地改革情况进行调查研究。这份问卷共有五个部分，答案没有"对"和"错"的区分，您只需根据您所认为的实际情况在相应的选项上打"√"。本问卷所获得的数据仅用在计算机上作统计分析，不需要署名。非常感谢您的帮助！

第一部分

1.（1）您的年龄：（   ）岁；（2）您的性别：①男　②女；（3）您的民族：（   ）

2. 您的文化程度？

①小学及以下　②初中　③高中/中专/技校　④大专　⑤大学本科及以上

3. 您的职业主要是？

①农业劳动者：包括种植、养殖、捕鱼业等工作

②农村管理者：包括村干部、乡镇干部

③农村智力劳动者：包括乡村教师、医生、农林技术人员等

④农民技术工：包括石匠、木匠、缝纫、厨师、理发师、司机等有技术的工作

⑤普通雇工：指没有技术或技术含量不高的工作，如打短工、杂工等

⑥个体工商户：指投入资金开家小店之类的工作

⑦企业管理者：指在私营企业、外资企业里从事管理工作

⑧私营企业主：指拥有自己的公司、工厂等较大型的企业

4. 您经常性的工作地点在？

①农村　②县级小城市　③地区中等城市　④省城或其他特大城市

5. 您家（指分家后的小家庭）一共有几处（块）宅基地？

①一处（块）　　②两处（块）　　③三处（块）及以上

6. 您家（指分家后的小家庭）在城里买房了吗？

①没有　②买了

7. 您家（指分家后的小家庭）人的户口情况：

①全部在本村　②部分迁出，迁出（　　）人　③全部迁出

8. 您家（指分家后的小家庭）的年收入大概是：

①1 万 ~ 2 万元　②2 万 ~ 3 万元　③3 万 ~ 5 万元　④5 万 ~ 8 万元

⑤8 万 ~ 10 万元　⑥10 万 ~ 12 万元　⑦12 万 ~ 15 万元　⑧15 万元以上

9. 您家（指分家后的小家庭）的收入来源是？

①纯粹是农业收入

②以农业收入为主，其他非农收入为辅

③以非农收入为主，农业收入为辅

④纯粹是非农业收入

第二部分

10. 你们村的地理位置属于下列哪种情况？

①省市等大城市郊区　②县城郊区　③集镇或集镇附近

④远离集镇的一般农村

11. 你们村的交通状况属于下列哪种情况？

①离省道很近　②离县道很近　③离乡道很近　④交通极不方便

12. 你们村一共有几个姓氏？

①只有一个姓氏　②有两个姓氏　③有三个姓氏　④有四个姓氏

⑤有五个及以上

13. 你们村有没有符合"一村一品"的主导产业？

①没有主导产业　②有主导产业，它是

14. 你们村的宅基地资源能够保证一户人家（指分家后的小家庭）拥有一处宅基地吗？

①不能　②差不多　③有富余

15. 在宅基地改革之前，村里是否存在"多占（宅基地）多得、少占少得、不占不得"的现象？

①完全没有　②有一些　③比较普遍　④非常普遍

16. 在宅基地改革之前，您村里占用耕地建房的现象普遍吗？

①完全没有　②有一些　③比较普遍　④非常普遍

第三部分

17. 村里推行宅基地改革，制定了仅适用于本村的《宅基地改革实施方案》吗？

①有　②没有

18. 随着经济社会发展，每一个村庄都有一些人因为升学、参军、购房而将户口迁到城市，请问他们是否还能算作"本村人"？是否还有资格在村里分配宅基地？如果他们在老家还有老房宅，是否要交有偿使用费？（含四道小题，各有三个问题，都是二选一）

在相应的方框内画"√"		二选一		二选一		二选一	
		还属于本村人	不属于本村人	有资格在本村分配宅基地	没有资格在本村分配宅基地	老宅地应当交有偿使用费	老宅地不应当交有偿使用费
1	原为本村人，因升学、参军等原因成为行政事业单位或国有企业的在编员工，户籍迁出本村						
2	原为本村人，因经商务工在城里购了房，并将全家户口迁到城里						
3	原为本村人，在城里购了房，只将家庭部分成员户口迁到城里						
4	因外出务工经商，未在本村生产和生活，弃荒了原承包耕地的家庭						

19. 在您看来，村民建房用的宅基地归谁所有？

①归国家（或政府）所有

②归本村委会的农民集体所有

③归本村民小组（或自然村）的农民集体所有

④归农民家庭所有

20. 您同意下列几种说法吗？

在相应的方框内画"√"	完全不同意	有点不同意	我无所谓	有点同意	完全同意
宅基地是世代相传的祖业，是中国人的根					
宅基地不能出卖给外村人（包括城里人）					
村民建新房，就必须拆除旧宅					
村民建新房，不得圈建院子					
村民建新房，必须按照上面规定的层数和户型来建造					
村民获批宅基地后，须按规定的时间和户型建造房屋					
因继承获得了第二处宅基地，也算是"一户两宅"					

第四部分

21. 村里推行宅基地改革，成立了村民理事会（一种村民自治组织）吗？
①成立了　②没有

22. 【多选题】如果您村里成立了村民理事会，主要由哪些人组成？
①现任村委会干部　②退休干部　③村里的有钱人　④村里的文化人
⑤房股势力大的人　⑥各房股的代表　⑦其他（请填上）：

23. 您觉得村民理事会是在帮谁说话？
①完全帮政府说话　②完全帮村民说话　③两者都帮，但帮政府多一点
④两者都帮，但帮村民多一些

24. 您觉得村民理事会的工作公平公正吗？
①完全不公正　②比较不公正　③马马虎虎　④比较公正　⑤非常公正

25. 村里推行宅基地改革，外出发展的本村能人组织了乡贤理事会吗？
①成立了　②没有

26. 【多选题】如果您村里成立了乡贤理事会，主要由哪些人组成？
①在外经商发了财的　②在外当官的　③在外当专家学者的　④其他：

27. 在下列四个方面的工作当中，谁的贡献最大？

在相应的方框内画"√"	乡镇干部	村委会干部	村民理事会及其成员	乡贤理事会及其成员
动员村民参与和支持宅基地改革				
做通少数反对宅基地改革者的思想工作				
从政府部门争取项目资金				
为村庄建设捐款捐物				

28. 村里搞宅基地改革需要广泛征求村民意见，您会积极发表意见吗？

①从来不发表　②基本不发表　③偶尔发表　④经常发表

⑤只要有机会就发表

29. 村里搞宅基地改革需要村民做一些事务，您会积极参与吗？

①从来不参与　②基本不参与　③偶尔参与　④经常参与

⑤只要有机会就参与

30. 村里搞宅基地改革，您觉得自己的意见得到了尊重吗？

①完全不被尊重　②基本不被尊重　③偶尔会被尊重　④完全得到尊重

31. 对村里的宅基地改革，您觉得自己有影响力吗？

①一点影响都没有　②或多或少有一点影响　③影响比较大　④影响非常大

32. 您在本村宅基地改革当中承担了什么工作角色？

①一般村民　②村民理事会理事长　③村民理事会副理事长

④村民理事会一般成员　⑤乡贤理事会理事长　⑥乡贤理事会副理事长

⑦乡贤理事会一般成员

第五部分

33. 如果您家占用的宅基地面积超标了，对于多占的部分您最喜欢下列哪一类处理方式？

①无偿退出　②有偿退出　③缴纳有偿使用费　④别人怎么做我也怎么做

34. 经过本轮宅基地改革，您村里发生了哪些显著的变化？

请在您认为最符合实情的方框内画"√"	完全不符合	有些不符合	我不知道	比较符合	完全符合
切实实现了面积法定的"一户一宅"					
之前没有宅基地的家庭也分到了宅基地					
简化了宅基地的取得和审批手续					
村庄道路基本硬化，出行更便利了					
村内的养老、教育、健身等其他公共设施更好了					
村庄环境变美了（房屋更整齐、绿化更多，垃圾有人管理）					
村民从银行贷款更容易了（抵押住房及宅基地使用权）					
村民通过转让住房及宅基地获取创业资金更容易了					
村民致富的门路更多了					

请在您认为最符合实情的方框内画 "√"	完全 不符合	有些 不符合	我不 知道	比较 符合	完全 符合
邻里关系变得更和谐了					
干部和群众之间的关系变得更和谐了					
民族关系更和谐了（仅限少数民族地区的受访者填写）					

35. 您家的住房和宅基地都领了相关产权证书吗？

①住房和宅基地都没有领

②住房领了，宅基地没有领

③宅基地领了，住房没有领

④住房和宅基地都领了（房地一体不动产权证书）

36. 在下列五个方面，您的意愿分别是什么？

在相应的方框内画 "√"	愿意	不愿意
用自己的住房（连同宅基地使用权）作抵押品到银行贷款		
将自家的宅基地出租给城里人建房搞商业经营		
将自家的宅基地出卖给本村人		
将自家的宅基地出卖给外村人		
将自家的宅基地出卖给县城人		
到外村购买房子及宅基地		

37. 如果村里有人将他家的宅基地转让（出卖）给外村人或县城人，您认同他的做法吗？

①完全不认同　②基本不认同　③我无所谓　④比较认同　⑤完全认同

38. 考虑到上面提到的所有因素，您对村里的宅基地改革满意吗？

①完全不满意　②基本不满意　③我无所谓　④比较满意　⑤完全满意

附录 3

典型访谈记录（例选）

（一）江西余江访谈记录节选（录音整理）

采访者：文同学（笔者指导的硕士研究生，团队成员）及 3 名团队成员

——注：该学生团队完成的"挑战杯"作品《村民理事会"理"顺农村宅基地改革路——江西省余江县探索欠发达地区宅改经验的调查报告》获第 15 届"挑战杯"全国赛区三等奖，×省赛区一等奖，笔者为第一指导教师。

（1）对县改革办领导的访谈

访谈对象：×局长

访谈时间：2017 年 1 月 21 日

访谈地点：余江县

访谈内容：

问：请问余江目前的宅基地改革进行的如何？

答：余江的宅基地制度改革从 2015 年开始，到现在已经开展了一年多的时间。结合余江的设计因地制宜我们形成了一整套完整的制度体系，这个制度体系在余江 1 014 个自然村里面现在试行了 642 个自然村。

问：施行宅基地改革后产生了哪些效果呢？

答：大概有这么几个方面，一是释放了大量的农村城郊建设用地。到目前为止，共退出了宅基地有 1 万多宗，释放的建设用地面积达到了 180 万平方米。二是通过改革，也节约保护了耕地，满足了未来 15 年到 20 年之内的耕地需求。三是改善了干群关系。因为做这件事需要干部带头、党员带头。四是改善了社会风气，我们始终是以公平公正这条主线扎下去的，不管是谁都一视同仁。五是村庄的面貌发生了翻天覆地的变化。通过退出大量的宅基地，搞了基础设施建设，搞了绿化，改善了村庄的面貌。六是群众有了获得感。

问：在推进宅改的过程中遇到了哪些困难？

答：最大的几个问题，第一个是让老百姓交有偿使用费他不交怎么办；第二个

是集体经济组织里面没有经济来源，做有偿退出的资金问题如何解决；第三个问题是，改革是理事会、群众主导的，如何去动员群众的积极性。

问：余江县在培训动员方面具体是如何操作的？

答：对于培训，我们力求做到"通天线，接地气"，既让他们知晓宅改的大政方针，又充分调动他们的创造性。具体来说，是把每一个村庄的村民代表七八个人请到一个偏僻的山村或豪华的宾馆里面，请他们吃好喝好住好，给他们半天的时间讲清楚为什么要改革，改革是干什么，改革有什么好处，每一个村都是这样。

问：您能否简要总结一下余江在宅基地改革过程中形成的可复制、可推广的成功经验呢？

答：第一，要把蛋糕做大。光是有利益的调整，没有利益的增长，那是不行的。第二，顶层设计和至上而下相结合。如果顶层设计只指导实践，不用下面的实践去丰富我们的顶层设计，也就是说不因地制宜，改革是做不下去的。第三，群众的事要由群众去做，政府不要大包大揽。

问：收回那么多宅基地补偿给人们多少钱？把这些宅基地转让出去又能收回多少钱？两边有多大的差额？

答：收回来的地归集体所有，除了保证基础设施公共服务以外。集体经济组织有的赔偿管理，有的是发动乡贤，有的是多余土地入市。资金是集体经济组织出，政府没有出钱。如果政府出钱也搞不了这么多宅基地。老师可以去我们村庄上看，看了就会震撼，为什么一个村庄拆两万平方米出来老百姓没有去上访。

（2）对村干部的访谈

访谈对象：×村主任

访谈时间：2017年1月18日

访谈地点：西坂村吴家

访谈内容：

问：请问贵村的村民事务理事会是什么时候建立的呢？

答：宅改前。宅改前我们村庄都搞了新农村建设，新农村建设的时候，我们这个点比较早，11年（2011年）以前就有，11年（2011年）村庄上就成立了理事会。

问：理事是由什么人组成的呢？

答：一般都是村庄上作风比较正派的，说话比较有分量的。

问：他是各房的代表吗？

答：差不多也是，一个房选出一个，选出来的人基本上都有点权威嘛，讲的话别人多少都会听一点。

问：理事会大概由多少人组成？

答：这个要看村庄大小，一般是 6 个。

问：理事会有明确的分工吗？

答：有，各自做好本房的工作。

问：那选举理事的选拔机制是怎样的呢？

答：选拔机制就是找一些老一辈的几个人出来商量，选谁他们自己会协调好，谁愿意当提谁上来当。

问：您觉得理事会面临着哪些问题？

答：应该是内生动力不足。

问：是不是不可能做到给每个试点拨款？

答：肯定给不起。比如马岗村现在就拆不下去了，就是因为没有钱。拆了人家的房子，有偿退出，肯定要补钱。

问：可以先欠着吗？

答：不可能，村民会有很大意见。

问：×主任，假设您是县里面分管土地的领导，您觉得怎么去激发理事会的动力呢？

答：第一，把他们的思想工作做通了，就等于成功了一半，但是也需要上面扶持一下。第二，拆房子肯定是为了通路或者是美观，肯定要通点路，搞点绿化，搞点基础性的配套建设，把村庄搞漂亮点。

问：您谈的是村庄内部的因素，那外部的因素您怎么去激励呢？比方说给这些理事一些荣誉奖励之类的？

答：那倒不用，理事会也不是为了个人利益，没工资没荣誉都没什么，大家还是想把村庄搞漂亮点。

问：另外，有偿退出和无偿退出如何区分呢？

答：像我们杨家村实行的就是无偿退出，拆完了还是你自己的，但是不能建新房，以后你要卖，我们再给你协商一下，但是坚决不能做新房。

问：那有偿退出这笔钱谁出呢？

答：镇里。

问：镇里哪来那么多钱呢？

答：镇里会想办法，这个钱他们跑不掉的。宅基地退出把地空出来了，如果有人想买这个地他可能会卖，相当于这块地还要收点利息。比如说我们一起批地基是要 260 元，现在包括买地要花 300 多元。

问：请问贵村在改革过程中形成了哪些可推广、可复制的经验？

答：第一点当然还是要当地乡镇政府大力支持，有条件的村庄就搞得起来，我们这里是路修得好，基本上户户都通了路，拆了才有价值。政府肯定是挑几个村先进行改革，也不是一次性改，先改硬件条件还可以的，不可能一开始就全面铺开。

问：那您觉得村民理事会对这个宅改工作起的推动作用大不大？如果没有村民理事会搞得下去吗？

答：有。都是互相的，每一环都不能少，完全叫我们村干部去压，也压不下去。村主任肯定要起带头作用，理事会、党员他们的思想工作做通了以后，他们带头拆，老百姓就会跟着他们做，这就是模范标兵作用。

（3）对村民事务理事会的访谈

访谈对象：陈理事长

访谈时间：2017年1月20日

访谈地点：杨溪乡墩上村

访谈内容：

问：你们村宅基地改革是第几批的？

答：我们是第一批的，试点是从2015年的11月份开始。

问：贵村村民理事会是从什么时候开始成立的呢？

答：2015年11月份我们这里就开始选举理事了，我们村是因为宅改而成立了这个理事会。

问：以前这里是不是新农村建设试点？

答：不是。

问：理事会在工作时有没有明确的规章制度？

答：有，像我们这里拆了的房子、老房子、一户多宅的所有的土地都归集体统一管理。就算是符合国家政策到了合法的年龄要批地做房子都要通过理事，一户按规定的面积划分，我们这里是按户，一户不能超过120平方米。

问：理事工作有没有明确的分工？

答：除了有事情，大家都是坐一起商讨（比如批房子），并没有分工。

问：理事选拔有没有什么特别的制度？

答：主要看这个人做事公正不公正，一般都是按每个房选一个说话有分量的。

问：在宅改过程中您主要遇到了什么困难？

答：我们这里宅改施行的比较早，大家开始都不理解。现在，大家都说这件事搞得好。以前一栋房子可能是四家五家，通过宅改以后归了集体，以前我们这里好多空地在那里，现在没有空地了，10 年之内我们不需要批良田。但是还是有少部分人不理解，因为宅改涉及他的切身利益，不愿意把自己的土地归集体所有。还有就是资金确实比较紧张，像我们这里拆了房子要平整、水泥路已经打了，到现在钱还不知道在哪里。

问：那你们道路硬化的钱从哪里来的？

答：我们理事暂时先自己贴钱，同时我们也集资了一些，然后再借一点就差不多了。

问：您觉得你们村理事有什么做得好的地方可以复制推广给其他地方学习的？

答：我们理事成员在宅改过程中都要做表率，只有这样我们理事今后的工作才会好做一点。

问：如果村民有矛盾的时候你们是如何调节的？

答：我们理事通过熟人、通过关系一层一层地去攻关，比如我如果说服不了他，我就会去找他的哥哥去说，因为理事都是每个房的代表人嘛。

问：理事工作是没有工资的，如果工作的时候遇到困难，不想做了，那有没有什么激励机制或者监管机制呢？

答：我们毕竟不是政府部门，凭良心讲都还是靠自己自觉，我们是没有监管或者激励机制的。

（二）四川泸县谭坝村访谈记录节选（录音整理）

采访者：万同学（笔者指导的硕士研究生，团队成员）及 3 名第 16 届"挑战杯"团队成员——该团队完成的作品《"嵌套式"制度改革铺就乡村振兴路——四川泸县谭坝村三年脱贫振兴的经验及启示》获 2019 年度第 16 届"挑战杯"某省赛区三等奖。

（1）对县改革办领导的访谈（节选）

访谈对象：×局长

访谈时间：2019 年 1 月 25 日下午

访谈地点：自然资源局

访谈内容：

……

问：集体经营建设用地入市的流程是怎样的？

答：这是一个统筹的过程，"宅改退出"腾退了建设用地，增加了耕地面积。耕地面积增加以后，我们就可以把多余的土地进行调整。但是耕地也要区分是一般耕地，还是基本农田。基本农田是红线，是国家的底线，是保障老百姓吃饱饭的，一平方米也不能动用。我们只针对一般耕地进行调整，主要通过村级规划进行调整，把土地利用总体规划和城市规划、环保规划、产业规划，进行多规合一，形成村甚至几个村连成一片的规划。

例如，谭坝村就是5个村连片进行的规划，哪个村发展产业，哪个地方是开发项目，哪个地方用来种植、养殖，这些都是通过村级规划来布局的。第二就是，可以将一般耕地进行区域内的调整，这一部分是要减少耕地，把之前多出来的耕地的这一部分指标覆盖在需要改变的区域内，再通过集体建设用地入市的方式来进行招标化土地，这就是土地用途、规划上的一个调整。那么实际上，入市是减少耕地。

总体，这三项制度改革是融会贯通的，都有必然的联系，每一个都不能独立成立。入市的面积多了，耕地的面积就相应减少。入市的主体是村，土地归谁，谁就是入市人，是双方签订出让合同，而不是和政府。那么受益者是村和村民，体现的是所有权不变，依然是集体所有，是集体把一定时期的土地使用权转让出去。使用权就要结合企业的用途，参照国有土地使用权的规定，工业用地50年，这些都是同权同价的。同时我们也在尝试弹性连线，可以不确定最高年限，这是针对中小微企业的举措，它们往往不够条件入驻工业园区，并且运行周期比较短，资金少、规模小。结果企业需求、村民意见等我们可以开展弹性年限。

问：改革试点的村与村之间的发展也存在较大的差距。……这是什么原因造成的呢？

答：村与村之间的差距就像中国东部和西部的差距一样，无非是把中国浓缩到一个县一个镇。我们提出的是"宜工则工，宜山则山"，不可能每个地方的模式都一样。我们要因地制宜，根据每个地方的条件来开展不同的活动。例如这个镇是种植业为主，那我们选择开展种植业方面的产业来带动，种植业所形成的一个链条，初加工、深加工、冷链、冷冻、物流，这就是我们需要带动的产业。还有的地方适合旅游，那么我们就开展文创、餐饮、住宿等旅游业相关产业。还有一些区域本身条件既没有种植业，也没有旅游业等产业带动，那么它的发展就要慢一点。

（2）村干部访谈记录（节选）

访谈对象：谭坝村村支书

访谈时间：2019年1月22日上午

访谈地点：泸县喻寺镇谭坝村

访谈内容：

问：请支书详细介绍一下贵村的改革？

答：（在服务大厅播放PPT向我们进行介绍）……谭坝发展到现在很重要的就

是农村宅基地改革。……宅基地改革给我们带来了很多：一、基地建设用地有了。像康养中心、中心村建设、厂房建设这些之前我提到的产业发展全靠宅基地改革腾退的集体建设土地指标才能落户。二、（有宅基地改革）才能有钱。宅基地改革有一个增值收益部分，我们谭坝村通过宅基地改革一共赚了 1 200 多万元。……当然，谭坝的改革成果也离不开脱贫攻坚、国土项目和水利项目等涉农政策的叠加支持。……股权制度改革在谭坝村也是全国试点，是把土地量化成股份再入股。……简单点说，我们谭坝的发展就是"土地入股来联营、分红、收取租金"。……我们谭坝村是泸州市全市唯一一个在村里设供销合作社的村。供销合作社是干什么的呢？它是一种融资服务，是将肥料、化肥、农药、农机器具和生活副食这些更加方便地与群众联系起来的一种组织。

问：谭坝村的改革发展目前取得了哪些成效？

答：第一，固定资产和村集体收入的增加。现在谭坝经营性收入（把宅基地算上）是上千万，通过宅基地改革赚了（集体性收入）1 300 多万。谭坝村这五六年时间，从一年只有 6 000 块钱的集体收入增加到两万到现在的 170 多万元。这170 多万是通过产业的布局获得的，通过向果蔬基地、水产基地等收取土地的租金流转出去，收取社会化服务的服务费以及争取项目的土地的。比如说，我们 500 多亩的粮油基地，每亩我们是 50 块钱的服务费。我们和中科院种子研发中心进行合作搞研发，通过项目也会拨给我们一些经费。粮油基地一年有将近 20 万元的收入。家庭农场与金昊集团进行合作，我们用土地入股，它带项目过来，这里一年的收入是 26 万元。果蔬基地也是一样的，每亩 20 块钱的服务管理费，谭坝有 6 000 多亩土地，我们就拿 3 000 亩来进行流转，每亩 20 元都有 6 万元。我们自己还经营了一个水库，一年的收入也是几万元。这 170 万元的收益就是各种小产业汇总。

第二，基础设施建设的不断完善。从 3.4 公里的水泥路到现在谭坝村全线修建了 37 公里的水泥路。2014 年通了天然气，村里目前 1 119 户人，80% 的村民已经通了天然气。自来水是将近 90% 都通了。将所有的低保户、五保户的危旧土坯房都已经消除了，只有极少数还居住在加固过的安全系数很高、没有居住风险的土坯房里。其余的老旧危房都全部为他们修建成砖瓦房。他们（困难弱势）的自来水、天然气是进行补助安装来提高他们的生活质量水平。我们修建的新村也都是解决困难弱势群体的住房问题，保证每家每户都有房子住的基础上，让老百姓住得更便利更舒服。

另外，通过新农村的建设——村容村貌的塑造，谭坝村所有民居都统一打造成川南的小农居，形成小部落、小聚落。风貌塑造后，就可以开展庭院经济。让村民们可以"住上好房子、过上好日子、养成好习惯、形成好风气"。弱势群体我们首先解决他们的基本生活需求，其余大部分人我们的目标就要让他们过上好日子。……还有生活垃圾分类也是为村民养成了好习惯，这些都是改革发展的成果。

……

问：谭坝村是如何把乡村振兴和产业发展相结合的？

答：谭坝村目前是泸县北部田园综合体的核心区，在核心区中又有两条环线，谭坝村是属于谭坝环线。在谭坝环线，你能看到第一产业农业、第二产业工业、第三产业生产服务业，这三个产业的互相融合。我们村目前有四个基地，并且全都是农资产业，分别是有上千亩橘子树的果蔬基地，这些果蔬基地之前都是一些荒废的山地坡地，我们统一开垦出来；承包流转了五百多亩的地形成一个粮油基地；用五百亩闲置水田集合形成的水产基地。

第二产业的重心是本村的工业园区，里面建设了成规模的厂房，目前有企业入驻并已经投入生产了。工业园区的规划中设有冷链物流环节中的冻库和仓库。冻库是把第一、第二、第三产业形成一个产业链的关键。比如，众创园区侧重发展加工生产、冻库储存、仓储、物流等。假如，我们柑橘园的柑橘当季卖不完，在工业园区就可以直接加工成相关食品，也可以利用冻库储存放起来。这样既延长了果蔬的供应时间，又提高了食用价值和经济效益。

我们建设有三个新村，其中莲花新村是改革示范（土地制度改革、宅基地制度改革）新村，我们把宅基地制度改革退出的或者工业园区的拆迁户集中修建在此，第一，节约土地成本；第二，也符合了新村规划。谭坝新村是把所有的贫困户、五保户集中在一起居住修建的；鱼目新村是由以前的鱼目村聚集聚落发展扩大而来的。新村不仅使村容村貌更加秀美，更重要的是村民可以配套第一、第二产业进行"庭院经济建设"，从而促进第三产业服务业的发展。

谭坝村的发展大体分为三步。第一步，谭坝的目标是脱贫攻坚进行园区的基础建设，已经取得了成功。目前，水、电、气、路都已经通了。第二步的目标是进行"乡村振兴"，整合闲散土地资源打造四个农业基地、建设移风易俗的聚落新村和具有标准化厂房及配套的创业园区，目前基本上已经完成。接下来的第三步，我们致力于把谭坝发展成泸县的"后花园"，因为谭坝村距离县城6.8公里，地理位置条件优越。……康养小区就是我们谭坝"三步走"的最后一步，但却是十分重要的一步。环湖休闲区、观光农业区和农事体验区这三个区实际上也是为康养服务的。……

问：改革的这些成效是如何取得的？产业发展是否得益于土地制度改革（宅

基地、集体建设用地入市试点工作)？并且是因此发端？

答：是这样的，最开始是因为修建了福清路。在没修这条路以前，谭坝村是在河边无人问津的地方。……总体来说，是在 2013 年谭坝村修通了福清路，加上各种涉农项目的叠加支援、落实，促进了谭坝村的不断发展。

问：……土地制度改革和乡村产业振兴是如何互相起作用的？

答：……不管是产业振兴还是乡村发展都围绕着两个问题。第一是钱从哪里来，第二是地从哪里来。这个地还必须是建设用地，要取得集体建设用地的指标。那么，宅基地改革规定一户农民只能拥有一户宅基地，一户一宅的村民把多余的宅基地和附属面积腾退出来，我们会给他补助。拆的最多的面积得到的补助有十多万。拥有一户多宅的村民往往是以前在山上有土坯房，现在在马路边又修了新房子，这样的情况下，拆除的老房子的补助要少一点，是 60 元一个平方米。

我们全村搞了三年，总共腾退了 280 亩地。县里面（的补助）分为两个批次，第一种是拆掉的房屋属于一户多宅的，是按照 7 万元一亩的价格给我们。还有一种拆掉的是一户一宅的，房屋价格是 12 万元一亩给我们。但是在拆除过程中所有的工程机械费用以及老百姓的赔付款、青苗作物赔偿费和安置过渡费都是村里面用这笔钱开支。比如一户一宅的，把房子拆除以后中间有段时间就没有房子住，需要给他们 500 元/人/月的标准用于去外面租房子住。那么我们腾退的 270 多亩地拿到3 000 多万，再除去给这些给老百姓的补偿费用，剩下的就是村集体的增值收益。关于宅基地改革和产业振兴是如何结合的，是因为我们进行宅基地改革赚了一千多万，我们才有钱去修建基础设施、厂房，引进产业，才有钱去买地来搞新农村建设、农康中心这些。

我们 33 亩的康养中心、77 亩的新农村建设，都需要建设指标，如果没有指标我们买了地也只能放在那里。但是我们村宅基地腾退的指标就可以覆盖过来，覆盖到集体建设用地，我们就有地可以用了。那通过这样的模式，我们钱有了，地也就有了。

我们如果不把产业形成一个闭合链，单纯地搞，是很难出效果的。所以我们谭坝村，要有工业园，有加工的地方，有储存的地方。还要有第三产业、服务业、旅游业，这样产业才能搞起来。

如果不把钱拿来买地用来修厂房、加工基地，就只是简单地把买土地拿来大规模搞种植水稻，收获以后也是以市场最低保护价卖出去给销售商。但是我们有粮油基地，种植的油菜花可以加工成粮油。卖菜籽是一块多钱一斤，但是我卖粮油的价格就是五块十块这么多，我们要让产业升值。冻库、仓库也可以储存农作物产品。

那么，要修地就要牵涉到拆迁，要土地制度改革就要牵涉到把人从山上搬到山下，所以要有钱来买新农村。这就是一个环环相扣的过程。

问：在推进改革工作时有什么难点？村里是如何解决的？

……

宅基地改革是有一个村民自治委员会的，它不能由村社干部在里面任职，不管是调停、矛盾纠纷的化解、宅基地的测算面积等，都是由村民理事会的人去开展。这是一种规避制度，因为宅基地改革牵涉到的赔偿金数量很大，设立村民自治委员会可以规避村社干部徇私舞弊、贪污腐败的行为。但是，土地流转和产业发展是必须由村社干部下去完成的，再大的困难都是由他们完成，要对村民动之以情晓之以礼。

我们用了三年才把产业发展起来，第一年，粮油基地搞起来了。要栽种水稻、田土的时候，就只能是交出土地的村民才能来这里干活，其余没有交出土地的就不可以，相当于一种"权利与义务是对等的"。别人把土地拿出来了，支持了产业发展，所以这就是他们可以获得的权利。第一年，在我们土地上干活拿到工资最多的一对老夫妻拿了 24 000 多块钱的工资（60 元一天）。这样那么没有把土地拿出来的村民了解了，就会心动，也想把土地拿出来。后来我们就又收了 100 多亩地。

其他基地也是用这种方式，可以叫作"强制性地礼貌地引导"他们将土地流转出来。这些举措都是结合当地的村规民约再灵活变通地想出来的办法。我们每年也都在修订村规民约。在土地拿出来以后，又会促进他们村民形成好风气，又开展全民体检……

问：如果普通村民目前没有房屋，他想购买村里修建的房子可以吗？

答：可以的，这是属于宅基地跨区定制。只要是农村户口，那么在泸县 20 个乡镇所有的农村村民也没有宅基地的就都可以来谭坝村购买房子。"莲花新村"修建的新房就是属于跨区定制修建的房子……

问：可以给我们介绍一下村里的"康养小区"的经营方式吗？

答：康养小区，我们是按照床位收取费用，比如现在我们的价格是 600 元、800 元、1 200 元，三个不同的档次。这个适合的人群有老干部、子女在外打工无法照顾的老人。他们就可以选择来到"康养小区"进行康养。

（3）对普通村民的访谈记录

访谈对象：刘阿姨（原为贫困户，现脱贫）

访谈时间：2019 年 1 月 20 日上午

访谈地点：谭坝村

访谈内容：

问：阿姨您好，您现在家里情况怎么样？

答：现在家里条件比以前好太多了，我们家现在在养猪，一年可以挣四五万元。

问：您这个养猪的事业是怎么做起来的呢？

答：这还是要感谢政府，我们家之前是贫困户，就是靠种点地过生活，一年到头存不到钱。家里住的也是老房子，要倒塌了，也没钱做新房。后来政府里来人说村里搞一个养猪的事情，我们可以去做。但是我们又没有钱去投资，政府就帮我们弄了一个扶贫贷款，第一年做就贷款了1万元，后来第二年就还上了，现在我们家还能存点钱，也就脱贫了。

问：那您家房子现在是什么情况呢？

答：我们老房子已经拆了，因为我们之前的房子是危房，村里看我们的房屋里住人很危险，就劝我们搬出来，给我们安排在山那边的房子里住。

问：那您家老房子宅基地还是不是您家的？

答：没有了，我们现在就是住在村里安排的那个地方，之前老房子被推倒了，改为耕地了，不再是我们的宅基地了，然后村里也给了我们一些钱。

问：村里发展后，在利益分配上您是否满意？

答：满意，相当满意。自己的地租出去能有钱挣，村上每年年底还给大家分红，尤其是我们贫困户，政府还有另外的分红。

问：您对村里这些改革做法，感觉怎么样？

答：很满意了，我们家能有现在的生活都是要感谢政府感谢国家政策。有新房子住，还能在村里养猪挣钱。而且现在村里也越来越好，路好走了，规划得也很好，听说以后还有个油菜花观光。

（三）陕西高陵访谈记录节选（录音整理）

（1）村干部访谈记录

采访者：李同学（笔者指导的"挑战杯"团队笔者）及1名团队成员。

——该学生团队依托本书完成的"挑战杯"作品《农房共享、融通城乡：农村闲置房屋盘活利用的可行模式探索——基于陕西高陵、湖南浏阳两地三案例的调查研究》获第16届"挑战杯"全国赛区一等奖，笔者为第一指导教师。

采访对象：张家村书记

采访时间：2019年2月12日

采访地点：陕西省西安市高陵区南郭村

访谈内容：

问：可否请书记详细介绍"共享村落"改革模式？

答：对于"共享村落"这个事情因为我们高陵就存在了一个国家进行的试点，改革试点，一个是新型城镇化的建设，一个是农村产权交易这一平台，二是农村集体制股份改革，还有一个是农村的土地三项试点改革，还有一个农村土地承包经营权抵押贷款，还有一个农民住房财产权抵押贷款。共是六项，就像咱们这个宅基地采取的是农村三项试点改革。一个是土地征收，一个是宅基地改革，二个是集体经营性建设用地入市这三项试点改革。在土地征收这一块就是加强我们的开发农民企业经济建设，这个都是在高陵开发区，但是在一般情况下都占了老百姓的地方，如果国家没有一些大的项目，基本上都是采用流转，流转的最后就是老百姓能多拿一部分钱，流转后的钱能拿得多一点。所以咱"共享村落"是高陵的一个创新，也是一个根据咱们这个农村土地三项试点改革，这个宅基地改革，可以说是一个新的举措吧，新落实。为了这个事，高陵区区委区政府包括各个部门，光开这个会，讨论这个就有十多次。讨论研究，制定合理方案。今天不行，明天又开，明天不行可能下个礼拜又开，最后都是达成了一致，达成了共识。一开始这是两个村，南郭村和张家村，都是咱们最大的两个村（咱们一共十三个村）。咱这最有利的条件就是南临渭河。要改革就是叫城里人来，在这儿居住着的，来这看啥呀？咱就用这个泾渭分明，河堤路一修通到临潼十来分钟。临潼和高陵距离可能很近，因为这交通特别方便。它搞得你好来回玩，不绕着走，包括在渭河生态区地址一划，划了以后，因为在高陵这一块就大西安来说，发展了这个生态长廊经济带。这个经济带搞发展，你看像现在咱是沿渭河主要是四个村：贾×村、张家村、南郭村和韩家村。下一步从长远考虑，对这四个村进行旧城改造。举个例子，你刚才到这个南郭村看啊，在喷塑啊，画这个画啊，视频啊，剪辑啊，一系列改造啊。这些都是因为南郭村从2010年在乡村建设投的一些项目资金开始支持，这是一个标杆。但是从长远考虑，必须要旧城改造，一次就要群众住上改造的房屋，包括水电路，基础设施，绿化配套前期都要到位。这才叫美丽乡村。在房屋经过风吹日晒，下雨，可能暂时半年以内变漂亮，认为还可以，甚至半年以上，甚至一年以上这个可能都没效果。那咱们这个钱都白浪费了，那个墙面就会脱落，会掉那个涂料。这次高陵从2018年的7月2号用"共享村落"这个平台对外发布。当时在南郭村，因为这个村当时最主要想搞社区，想建设一个公共服务，想建成幼儿园、卫生室、活动室。把这些建起来以后，因为它这个条件比较充足。当时把这个地铁站，区政府，找了第三方公司，在这二楼建了一个"共享村落"接待室，就是外面人来了，电话咨询（当时有个座机），问一下情况，甚至问一下路线，发定位、加微信等等这些事，另一个就是当有一些人来看地，你最起码张家村是一个啥规划，南郭村是一个啥规划，啥坐落，啥位置（总得说清楚）。当时是要拿两个村做个试点，本来是想全试行，十三个村全部在这搞，拿两个村先搞个试点。如果实行好得很，就能扩大，如果不成功，都搞的话就不太好弄。结果就是南郭村当时同意了十户，张家村同意了四十户（闲置宅基地和闲置房屋）。这个有几种情况，一个是一家人户口都在外面（叫非农户，就是非集体成员，成立农村集体合作社的非集体成员），第二个是父母原来是农村的，父母不在了，儿女们现在是城镇户口了，走了，工作了，户口迁走了，比如这个宅基地。还有一部分是，父母是农村的，父母现在不在了，儿女现在是农村的，儿女住到城里去了，但是户口是农村，最少是这三种情况的体现。就说宅基地原来盖的那个的房屋，不管八几年到九几年，不管好与坏，门都已经锁了，东西都放在那，就大地方来说。好几次我和我这个地方的几个群众闲聊都说，农民赚个钱不容易，只是靠种地，靠打捕，甚至靠养殖，就是这几种出路。现在从父母都几十年了，甚至更长一点的时间，从他父母，甚至他爷爷，他婆婆这一代，到他父母，甚至到他自己本身，赚到的这十几万元，二十万元吧，全花在盖个房上去了。盖了房以后，供个大学生，甚至还有这个日常的开销，都不行。现在这种情况我跟他说，你当时赚的钱，你把这十几二十万元，这么辛苦赚的钱，盖到房上了，你说你这个房花了十几二十万元。我认为你这个房花这二十万元，我搁城里去花，可能租赁（城里盖个房，可能出租，可能租赁），也算一项财产性收入。你在农村花，你花十万二十万元，等于这个钱存到银行还有利息，你房子在这，一分钱不值，你把门锁了，没发挥作用。所以说咱这次土地这个好得很。根据咱高陵村的这个农村土地三项试点改革，农村宅基地"三权分置"（所有权，使用权，资格权），这三权分置以后，在使用权租赁，这个老百姓这样讲，你统计完了之后，你闲着也是闲着，总归要把你闲着的宅基地和闲置房屋利用起来，增加一笔财产性收入。给群众是这样宣传，开会，这样一五一十地统计，多大面积，面积不等，好与坏，房子样子不一样，面积也不一样，结构也不一样。像这种情况，这样一统计，这统计了十户，这统计了四十户（但是可能要比这还要多，当时只统计了五十户）。最后叫第三方来，把屋里全部都摄像，编号，然后村集体合作社（两个村都有村集体合作社）把钥匙全部都收上来。因为要来这看看编号，开门，叫宅基地承租方来看房。包括西安的，甚至周边的，甚至是农村搬迁的也可以，不光是城里。你像我们这有岩王村，向王村，包括张卜村那块地拆迁。拆迁户群众是进入不同的社区，有些人不愿意进社区，想在乡村住，你要来我这住也可以。咱这个面比较广，就是哪里的人都可以。来这个地方住有几种模式：大部分是养老，还有一些是来我这想搞工厂，做办公室长期租，因为工期比较长。因为咱农村这个宅基地面积特别大，第三个就是能不能把产业带起来，还有电子商务的，电子商务来这，因为这有土特产有红薯。通过电子商务往外卖，包括我们这里的菜，像咱们地里的大棚菜，这外头都是农机菜，包括这韩家村的都是农机菜，所有的人来都可以。但是有一点是，现在的很多企业有污染，最起码你来，如果你是搞那些，那都不答应你这些事，因为你把那搞来以后，造成麻烦，造成污染，造成邻里矛盾。因为我这不是连片的，而是这一户那一户，都不是形成片的，不连通，不连通你就是搞这个加工啊，有噪声啊，甚至污染啊，就会让人有意见，群众都可以上访的，上访就会造成不稳定因素。这都是咱要避免的。小作坊（污染的小作坊），加工企业不能来（这是咱们的限制），其他你都可以在这搞。当时发布了以后，差不多十月份，第三方人就撤了。接电话的上百次，差不多几百次，来的人可能都在七八百次，甚至上千人来咨询看房。但是这效果不大，效果为什么不大呢，有一个原因，我们也讨论了发现是公共设施不到位。当时呢，污水治理、天然气、垃圾分类，还有这个路面破损不堪，等等。人在这里冬天会冷，夏天还可以，冬天拿电空调取暖，头是热的脚是凉的，这个不行。这就是我们现在没给人家一个大炉子，城里人来，拿空调取暖，人家就不习惯，就一直提要求，要通天然气。如果通了天然气，垃圾、污水、绿化包括亮化的路灯全覆盖，这种情况下有农地、有条件的人都可以来居住。结果当时这个搞得是比较轰轰烈烈的，来南郭村、张家村看的人特别多。村里给咱派的人，包括第三方，来村里面说要改善，然后给介绍。包括各大媒体、记者、报纸可以说都覆盖了。七月份到十月份这个阶段是最多。结果最后把这第三方公司撤了以后，如果有人来看房的话，是从他村上派人拿钥匙去看房，实际上是到张家村。因为当时统计这个的时候，要求咱这群众农户委托村集体合作社。因为必须委托，不能叫承租人来和群众打交道，这个也说，那个也说，这些群众实际后来思想上又有点动摇，可能目前想好了，与这边是长久的签，这个是不行。它为了保证双方这个一碗水端平的利益，必须委托。当时又没有办法，你户主先签字，然后叫你们一家人全部签字，再委托给两个村的村集体合作社，来给你领承租人看房，谈价，这就对了。这个当时区里面定的时限是三十年，但这最长的超不过三十年。这个约定的是几年都可以，三年五年、十年二十年都可以。目前谈到现在正在签的还有两户，就是签的租户程序都很难签，南郭村是一户，签的是三十年，三十三万，这个村民集体合作社当时有一个比例，因为村集体合作社的人要收一部分费用。当时讨论的时候有的人说不收，但是一些部门领导说应该收一点，因为咱要给他们负这个责任，二个是百分之十给村集体，百分之九十给农户，就是一千块钱。村集体拿这个弄什么呢，一个是水电路，一个是这个绿化、垃圾分类。承租人来这租赁了，水有问题了，电有问题了，及时给他处理了，村里面给你派电工派水工去给你维修，包括咱派人扫地，收垃圾，这个啊，农户也愿意。区里面制定出来以后，农户都愿意。要是农户不愿意，咱都不搞的。最后是签了五单，张家村四单，这是一单。当时村集体合作社签了五单，从农户那收了 6.8 万，一共是收了十万一千（两个村）。当时我村签的就是从七月份到十二月份以前是六万八。这个最大的一个好处是咱这群众，农户都实惠了，多了一笔不小的财产性收入。你像咱有租赁二十年，一年一万一，二十二万。二十二万，两万二给村集体，这剩下的钱，老百姓说的实话就是咱先在城里把房买了，这次增加财产性收入。而且是租赁二十年，甚至三十年后，这个房还是我的。而且在这当中贯穿了当时一个管理办法。承租人给村集体合作社谈一个价，另外是把钱交给村集体合作社，由村集体合作社再给承租人签合同（因为咱是代表群众）。然后是把这个钱再给群众一发（村集体合作社把这个 10% 一扣），这个事就算做完了。但是承租人当时最大的一个阻碍是都愿意时间长，但是农户那边思想上又会波动，要是十年以后宅基地这块有啥变化谁都说不上，是收回或者咋弄。群众要求时间都比较短，十年，五年，但是区里面规定的三十年，但是我有两户是二十年，那两户是十年。当时咱们给承租人做工作时，最起码"共享村落"暂行办法承诺，承租人有扩建权，改建权，有翻建权。原来这个不合理，甚至在农村，卫生间都是不合理。这卫生间都是后院或者前院搁着，这半夜起来上卫生间都要出门。人家肯定要改造呀，像民宿啊，室内肯定要有一个卫生间（室内没有卫生间的都不叫民宿）。这是很正常的，人家要改造，包括厨房，主要改造的没有大的波动。人家具有扩建翻建的权利。如果你时间长的话，人家承租费就给你交了几十万，人家花这钱给你十几二十万，你说租期十年，十年后人家还没有住呢，就交回去了，人家要求时间长。但是咱给承租人就是这样说，你改建翻建的权利，比如说张家村、南郭村五年以后整体开发，甚至要整村改造，各算各的账。因为这个在当时在十月之前都是由第三方公司来登记，农户都是啥房屋，多大面积，啥结构，包括把你家里能拿走的东西全拿走，拿不走的东西不归你，承租人都能享用，但是全部做了登记。之后承租人来这改建扩建，你自己要有一个单子。比如五年开发，我这要拆迁，你五年以后，比如 2022 年甚至 2025 年，开发的时候按市场价格评估房屋价格，各算各的账，账就做完了。从这方面跟他一讲就不存在时间长短的问题了，尽管这样说，承租人还是愿意时间长。长租可以复活咱们本地风俗模式。但是还有一点就是承租人担心，我一次给你交二十年，然后十年征地开发，拆迁了，包括整村改造。你把你的钱算了，我把我的钱算了、我把我的扩建费、翻建费全算上，全给我退了，但是我这个承租费谁给我退呢，还有十年谁给我退呢。农户把钱用了，你能怎么办？但是这有个保证，农户的房组织上记着呢。以农户房屋评估这个价格来退还你，给农户多退少补。这都是咱们这个管理细则里有，但是在合同里不出现这个，光签了一个委托，委托村集体合作社来谈（商谈、定价），代表群众的利益。结果在这一搞以后，都没意见了。这个有一个带动作用，虽然现在高陵是五户，我认为是搞了一个创新，创新开发了农村的闲置资源。但是存在的问题就是配套的基础设施要跟上，还有一个就是能连片的话，能联动的话，甚至五户八户全部连着的话，可能他会把他的朋友带来，和他一块在这居住甚至养老。可以改造，这一片全部改造完了，一个模式。但是如果你在这以后，两边全是农户，你想改高，你想有大的改造，不行，农户在这边就会不赞同，这肯定有矛盾。一个是没联动，二个是基础设施。所以目前来说是五户。还有两户张家村的马上就要签的，一个是二十年一个是十年，这个价格还没谈好（现在到春节了，人家都忙了）。他还是居住，一个是搞机械设备的，他是从另一个地方搬迁的，他的机器设备没有地方放，他为什么要租一个边上，因为边上是有空地；二个还是在这搞养老的。来改造的人家都是很普通很健康的，包括你像前边楼还有一个是要来这里搞鱼饲料的（那个也没污染）。那个当时是十年，每年是一万二。农户都是高兴的，有十二万拿走，十年后这又是我的，扩建翻建，十年合同到期以后，你没使用的一针一线都是我农户的，这个农户是特别愿意的。但是还有一点就是如果在谈这个价格的时候，农户这边好谈（农户这边闲着还是闲着），作为承租人这边还是不好谈。承租人这边比如说一年一万，承租人就想八千，甚至是九千。但是咱给农户做工作的话，第一点说的是闲着也是闲着，钱少一点就少一点吧，就这样了。就是合同委托书都在村委会存档着呢，咱不弄了以后，把这合同翻出来以后，比如说十年，咱们这肯定不可能弄一辈子，比如说咱二十年还没到呢，就不弄这个事了，最起码一个咱们都有一个标准，包括这中间有征地开发的话也是以合同，以委托为准。都是以管理办法为准，各算各的账，谁也不伤害。就是能和和气气地来，咱也叫他们和和气气地走。就是在这个基础上，当时我还想搞第二批发布。第一批发布了五十户。第二批发布，就是还有一部分人，他们屋里住的人少。他父母在屋里，给自己看着孙子，像这样有的村民就说，我去住到我儿子家，把这个房子给腾出来。都是看到利益了，发挥作用了。有的人还说我这三四个房子，给我住一个房子，其他的租出去。群众就在这里想办法了，还没等咱想办法，群众也会想办法。这都是好的现象。根据目前就是五户，但是年后还有来看的，甚至南郭甚至张家，看了满意以后，然后合作社再代表农户谈价，合同一签。这都是咱的农经局，高陵区农经局给你发认定书，以后还要给你发一个使用证（不动产权使用证），这样心都稳了。虽然高陵推这个是个创新，但是各个部门都要有人管。不能说承租人来，让各部门没人管，推来推去的或者说这个事不细不实，只是个幌子。咱们这个是实实在在的事情，而且是受到各个媒体的报道，包括咱们市上的各个部门，咱们区上的高度重视的基础上。咱群众也受惠了，咱们村集体也受惠了，要盘活农村的经济。这个对应了咱高陵区承载的六项农村试点改革，三项宅基地试点改革，这个目的是达到了。但是我认为在这个基础上，基础设施要是配套好了，气候到了的话，在这基础上还有更多的人要参与这个事。因为农村人是向往城里，在农村待了几十年了，都想住到城里去。但是城里人现在都向往农村的生活，一举一动都离不了钱，城里人现在就是想往咱农村迁，向往农村闲适的生活，咱们一起住在那里，早上起来有虫儿叫鸟儿叫。但是大部分人现在都是想去农村生活，我认为就是回去还得是一段时间，回去的时间还是很短，毕竟现在的这些事还很活，说不定还会变，就目前形势来说。现在几年前包括市长、前市委副书记到这来了，要求各区县都到咱这张家村、南郭村来学习农村土地制度改革，包括这个。还有一个这次宅基地在"共享村落"里面就是我刚说的集体建设用地入市也在我村上，也就各区县的党镇"一把手"甚至是你的各部门各科室的人、领导都来调研，学习新模式。因为这个模式能给群众带来实惠，这都可以做。对群众有利的事可以，对群众不利的事咱坚决不能做。咱农村这个事，村干部要意识到要给农民一件一件办实事，所以"共享村落"这个事一直推行，我认为是好事情，因为现在宅基地是越来越多。所以下一步是把我们的这个基础设施全部配套，还有就是部分村子进行整村改造。这个弄好了以后，咱再依托渭河，再离临潼很近，这都下一步的事了，我认为前景是很光明的。"共享村落"的情况就这些，看你们还有什么问题。

问：我们还不明白的是村集体经济组织，就是它的成员啊，它的结构啊，它的运行机制是怎样的？

答：这个村集体合作社就是我刚刚谈到过的地级村地级户全面改革，这个要求在全区，因为高陵是试点嘛，高陵八十六个村，张卜十三个村，这十三个村要全部在2017年12月30号以前村上组织，按照咱区上区委包括街道党委，街道办公院，每个村要对你村上算一笔账，你是村干部，你是我的村书记，我是张家村的，你的经济净资产是什么，你的赋税是多少，你的耕地是多少，建设用地是多少，最起码要把这搞清，所以说就成立了临时的领导小组，在2017年12月份以前经过清产合资，人数界定，这个界定是以2017年以前，你想我们村有30户，以前村籍的人为准成立的村集体合作社。这个股民，农村有一个三改，农民变股民，农民变股东，在这个基础上把村里的一部分耕地、地方、楼，把这些事务搞明白。老村委会、幼儿园、老学校、老乡镇企业，把这整个家底算清然后做出登记，包括村委会是一套。你说我张家村 10 个组是一套，这个把这整个弄清，包括资金平衡表、资产负债表，这些都要完善到位啊。这个组织上就知道你是多少地，你想我总面积 6 910。张家村 10 个小组，944 户，3 631 个人，从 2017 年 12 月 30 号以前认定的人为准，当然我现在已经多了，我现在是 3 741 个人，当初是 3 631 个人，按照土地权能制度改革，咱高陵这个模式，静态股，就是给每户发股权证的，你家户主是谁，几户，几个人。这个股权证，户内可以继承，就是他婆他爷不在了，他孙子可以继承，这个再加上不可以买卖，只有村集体合作社可以买回来，你这个股份少，这个就成集体股了。在这个基础上就是十三个村都实行了。成立这个之后，因为每个村的情况不一样，有的村可能是能发挥作用，有的村可能是摆设，有的可能成立一二年了，可能办公室都没有，但是要是设施到位了，这个显示屏，电视屏包括办公室全部都到位了，包括咱的制度牌，咱的组织机构都成形了。这个董事会、监事会嘛，这个整个包括合作社的章程，严格要按章程执行，3 年要换一次届嘛。换届要有股东代表，股东代表基本上是 15 户一个代表，跟村委会这边一样就 15 户一个，你像我就 50 个，就每次村委会和村集体合作社签这个大的事情，就这个土地、资金这种大事都要召开股东大会，都要经过股东大会的同意，要举手表决，一半以上，这个事才可执行，可以签字。每次我都有一个记录本来签到地点、人员、日期是啥，议的是啥，土地性质是啥，股金是啥。搞这些，但这些必须是公正公平，股东代表投票表决的，把这个搞好的基础上就是村上不一样，有的村没发生，有的村发生了。但是作为我张家村来说可以说是在高陵县是最大的，126 亩，集体经营性建设用地入市，用来发展企业，源田梦工厂现在搞民宿发展，旅游，农业生态园区这些啊，把这些聚集以后股价量入总共给了 2 999.2 万元，2018 年源田梦工厂的企业给我们村 3 200 万元。把这些钱全部要量化到每个股民身上，保证每个股民都拿到钱，村委会没拿钱。这个钱拿到每个股权证，量化到每个村民 1 000 元或者 1 500 元。村民拿到这个钱其实就是分红。不管是多少，但都有分红。村民把股权证拿好就是股民拿钱的凭证。这些钱都是村民的钱，不是由于我是董事长就由我说了算，这也不是我自己的钱，我拿钱的时候也不能胡来。咱代表的是群众，这是群众的钱，咱应该把群众的利益最大化，就是咱口号喊的农民变股东。要求农民变股东是村民要拿到手见红利的，这就是咱最终的目的。这个事情搞成了之后，也可以辐射带动周边。比如说咱张家村南郭村成立的张南联村委员会，我们党委就是由于这个项目，然后区委占咱张家村和南郭村的地，共 1 300 亩。而且南郭村也给了城里

200 万元也在城里形成了公司，两个集体合作社在城里共同成立了平台公司。也把钱放在这，各个钱放在银行的利息，光是利息也是很多的。不动一分钱，光是利息，我们也是要给村民钱的，也是要分的，但是他不能光给利息，下面我们要搞民宿。土地我们可以租赁，但不能买卖，租赁我们可以长租也可以短租，长租的话也是一笔不小的收入，因为咱这个是高端民宿，南邻渭河，东临临潼，这个包括里面的绿化园区整个配套，包括种植园、采摘园、花卉园，把人能留在这。这就是张家村和南郭村的最大利益化的举措。还要发展好集体经济，党的十九大提出的"乡村振兴战略"，战略的要求就是产业要兴旺，除了地就是产业，把产业放在前面。人与环境好的基础上，人拿啥赚钱。有钱的地方环境也能搞好，钱多了环境才能搞好，钱挣了环境才能更好地搞好。咱没钱的话挣得钱都拿来请保洁员了，还不如咱们一次把面貌搞好。如果咱们钱多了整村改造的话就是从根本上把这个问题解决了。所以就是咱们乡村振兴这方面要依靠村集体经济。你像原来的那些群众，有头脑的就能搞生意，甚至搞小型企业，甚至搞养殖，大面积种植的。但是大多数群众还是祖祖辈辈种地，种那一亩三分地，或者在家里有一个小型作坊，小的养殖。这就是几十年传统，但是不赚钱，因为你没有成规模，所以不赚钱。原来的贫富差别特别大，在农村有的开车，有的骑电动车，这就差别大了。所以从 2007 年咱们存在这些事情以后，咱们要发展集体经济，给你分十块，也给我分十块，农民一看最起码两个人，隔壁对门两个人一看有个对比。你家里有五个人给你分了五十块，我家里也有五个人给我也分了五十块，都是平等的。你们家饭碗里面吃的是饺子，我家饭碗里吃的也是饺子，都是同步的。要实现这个就是要依靠壮大集体经济，不壮大集体经济，给村民分红就是一句空谈，是骗人的话。所以乡村振兴是长期的，不是一时半会能搞成的，这是一个常态化的。哪个动的早哪个先得利。我说句最根本的话，就是一必须有社会资本来对接，二，必须发挥党支部的战斗堡垒作用，党建引领一切，不管啥事，党领导一切，不能高于党。在支部引导下，党建促进振兴。在高陵基层党建十大工程最后一项就是党建＋乡村振兴……党员必须在乡村，党员必须亮身份，老百姓能认出这就是党员。第三就是后备力量的培养，后备干部的培育，你不能说咱村就这几个人了，后继无人了。大户、致富能手、退伍军人优先，还有返乡大学生，这些毕业后没有工作想回到农村发展，把这些人吸引到村委会，让这些人带着群众致富，真正地把群众培养成致富能手，把致富能手培养成党员，发挥党员引领作用，所以这些就是在党支部的引领下，党建＋乡村振兴，这是高陵的基层党建十大工程。到最后一条还是围绕让群众致富，让群众的钱袋鼓起来，这是它的最根本的目的。这才有咱总书记提出的幸福新农村，它都把这些全都辐射带动了。这就是必须要走集体经济，壮大集体经济势在必行，必不可少的。谁优先谁起步早，谁先得实惠，如果你等、望、看，那就迟了，人家都开始分红了，你还没有企业来，你都还没有开始呢，还没啥产业支撑呢，你拿啥分红呢。你像咱"共享村落"那个事，一个是盘活了农村闲置资源，增加了群众收益，再一个就是增加了咱集体收益。再一个就是创新了咱宅基地三项改革模式，像咱源田梦工厂现在就是三项改革试验区，就是农村土地制度改革，陕西省给挂的牌。陕西省西安市书记来这里要求西安各地区来这学习这个土地制度改革，包括一波一波地看，我们这有这个牌子，一波一波地讲，一个月我能讲上四五回。全都是没有课件，拿着润喉片，我整天都是讲这讲那，因为咱是这个领路人还是这个书记，咱对这个政策就必须懂得多。你要听得懂才能给人家讲，你要是啥都不懂，你就不要在这胡讲，所以在政策这方面要给群众宣传到，一定要让老百姓把这政策弄得清清楚楚，你一问我马上都可以说出来。像那次到源田梦参观，配备了两个本科大学生，他们只能讲那一块内容，再也没办法往下面讲，问他们其他的就说不上来了，就在那年前一直都是那样宣传农村土地制度改革。像我们区长说的土地遍地都是黄金，就看谁给挖了。如果只是农民种地那就划不来，如果是企业和我们党建引领＋农户，这样的话最大的问题都可以迎刃而解。我就把这些说完了，你们还有什么问题。

问：我们应该还有几个问题，我们打算明天去看一下张家村合作社的那个办公室。

答：可以。

问：就是我们还想去哪看一下房源，做一下现场调查。

答：可以呀，那边现在还有两个样板间。像南郭村这边你们也看了，现在都还是年假期间，门都关了，外部还是可以看的。要不你过来，我们可以在门口看一下，我明天还可以带你们去源田梦工厂看一下。你们今天到这去了没？

问：我们今天只是在门口有指示牌的那里看了一下。

答：那个是南门，也是前门，里面实际上还有一个后门。在南门的话民宿看不到，必须在东门才能看到，那个是陕西首家。再则我们位于关中，白菜心，复活咱们关中这个风情。现在给你们看一下民宿的照片。（看照片过程中）这个源田梦赚了一百块钱给我们分我们村集体合作社分三十三块钱，然后村集体合作社在这三十三的基础上，百分之六十给全体股民，百分之三十留村统一公共事业、基础设施配套建设支配，百分之十是贫困户、残疾户、困难党员。

问：就是咱们这两个村有没有村产权交易中心啊？我们了解目前是三级产权交易中心。

答：现在我们这个产权交易中心主要是搞土地流转的，流转都是报村社，但是那个数据都是在我们区上办。你像企业来以后，集体合作社把这个价格谈好、地块谈好，把一切弄好，然后办手续全都是交给区产权交易中心，在那里给你发流转证，合同那些都是区上的。

问：这边的确权是完全完成了是吗？

答：完了完了，张卜十三个村可能只剩了两个村没有完成，因为要整体拆迁。拆迁能弄得晚一点，其他都完了，农民都拿着我们发的土地承包经营权证。

问：我们到时候能不能看一下那个确权证？

答：可以！我们的那个证是到 2029 年，上面提出延长期为三十年。不变的情况下还是生不加死不减。所以有的孩子十五六了还没有地，有的老人都去世十几年了还把地占着，这都是普遍现象。但是一般这也不好动，为啥不好动呢，你动了以后，咱种粮食可以，收玉米都是收玉米，但是有的种的又是柿子，有的又是其他果实，有的种的是花卉，这个地还给谁分？还是给原有人种？原有人种群众又有意见，因为原有人种群众的地少了。咱们加的人肯定是比不在的人多。所以地肯定是少的，所以党的十九大的要求就是不动地。

问：您能把成交的年限和金额跟我们讲一下吗？

答：可以可以。一个是租了 10 年，4 000 元一年；第二是也租了 10 年，7 000 元一年；还有两个是租了 20 年，11 000 元一年；最后那个是租了 30 年，11 000 元一年。对了，还有两户正在商定，也快成交了。

问：那您在和市民洽谈时，市民的担心有哪些？

答：自己是否同当地群众享受同等电费、水费、垃圾收集、安全、邻居矛盾等。另外还有如未到期，征地拆迁是否退还剩余租金。

问：市民一般是通过什么渠道知道"共享村落"的？

答：高陵区"共享村落"发布平台，或直接开车到村上接待点。

（2）成交农户访谈记录

问：李姓同学（笔者指导的第 16 届"挑战杯"团队笔者）

访谈对象：张女士（共访谈四位农户，为节省篇幅仅列出有代表性的一位）

访谈时间：2019 年 2 月 23 日

访谈形式：电话访谈

访谈内容：

问：喂，你好，我是之前给你打过电话的，我是×××大学的学生，然后想就"共享村落"问你几个问题，可以问吗？

答：可以问。

问：好的，谢谢。那请问你家房子不是成交了吗，那在成交之前闲置了多久呀？

答：什么成交了？你是什么意思，我没有听懂。你再说。

问：就是房子在出租之前闲置了多久？

答：闲置了多久？

问：空了多久？

答：也没有多久，就是断断续续有人住。

问：就是偶尔会回去住是吗？

答：嗯，对。

问：那你的房子面积有多大啊？

答：面积有多大啊？面积可能有四五百平方米吧。

问：这样啊，有院子吗？

答：有。

问：也包括院子四五百平米？

答：不包括院子，就房子四五百平吧。

问：那院子呢？

答：院子大概有一亩地大。

问：哦，那您是怎么知道有"共享村落"可以把房子租出去的呢？

答：那个当地里面有个共享平台嘛。

问：哦。那因为你是偶尔会回去住的吗，那你对你家房子出租前有什么担心没有？

答：没有哦。

问：就是你偶尔不是要回去吗？

答：回去不回去都可以，就是成为共享人以后，以后再回去嘛。那要二十年以后那个一块回去嘛，房子到期我们就搬回去了嘛。

问：那你有没有担心说以后他把你的房子改成了别的样子呢？

答：那我都跟他说好了的，他改是在那的基础上改建，但是不准在里边改，但是改也可以，不是不可以，但是这是二十年的期限，那要是二十年到了，你要是改好这间房了，还是我的，就归我了。

问：嗯。那方便问一下说你当时对租金有什么要求吗？租金是多少？

答：租金一年是一万一，当时大队里签的时候签了一万二，要给集体合作社，结果到手的是一万一，也无所谓。反正这个宅基地还是我的，就是他只不过是住了一下，他要是住五年，一年就是一万一，租五年就是五万五。所以也没有啥担心的。

问：就是您和合作社是以九比一的比例去分租金的，你觉得合理吗？满意吗？

答：就确实是这样，有这个平台，我觉得有这个组织挺好，有这个组织以后，人家组建关系，咱也是有点保证。

问：那他拿你家房子来住是吗？养老？

答：不是住，是为将来预备放东西用的，所以先放在那，也不住人。

问：那你当时成交的时候手续麻烦吗？

答：成交的时候那都是你愿意你就成交了，这些都很顺利。

问：那一下拿到租金对你的生活有什么影响吗？你现在是在哪里住？是在城里吗？

答：嗯，城里是这里也是，城里那里是我娃有房子嘛，我住我娃这。

问：那你觉得这个"共享村落"实行得好吗？有作用吗？作用大吗？

答：那肯定好啊，咱是租房子，还能拿到点租金嘛，没有这个平台，咱这房子就是放着，那咱也没什么保证，也没有什么租金。这样咱这房子租出去了，但是这个地基还是咱的呀，不是卖的，只是租的。

问：好，那差不多就是这样了，谢谢阿姨。

答：不用谢，再见。

（四）湖南浏阳访谈记录节选（录音整理）

采访者：李同学（笔者指导的"挑战杯"团队笔者）及3名团队成员。

——该学生团队依托本书完成的"挑战杯"作品《农房共享、融通城乡：农村闲置房屋盘活利用的可行模式探索——基于陕西高陵、湖南浏阳两地三案例的调查研究》获第16届"挑战杯"全国赛区一等奖，笔者为第一指导教师。

（1）浏阳市宅改办×科长访谈记录

访谈对象：××科长

访谈时间：2019年5月29日

访谈地点：湖南省浏阳市自然资源局

访谈内容：

问：城乡共建是怎样的一个模式呢？

答：城乡共建，上洪啊，城乡共建目前呢就是我们湖南省委交办的一个改革任务，它也是基于中央提出的这个宅基地"三权分置"。因为这个城乡共建是去年我们提出的一个改革的目标，我们也一直在摸索，因为这个东西它牵涉面比较大。我们目前采取了在上洪那边，有一个以前是在那里读书的村民，因为后面读书考出去了长沙那里，是大学老师。但是他也想将来退休了、平时暑假寒假想回去那边住。还有很多退休的老干部呀，一些乡贤、名流呀，但是又因自身的条件不能回去，所以说我们浏阳这个条件还是比较成熟，第二这部分人有比较强烈的愿望想回去，他们回去带动的不仅仅是只在家里住，他们还会带动一批资源下去，他会有自己的人脉，他可能还有项目，他可能还有资金，他可能还会带下去，大到村，小到组，而且把屋场建设这些方面他会搞得很好。

上洪那里有三户居民都是长沙大学老师，另外两户也是他的大学同学引进的，他们就采取与当地的村民共建。共建怎么个建法呢？在保障当地农户宅基地面积不突破，我们是集镇范围之内一百四，集镇范围之外一百八，你不能无限占，他按照当地的这种村庄规划也好，集镇规划也好去建，多余的可以在保证他自己居住的前提下，他有多余的房间，可以采取跟城市居民进行共建。他目前是他们的城镇规划是三楼，当地的村民是一楼二楼，那个外地的是在三楼。

我们当时提出来就是可以采取 1 + N 或者是 N + 1 也可以是 N + N 那种模式。1 + 1 这是表示什么概念呢就是一个村民可以联合一户城市居民，也可以 1 + N，就是一户村民可以连多户的城市居民。假如我们那里城市规划啊，他是有设计的，假如按照城镇规划啊，他可以允许建 5 层、建 6 层，那么他在保证我们法定的这个宅基地的面积之内，他按城乡规划去建设，假如他建了 5 层，他自己只要一层，那么三四五他可以给别人，所以这就是 1 + N。也可以进行 N + 1，N + 1 就是有几户村民，他连建了，就是按我们村镇规划来，他连建到一起，或者他们只有一层或者是两层这样的，有一个人来，有一个从城市里面他愿意按这个市场价格来跟他们达成共识。

我们也可以同时采取 N + N，当然这东西我们还在送省，在报省审改组报批，做方案，这是已经形成了，但是没有正式批下来。N + N 就是说这里有 N 户农村村民，在我们核定的这个宅基地面积之内，如果说你有十户，我们审批 180，那么你就有 1 800 个平方米，就是说你享有 1 800 个宅基地的使用权，假如你这个十户村民，你只是享用了 1 000 个平方米，那我还剩下 800 个平方米，那你可以采取跟别人城市居民来在不突破这 1 800 个平方米的宅基地之内，你去建。所以我们采取这种多种模式，同时我们对于这个城市居民也会发相应的证件，会发相应的证书，他说这个证书昨天晚上我们在一起吃饭的时候，我们武汉督察局派了一个他们一个干部挂职我们政府办副主任，我们都在一起探讨这个权是怎么发，因为目前发证也在我们单位，也在我们不动产登记中心，也只要一本证啦，所以我们就需要创新，你要突破一些东西。

我们在探讨的时候就是说这权怎么发，我们现在也没有一个很成形的一定要发个什么，但是权证肯定要发给他们啊。至于是房屋的所有权跟宅基地的使用权，这个东西怎么来衡量，因为所有权是不可能给他们的，资格权他也不会享有，他唯一享有的就是这个使用权。但是作为房屋，房屋是一种不动产，根据物权法来吧，对于不动产，这个私有财产，那么他是享有所有权的，所以说我们在权衡这个。年限咧我们也大概想了一下，可能也就是说，会到40年或者50年。太短的话一是没有人，第二是他不需要来办，他们只要相互之间签个合同，通过合同法来约定，合同法约定也有个二三十年的期限，这足够了，所以说我们肯定要大于这个合同法的年龄，但也是我们设想是小于70年。

发这个证呢也需要一个很理性也要很聪明的，但是我们目前还没有想到一个到底这个证怎么来发？我们当时有设想说重新设计一个证书出来，但是这个东西呢一下子要得到就要发证，必须是国家认可的事情，你发了证代表的不仅仅是这种审批制度，而且是国家已经承认了它这种法律，你已审批只是代表行政许可。但是你一旦给他发了证书，那就是一种法律层面上的认可，那么是要打官司的，要赔偿的，所以说这东西我们比较谨慎，我们也一直在探索。现在我们目前的工作也就做了那么一点，所以还没有在整个全市推开，大概是我们全市的这种需求跟这种期望是很大也很迫切，但是我们必须要稳妥。所以我们就是目前没有全市推广，仅局限于张坊、上洪，那个地方进行探索，就还需要个过程。

问：那如果说在上洪实行城乡共建的话，它在村里有没有什么机构是专门负责这方面的事务？

答：我们目前咧，在宅改过程中成立了一个理事会。一由理事会进行日常的工作，第二就是毕竟我们还有村，村上的多半都是以村上的协调为主。

问：因为我们还了解到田溪村，它有一个民宿，它是不是也是在宅基地"三权分置"以后兴起的一个旅游民宿那种模式？

答：旅游民宿模式是跟我们这个集体建设入市这一块相关联的，它的用途，它是一种商业服务，旅游嘛它是一种商业服务。商业服务在这个集体建设用地入市这块是可以解决的，它不是住宅，它可以通过入市来解决。

问：嗯，刚刚也说了城乡共建它是在宅基地"三权分置"下弄出来的，那么它是它内部是怎么样真正去落实那个"三权"的？一个所有权、资格权和使用权，如何去真正去落实。比如说对于所有权，因为在目前的法理上面所有权有时候存在着虚位的一种现象。

答：在我们目前这个制度上，资格权就是他享有集体组织成员身份，他就享有这个资格权。那个使用权就不用说，现在的目的是放大使用权，目前就是这三种形式。

问：那会不会为农户颁发资格权证，有没有颁发资格权证？

答：目前没有，但是这个事情是农业农村局在做，他们在进行这种产权制度改革，将来他们会把这种资格权也好，将来这个农户的其他义务和权利也好，他们都会以股份或者是其他形式体现。像他们有些浙江那边有些先进的地方，他们已经搞完了这个产权制度改革了的话，他们就彻彻底底存在这种股民，占这种集体经济，有多少股，无论你是真的还是假的，这个股份都不减你的，我们浏阳目前也在开展，所以说我们现在宅基地制度这个上面已经是移到农业农村部去了，他们在进行的产权制度改革就是要更好地落实这个资格权，而且要享有，这种怎么享有、怎么来认定也是由他们那边来解决。

问：那就是有没有一个平台可以让市民看到咱们有这个模式，他们可以就过来去合作，有没有一个平台可以让市民看到？

答：平台倒是我们现在还没有推。因为我们说了因为第一次方案省里面没有批，我们只是小地方的先试，一种示范。第二的话我们下游就是农户跟居民做证还没有很好地协调下来。第三的话就是现在包括将来的下一步的流转，它的再次转让跟它的抵押这是一系列东西，只有这一系列完整了我们才能推，不然的话都是会引起一些新的问题。

问：如果后期做得好的话那还是会往平台这方面走是吗？

答：对，如果后期做得好的话我们有一个农村资源公共交易平台啊，我们完全可以在上面挂完的，哪里可以共建多少多少面积啊，哪个地方有这种需求，或者是有谁想在哪里哪里建的这种可以在那个平台上发布信息，他们私自间可以先联系啊，可以对接，但是我们目前还没有。

问：那如果城市到农村建房，他应该会给农户一定的资金补偿吧？

答：对，目前我们上洪那里是按多少钱一个面积来的，都是按建筑成本啊再稍微加一点钱，他们好像是一层是一千多块钱一个平方吧好像是。

问：那这一千多块钱一个平方是全部归农户吗？

答：绝大部分归农户，很小的一部分因为我们在宅基地过程中实行了有偿使用，外来的人口你每年需要向集体经济组织交使用费，所以说会有一小部分但是这个不是很多，不能加重他的负担啊。就因为这个资格权是当地赋予农户的，所以说他只是把他资格权才有那使用权让出一部分给别人，所以说我们大部分是给当地享有资格权的农户的。

问：那农户和村集体有没有一个固定的比例？

答：没有，目前我们还没有探讨这么深。

问：目前就是城乡合作的话它有没有已经成交的，成交了几户？

答：成交的我们那里已经有三户了。

问：目前就三四户是吧。一般的话城里人回去住楼上楼下的话觉得一般回到农村可能更喜欢的就是住在顶层或者是有独栋的那种，有没有这种的方式？

答：我们这种也有啊，这就是我们提出的按家按门的方式，这种形式有但是我们上洪那里是还没有，但是这种是允许它存在的。

问：因为毕竟是说如果是城市居民回到农村更倾向于更向往的还是那种田园生活一样，也不是说楼上楼下的。

答：可以，我们这有。就像我刚才说的，你十户农户一起住集中安置小区是1 800 个平方安置给你们，你们十户只用了一千，就还有八百个平方，在我们规定的面积之内，一户只能是一百八的范围之内，你可以自己拥有小独栋，这是可以的。

问：那就是城乡合作共建他目前对于乡村振兴的话，因为不是大方向还是在实行乡村振兴嘛，他对乡村振兴的作用会不会很大？

答：我们的想法是希望很大。但是呢我们目前也只是一种理论上分析，怎么会大是因为一是能够回去住的他一定是能够有一定的经济基础，或者是有以前的退休的一些有名望有声望的人，不然的话你在城市里面，他们在城市里面都已经有住房的这是可以肯定的，如果你仅有一套住房还有房供啊什么的你根本没有实力和经济基础来让你再到农村去建栋房。所以说基本上能够有这种趋势的我们认为要么经济基础比较好一点，要么就是那些在家乡有声望的。所以他们这些人下去了第一思想上可以当地人带来一种改变，第二的话他回去至少基础设施这方面他会帮一帮村民，他会带动得更多，第三的话就是因为他的那些亲戚朋友他们自己的人脉可能会带动一批人会去玩啊或是到哪里去啊，有可能会使当地的经济会活跃。显然，是这一回事，甚至他有一些有项目啊他会带项目去的这种也有，所以总体来说目前我们还没有看到很大的改变，将来会如果这个前路铺开，那应该会有很大的改变，他一般回去住的都是经济上有基础，他回去住了肯定希望基础设施要搞得好一些，至少环境卫生啊、配套设施他会尽自己能力多出一点钱啊，这是第一。第二就是有些带项目去的话带动了当地的村民也在创业。第三他可能还有一些人脉的话还有征求一些政策上的支持啊。所以说这种前景展望是很好的，我们是这么想的。

问：就是还有一个问题，现在基本上回去的是从本村出来的会比较多嘛，那有没有一种他不是这个村出去的，有的村环境会比较好嘛，一般说想回农村一般是想要养老，然后在城市里面环境条件就没有那么好，回去选择的一般都是环境比较优良，风景比较优美的，有没有不是这个村的也有回去的？

答：有啊，我们上洪的话这一个是他本村的另两个是长沙的，外地的，就是不受局限的。

问：就是全国范围内都不受局限是吧目前是，只要是他想，他有那个经济基础，他想去的话都可以去是吧。

答：对，因为我们建设用地的总量不突破，每个人他享有的宅基地的这个面积它也不突破，它唯一的贡献也就是自己结余出来的使用权转让一部分给别人，这个是允许的。

问：那目前我们基本上就没有什么问题了，谢谢您。

（2）田溪村西溪旅游公司×监事访谈记录

访谈对象：×监事

访谈时间：2019年5月29日

访谈地点：湖南省浏阳市田溪村

访谈内容：

问：你好，那当时在成立这个公司的时候是怎么成立董事会之类的呢？

答：我们在8月8号的时候组织了一个西溪片的和田溪村的两委参加的，我们西溪片区的村组长，一些党员，一些思想比较超前的村民代表，还有我们在外经商做企业的一些老板，还有在企事业的一些公务员，把大家召集起来，来参加会议。那次会议也传达了我们的发展思路，把我们搞西溪旅游建设的一个思路想法，在会议上跟他们透露讲解，大家认为这个确实很好可行。

在那次会议上提出，然后我们就开始着手筹建这个公司，筹建委员会的成员，就选举了七位成员，我们三个都当选了这个筹建委员会的成员，还有另外的四位。通过选举以后，我们就开始运作了，我们刚开始没有成立公司，我们就自己掏腰包，反正要资金嘛，还要去考察，还要出差，把这个公司办下来。公司刚开始的名称是浏阳市西溪生态农民综合开发有限公司，我们想到农民综合开发可能会用到这些政策，对农业、林业做相应的普及，我们就这样取名，然后那时候也是提倡生态发展，所以我们刚开始时取这个名称。

为了运作，我们也就组织村民到一些美丽乡村，环境搞得好的地方，我们去参观学习，也给我们村民开了眼界，他们认为人家搞得那么好，我们这里有天时地利，我们的自然资源、地质结构、青山绿水，我们也一定要把它们搞好。参观以后，我们深有感触，也有了一定的想法。

我们从环境治理开始，走了这几年，因为在广东待久了，一回到家乡还不习惯，看到那些这里一个小店，那里一个小店，都是一层一层的人围着打打麻将，看到一些很萧条的景象，道路也很窄，我们这条河流到那边是一条小溪，芦苇都是很高的，这边望不到那边，杂草丛生，这两边的河道都是走不通了。以前，没有这条马路的时候，我们小时候上学都是走那个河堤上，那个古老的河堤道路上都是很干净的。那我们就召集村民哪，愿意来的都参加义务劳动，把那些杂草铲除，臭水沟那些垃圾治理，还有拆除那些影响村容村貌的残墙断壁、不好看的建筑，治理河道，几百人上阵，我们村子九百多人，大家搞了一天，真的是舒服多了。大家都很有兴致，有些开店的送水，送食品，大家都是义务。所以这样就形成了凝聚力，一个共同的信念就是想把我们这个村搞好了。

我们的开发要用到土地，这一块我们就想到要统一价格，我们就起草了一份征地协议，针对我们西溪这个村，所有要用到的田，如果是永久不能恢复农田的，我们就按三万块钱一亩补偿，土就按两万块钱一亩补偿，还有我们的山林就按一万块钱一亩补偿，就按这么三个标准形成了这么一个征地协议。我们就七个人，一天晚上分三组去开会，两个人一组两个人一组。刚开始到那些思想比较好、比较超前的组，组织开会，让他们先把协议签了，以点带面，这一片一共 11 组（老组），有时候就召集三个组一起，我们连续开了几个晚上的会议，就把这个征地协议我们是在会议上基本上百分之八九十的通过签字了。但是我们还有一些，一下子觉得我暂时不签，以后你要用，我再同意，毕竟要完成百分之百签字，那是不可能的。把这个协议搞定了，我们就着手开始把这个河堤修复，把我们的道路拓宽呀，就开始搞建设了。正好我们 2015 年被评为了省级的贫困村，我们那些扶贫工作队到上面（还有一些人家住在上面的）走访了一下，确实在上面只有几户人家了，比较孤单，就想什么样的解决办法，后来扶贫组就把他们易地搬迁，把那里做了一个安置工程。他们上面的房子，有一些我们旅游公司把它租赁过来，有些就拆除了（安置工程搞好了，就把土坯房拆除了），把它复绿复垦，让出了宅基地指标。我们这片大部分都是拆老房子建新房子，也有就是拆掉一部分保留一部分老房子作为闲余房子，养一些鸡鸭，做一些工质房，为农业生产备用。这就是这么一个发展历程。

到了 2017 年，我们搞这个民宿搞了一段时间，上面说这个"一户多宅"，这个房子也拆掉，那个房子也拆掉。我们来了最高级别的是国土资源部的副部长到我们这里来调研，我也参加了他们的调研、走访。我在饭桌上就说，你们是我们国家专门研究这个国土资源的，我想借这个机会向你们反映一下我们这里的实际情况，我们这个村是一个贫困村，但是你看上去好像比较富裕，你们现在看到的这个景象是我们已经建设了一年多的（他们是 2017 年来调研的），我们这里看不到这个老房子，没有这个农村的味道，有点洋不洋，土不土的那种感觉，跟城市相比的话达不到，但是说这里是乡村嘛，又找不到这个乡村特别的感觉，所以我说建议我们这些土坯房能利用尽量利用，把它改成民宿，作为一个农村怀旧来反映农村一个真实的面貌，特别是我们搞这个乡村旅游，那就很适合，人家城里面就喜欢这些东西。因为还是跟着城市的高楼大厦你也比不上城市，所以我们只能体现我们的乡村气息，体现我们的乡村特色。就是像我们这个旅游区，这个土坯房对农民来说也是一大损失，为什么？这个房子虽然是土坯房，拆掉了就是损失一万块钱，他完全可以利用它，把它装修一下、修复一下，或者不搞民宿，也可以把它用作一个工质用房、一个加工用房、一个农产品的储备房子，这些都可以。把它们一刀切全拆了，觉得这是老房子，这是土坯房，又建了新房子，这还出现了新的脏乱差，为什么，你像我们搞果园，有农具，有肥料，还有我们的产品，这些我们放到哪里呢？没有这个老房子的话，我们就放到旁边，或者我们就搭个棚子，那不是出现了新的脏乱差，也不可能放在这个大厅，我们搞旅游的，这一走进来，放些这个东西也是不可能的。所以那次提出之后，他们觉得确实我说的有道理，他们有几个也是农村出生的，也深有感触，后来就没有强烈要求一刀切地拆了。不然，那时候每天是今天拆了多少房，又腾出了多少土地面积，明天又拆了多少房，腾出了多少土地面积。现在我们是做民宿的，暂时是饱和的，就是这么一个情况。

问：就是现在那些旅游景点嘛，它也是占土地的，占的就是建设用地的指标是吗？

答：我们做的是一个 720 亩的规划，我们项目申报也是 720 亩，但是我们实践建筑面积，第一次审批是 1 000 多个平方，我们是逐步逐步地加，因为一下拿不到那么多土地的。

问：那么现在是已经开始营业了，利益是怎么进行分配的？

答：我们 2017 年最早的一个项目是滑草游乐园，11 月 9 号开业的，那个是我们公司的一个下属项目，在 2017 年又把它升级成立了一个湖南西溪旅游发展有限公司，刚开始是那个农民综合开发有限公司，现在我们把那个农民综合开发有限公司注销，因为我们升级为旅游发展有限公司了。旅游发展有限公司是去年 7 月 22 号才试营业的，到目前为止，我们这个公司还是负债的。但是我们的利益分配，我们是考虑拿出 15% 用于公共的利益分配，就是虽然我们有百分之八九十的村民入股到我们这个旅游公司，但是还有少部分没有入股的，他们也成了我们的一个股东。我们的利益分配就是我们的资源共享嘛，我们自然资源拿 15% 来分成，包括 5% 的用于扶贫济困、教育资助这一方面，10% 用于村民（没有入股的）公共资源利益的一个分配，我们让他们成为这个股东，有主人翁的意识，大家就会齐心协力来共同维护这个旅游景区，有什么要利用到土地也好，利用各方面，道路也好，都会支持。

问：那些入股的村民怎么分配呢？

答：入股的村民就按资金的限额，我们刚刚说按一千块一股来考虑的，两千块钱起步，要投就投两股，可能这个股金设计还是有点高，一千块钱一股的话。当时，我们把它分成一百块钱一股，或者十块钱一股，股数会多一点，因为你原始股的话，没有那么高的，就是那些上市公司，股份公司也不会那么高。

问：我们这里的民宿一个是农户自营的吧？

答：整体纳入我们旅游公司管理，我们经常要给他们开会，我们也要这些民宿、农庄参与订立承诺书。我也是负责这一块，一定要诚信经营，要文明礼貌，要食品安全，要统一价格，要对游客一视同仁，要接受公共的监督，我们也有我们公司的举报电话，我们就要做到这一点。

问：现在大部分就是我们农村的村民自营，没有其他地方的来投资？

答：我们去年营业到现在的话，我们是 7 月 22 号营业的，那个玻璃桥项目是我们招商引资的，老板在这里投资近千万，我们就合资，他们取大头，我们小部分。但是这个玻璃桥一开业的话，丰富了我们旅游的业态。我们是 5 月 10 号试营业的，到 20 号 11 天的时间，我们发朋友圈，最高的时候一天有三四千人，周末的话有千把人，我们现在每天都有发团过来的，我们现在也在长沙签订了我们的总代理，他召集所有的其他的旅行社门店，到 6 月 2 号我们就会召集这些门店到我们这里来采访。因为旅行社很多嘛，只是有一家签订了他们的总代理，就由他来运作其他的旅行社，就是通过他这里来走。像萍乡那边就签订了那个百事通的，株洲的就签订了环游世界的旅行社，今天就来了一家湘潭的宝东的，我们浏阳就是签订了宝东的。

问：我们看到一个"农城微旅"。

答："农城微旅"是我们最早合作的，是 2016 年开始谈，到 2017 年正式入驻了。那时候有 30 家，现在是 30 多家，40 家，增加了，每个人都有一个手机平台。这个平台来的客人，当时我们开会的时候是平台收 20%，我们旅游公司收 10%，还有 5% 的管理费，到我们村民手上的就只有 65%。当时第一次开会的时候大家也很不愿意，说太少了。要收这么多走。我说你们可考虑一下，打个比喻。

问：他从平台过来的，他第一次来到这里靠平台，但是后面他就不会从平台这里过来了。

答：对对，我说刚开始你，万事都有个开始嘛，刚开始他是这个比例，以后他有不走平台的嘛，这个完全是掌握在我们自己手里的嘛，我们是要借助这个平台，他是推了我们一把，我们这些农村的房子祖祖辈辈住了那么久，从来没有想过可以做旅馆，可以住宿，可以带来效益。我说借助这个东风我们自己的房子可以装修好，这些赚到的利益归到我们自己多少还是有一点，反正你空着也是空着，我就这样去解释。我说你们愿意的可以先搞一批，你们先报名，填个表，你们愿不愿意，我们限什么时候，就你们要把墙壁粉刷好，我们第一就考虑到要装空调，床铺的话你还可以利用你现有的床铺，但是床上用品一定要是酒店的那种纯白色的，我们就每家每户看。我和另外一个人是负责这个项目的，我们就每家每户去看他的房子，大部分都是老房子，老房子的话在房间里是没有卫生间的。很多都是三个房间才有一个卫生间，也有里面带卫生间的。我说那你就考虑是不是住楼下，因为大部分都是喜欢住楼上的，那要住客人的话就要考虑客人的感受，自己和客人都住上面，客人就会有点不自在，我们就尽量自己住楼下。这里也是我的老宅基地，是我买下来的，房子保留一部分。当时我是 2015 年回来建房的，没想到旅游会发展这么快，我是没想到在每个房间都备卫生间。我是想到他们如果一家人来度假的话，两间房中间一个卫生间，那样也可以，空气也好一点。

问：现在乡村这边扶持发展力度也大了。

答：我们现在这个蒙华铁路也穿过，就是这个从内蒙古延伸到江西吉安的。虽然是运煤的，客车站就在张坊，现在还没通，要 10 月通车，现在已经铺轨了，也是高级别的。

问：我们这边做了民宿，做了旅游后对于村里的变化，现在也是国家在支持乡村振兴嘛，就觉得做了这些以后对村里的变化以及给村民带来的效益目前大吗？

答：算还可以，特别是今年我们通过这个玻璃桥的营业，对每天游客量增加，像"五一"那几天连续黄金周的话我们都是满客，我们本身民宿还在增加，像雨后春笋一样各行各业，像餐饮的能力要达到五千到上万的，就我们这个村庄带来的效益也是可观的。

问：对于一些我们村里出去打工的人多吗？

答：以前出去的人挺多的，大部分都是一家人都出去了。我爱人是 2018 年才回来，之前是我带着我小孩子先回来，我是既当爹又当妈，当时我们开会是开了几百次，有问题就通过会议来解决。开会的时候经常是带着我小孩子去，牵着手去，然后回来的时候就在我膝盖上就睡着啦，就背着回。开会经常开到十一二点。

问：那些现在还有在外面打工的吧？

答：有，现在已经吸引了很多回乡就业的，现在我们的这个办公人员要比较懂电脑一点的，比较能够适应文秘这一方面的。我们现在是比较少，真正会使用办公的这种人才。

问：他们外出打工了，那些闲置的宅基地有没有委托给你们做民宿呢？还是就还是闲置。

答：那基本上没有委托的，因为他们有老人家在家里面打理。完全是空房空心的很少。

问：还是有老人在家，老人就可以去经营那些民宿嘛？

答：那些年轻人基本上都回来了，像我们这要买十多台的观光车我们都是采取抽签的形式。大家都想要买，买个谁，这个名额要给谁，采取开会抽签的形式。现在我们有 14 台，又新增了 10 台，去年我们只有 4 台。这些民宿的话现在大部分是有人会来打理的。

问：而且毕竟老人家不了解他们的需求，出去外面住过，知道一些东西。那还有一个就是比如说周一到周五淡季的时候一个怎么样去保持收益呢？

答：因为这个房子都是家家户户自己的，我们自己不用怎么维护，也不用出租金，你没有的话空着空着也没事，来了就是收益，我们现在加上我们的配套的产业，我们的水果产业，以前是公司发的种苗，刚开始每个项目我们村民都不是很支持，效益没出来或者是没尝到这个甜头的时候，都只有一部分人，像我们这些老党员要起带头作用，水果也栽了，十几亩，民宿也搞了，农产品也做，所以我就先做个示范。不过也是好了，这个水果也带动了贫困户就业，还成立了农业种养合作社，去年是第三年，是一个盛果期，我们的水蜜桃卖到了 12 块，还很好卖。有些时候卖 15、16 还没得货。

问：那有没有旅客来了真正地想要体验乡村生活，想要长期地住啊？

答：有，所以我们就推出两种经营的模式，一种就是纯商业，你就直接过来住店，按照单间 100 块，现在是标准价，吃的话可以点菜，也可以是最低标准 20 块钱一个人，一个人一个菜，你十个人可以有十个菜。我们还一种模式是 100 块钱一个人，一个房间要有两个人，包吃，吃两餐饭。那样我们算了也差不多，你除掉

100块钱的房间费，还有100块钱的吃。吃的话你两个人也就4餐，再加上早餐也差不多100块。

问：我们的问题大概就结束了，谢谢您了。

（3）上洪村城乡共建农户××先生访谈记录

访谈对象：××先生

访谈时间：2019年5月30日

访谈地点：湖南省浏阳市上洪村

访谈内容：

问：××叔叔您好，您能给我们介绍一下合作建房的整个历程吗？就是他们怎么想到要来我们上洪建房子呢？

答：长沙那边和我们合作建房的都是熟人，都是我哥哥的同事和同学，他们来过这边很多次，他们觉得我们这边空气好，风景优美，适合居住。他们之前来这边玩也有在这边建房子的想法，能在这边养养老。去年呢，也刚好，本来呢，我们浏阳也是宅基地改革的试点县，市国土资源局的×科长和村上（村委会）也说，试点放开可以让城市居民进来一起建房子，但是最近感觉政策又有点波动，在这边搞了试点以后，很多部门都来这边调研，像国土资源部呀，附近省市的都来这边调研。

问：您感觉是哪方面波动了呢？

答：我感觉政策是收紧了，首先，之前说要合作建房的时候，是说和城里面建房子一样，在街上建房子和乡下的房子没什么关系，家里的老房子不受影响，但是一说到办证的话，又说有影响了，就说我在街上建房子，家里的老房子就要拆掉，这样我就不干了。

问：现在具体是一个什么情况呢？

答：首先就是说，宅基地可以调配喽，我们农村户口，算一个户主，有180个平方米，我自己建60个平方米，其余的就可以调配给城里人，当时说可以单独办证，现在又说不能单独办证了，只能以我个人的名义去办证，然后城里面办是可以办到，就是只能办到使用权证，建房证只能在我一个人名下了，原来说可以分开来办，我的宅基地在这一栋，城里人的在那一栋，我的只占60个平方米，多余的调配给城里人，去单独办证。但现在又说不能这样搞了。

问：那就是说宅基地的证肯定不能发给城里人，房屋使用权证也不发吗？

答：房屋证有，就是说，以我的名义办了建房证以后，国土局再来测一下每一套的面积。我们再和合作方签订一份分房协议，凭借这个分房协议，然后发证的部门就给他们发房屋使用权证，现在他的意思是这样。现在就是说，只能以我的个人名义去办建房证，然后要把我村里的老房子拆掉，等于这个政策就是没变，和以前一样，以前就说建房子不能一户多宅，只是说。

问：我们在市国土资源局了解到，城乡合作的初衷就是说有些农户可能因为经济原因，建不起房子，然后通过城乡合作建房来减轻经济压力，保障户有所居。但是看叔叔您如果这180平方米自己去建，完全能承担得起。

答：但我没必要这么大。

问：如果不给您的合作方发证的话，他们会不会回来建房？

答：住都愿意回来咯，我们都是很熟悉的人，这个合作建房必须要互相有信任的基础，钱是另外一回事了，当然咯，就是说，你现在不给他发证，他也没关系，只是没那么踏实。

问：就是说，要您去村上和他们合作建房子，就要拆掉您在组里的老房子，您就不愿意了。

答：对，这样我就得不偿失了。

问：叔叔，关于这几个证我们还想再细问一下，就是说建房证还是要您去办的对吧。

答：嗯嗯，是的，不动产权登记证可以办，城里人只有房屋使用证，具体这个证还没有办下来，现在上面也在催我们办，这边也是一个试点，要出结果。当时浏阳市副市长也表态说，办五十年，介于商业房产和住宅之间。

问：您现在最大的阻力就是镇里面的国土资源所就说要把村委会边上的住宅建起来，就要拆掉家里的老房子，你又不愿意拆掉村里的老房子。那刚开始合作建房的时候有说要先拆掉老房子吗？

答：这个没有说，首先按照惯例的话，在集镇上买地建房跟乡下的没关系，我在浏阳市也买了房子，为什么在城里买了房子不用拆，在集镇上买了地皮建房子就要拆呢，这也是我一个困惑的地方。

问：我们了解到，一共有三户共建的嘛，那么其他的两户是什么情况呢？

答：他们中两个是大学教授，一个是中学的教师，他们三个人都是同学，都是认识的。

问：那他们两户也有和您一样的困扰吗？

答：实际上合作的都是和我们合作的，我三兄弟，我大哥在长沙，城市户口，我弟弟户口在这里，农村户口，基本上都是和我家合作。

问：我们看到合作建房的房子都是一栋分成几格的，不知道你们是怎么分配的呢？

答：你看到的那栋刚刚建好还没有装修的，我们有四进就是我们共建的，楼梯间是共用的，一楼是四个门面，中间隔开，楼上就是一人一套房子，二楼三楼总共四套房子。上面还有一栋，超市对面的那四进，没装修的，也是我们一起的。当时就是说，上面那四进，是我和一个本地的同学，我一进，他三进，这样我多出来的一进就可以调配出来给后面那一栋。现在又说不允许了，本来说后面那一栋挂在我弟弟或者是我父亲名下，现在是我们也没分家，如果一栋挂了我弟弟名下，另外一栋就必须要拆掉老房子才能挂在我的名下，才能合作建房，但是我父亲还在，他总不能去村委那边住，肯定是要在村里老房子住的。这样就搞不下去了。我和我弟弟也没有分家，户口是分了，但是住一起，就是说，老房子是我和我兄弟的，意思就是说，我建了房子，我兄弟也建了房子，老房子必须拆掉，但实际上，我兄弟没有在村委那里建房子，那两栋房子就是，我大哥、他们三个，一共四个大学教授，一个人一进，原来说可以让他们单独办建房证，现在不让办了，必须挂在我兄弟名下来建，但是我兄弟又没有这个房子，现在一挂我兄弟的名字，就说必须把老房子拆掉。这样就搞不下去了。

问：那这后期的政策转变得有点太快。

答：那我的意思就是说，我下午去国土资源所，超市对面那栋的三进是我兄弟的，他是本地户口，那我边上一进，我就不以我的名义建了，干脆挂我爱人的名字，我就不以我的名义建了，这样我弟弟就要签一个宅基地退出协议，把老房子的宅基地转让给我了，老房子就可以不拆了，因为我父亲还住在老房子里呀。现在政策它又卡住了，就是农村户口建房，最多不能超过210平方米，一般就是180平方米，但是这四进又是240平方米，这里又有冲突，我都不知道怎么搞。意思就是说，如果建房子只能建三进，最多三进半，不能超过210平方米就可以了，早知道我就不建这一进，我搞个院子多好，现在拆又不能拆。

问：之前没有什么暂行办法之类的吗？

答：没有，就是先行先试，但是×科长说是可以单独办证的，去年"经济半小时"在这里采访了几天，还把那些老师都叫回来了。

问：那么你们这边有什么平台吗？

答：没有，都是熟人的。

问：那好，我们的问题就是这些了，谢谢您，叔叔。

参 考 文 献

一、论文类：

[1] 艾希. 农村宅基地闲置原因及对策研究 [J]. 中国人口·资源与环境, 2015 (S1).

[2] 包晨晨, 王雨玉, 王美玲, 等. 新疆伊宁市农村宅基地制度改革前期试点工作研究 [J]. 河南农业, 2016 (23).

[3] 包欢乐. "三权分置"背景下宅基地使用权流转制度的变革 [J]. 福建农林大学学报 (哲学社会科学版), 2020 (2).

[4] 蔡国立, 徐小峰. 地方宅基地退出与补偿典型模式梳理与评价 [J]. 国土资源情报, 2012 (7).

[5] 蔡继明, 王成伟. 市场在土地资源配置中同样要起决定性作用 [J]. 经济纵横, 2014 (7).

[6] 陈柏峰. 农村宅基地限制交易的正当性 [J]. 中国土地科学, 2007 (4).

[7] 陈方丽, 黄祖辉, 徐炯. 宅基地"三权分置"视角下的农房租赁市场及其完善研究 [J]. 农村经济, 2019 (2).

[8] 陈锋. "祖业权"：嵌入乡土社会的地权表达与实践——基于对赣西北宗族性村落的田野考察 [J]. 南京农业大学学报 (社会科学版), 2012 (2).

[9] 陈藜藜, 宋戈, 邹朝晖. 经济新常态下农村宅基地退出机制研究 [J]. 农村经济, 2016 (7).

[10] 陈丽娜, 尹奇. 宅基地退出：兼顾效率与公平的补偿标准 [J]. 中国人口·资源与环境, 2013 (S2).

[11] 陈然, 陈晓枫. 农村宅基地使用权流转制度创新——基于增加农民财产性收入的视角 [J]. 福建农林大学学报 (哲学社会科学版), 2016 (3).

[12] 陈锡文. 农村宅基地改革的焦点和核心是什么 [J]. 中国乡村发现, 2016 (5).

[13] 陈锡文. 深化经济体制改革 推动市场配置资源作用——学习贯彻十八

届三中全会精神笔谈［J］. 经济研究，2014（1）.

［14］陈霄. 农民宅基地退出意愿的影响因素——基于重庆市"两翼"地区 1012 户农户的实证分析［J］. 中国农村观察，2012（3）.

［15］陈小君，蒋省三. 宅基地使用权制度：规范解析、实践挑战及其立法回应［J］. 管理世界，2010（10）.

［16］陈耀东. 宅基地"三权分置"的法理解析与立法回应［J］. 广东社会科学，2019（1）.

［17］陈雨菡. 关于宅基地抵押的法律问题研究［J］. 法制与社会，2010（2）.

［18］程晓燕，尚倩. 宅基地有偿使用法律问题研究［J］. 农村经济与科技，2016（12）.

［19］程秀建. 宅基地资格权的权属定位与法律制度供给［J］. 政治与法律，2018（8）.

［20］储梦园，刘同山. 农村宅基地制度改革的试点经验［J］. 农村经营管理，2020（1）.

［21］楚德江. 农村宅基地退出机制构建：价值、困境与政策选择［J］. 内蒙古社会科学（汉文版），2016（5）.

［22］狄亚娜，宋宗宇. 宅基地使用权的现实困境与制度变革——基于三省（市）法院 2004~2013 年 428 件裁判文书的数据分析［J］. 农村经济，2016（5）.

［23］刁其怀. 宅基地退出概念辨析［J］. 中国土地，2017（3）.

［24］丁宇峰，付坚强. 新中国土地政策演进视野下的宅基地"三权分置"制度选择［J］. 经济问题，2019（11）.

［25］丁关良. 1949 年以来中国农村宅基地制度的演变［J］. 湖南农业大学学报（社会科学版），2008（4）.

［26］董新辉. 新中国 70 年宅基地使用权流转：制度变迁、现实困境、改革方向［J］. 中国农村经济，2019（6）.

［27］董祚继. "三权分置"——农村宅基地制度的重大创新［J］. 中国土地，2018（3）.

［28］杜焱强，王亚星，陈利根. 中国宅基地制度变迁：历史演变、多重逻辑与变迁特征［J］. 经济社会体制比较，2020（5）.

［29］方志权，晋洪涛，张晨. 上海探索盘活利用农民闲置房屋的调研与思考［J］. 科学发展，2018（6）.

[30] 房建恩. 乡村振兴背景下宅基地"三权分置"的功能检视与实现路径 [J]. 中国土地科学，2019（5）.

[31] 冯文嘉. 对宅基地市场化的设想 [J]. 当代经济管理，2009（4）.

[32] 付坚强，陈利根. 我国农村宅基地使用权制度论略——现行立法的缺陷及其克服 [J]. 江淮论坛，2008（1）.

[33] 傅世武. 规范农村宅基地管理的一种好形式 [J]. 经济工作导刊，1997（11）.

[34] 高诚. 取消"三项收费"后我们是怎样管理宅基地的 [J]. 中国土地，1994（12）.

[35] 高海. 宅基地"三权分置"的法律表达——以《德清办法》为主要分析样本 [J]. 现代法学，2020（3）.

[36] 高圣平，刘守英. 宅基地使用权初始取得制度研究 [J]. 中国土地科学，2007（2）.

[37] 高圣平. 农村宅基地制度：从管制、赋权到盘活 [J] 农业经济问题，2019（1）.

[38] 高彦伟. 关于宅基地管理中存在的问题及对策的探讨 [C]//中国测绘学会. 全面建设小康社会：中国科技工作者的历史责任——中国科协 2003 年学术年会论文集（下）. 中国测绘学会，2003.

[39] 耿卓. 宅基地"三权分置"改革的基本遵循及其贯彻 [J]. 法学杂志，2019（4）.

[40] 顾海英，刘红梅，王克强. 上海市城镇化过程中引入市场机制促进农村宅基地整理——兼论现行农村宅基地运行机制的不足 [C]//浙江省土地学会，宁波市土地学会，浙江省土地整理中心. "土地整理与城市化"研究文集，2003.

[41] 顾龙友. 对农村宅基地制度改革试点实践的思考（上）——基于 5 县（市、区）的调查 [J]. 中国土地，2017（12）.

[42] 顾龙友. 对农村宅基地制度改革试点实践的思考（下）[J]. 中国土地，2018（1）.

[43] 桂华，林辉煌. 乡土社会的产权基础——基于农民土地祖业观的分析 [J]. 二十一世纪，2012 年 4 月号.

[44] 郭贯成，戈楚婷. 推拉理论视角下的农村宅基地退出机制研究——基于南京市栖霞区农户意愿调查 [J]. 长江流域资源与环境，2017（6）.

[45] 郭贯成，李学增，王茜. 新中国成立 70 年宅基地制度变迁、困境与展

望——一个分析框架 [J]. 中国土地科学, 2019 (12): 1-9.

[46] 韩立达, 王艳西, 韩冬. 农村宅基地 "三权分置": 内在要求、权利性质与实现形式 [J]. 农业经济问题, 2018 (7).

[47] 韩立达, 赵美美, 吴懈, 等. 我国宅基地审批制度改革研究——以全国宅基地制度改革试点泸县为例 [J]. 安徽农业科学, 2016 (34).

[48] 韩世远. 宅基地的立法问题——兼析物权法草案第十三章 "宅基地使用权" [J]. 政治与法律, 2005 (5).

[49] 韩文龙, 刘璐. 权属意识、资源禀赋与宅基地退出意愿 [J]. 农业经济问题, 2020 (3).

[50] 洪名勇, 施国庆. 欠发达地区农地重要性与农地产权: 农民的认知——基于贵州省的调查分析 [J]. 中国农业经济问题, 2007 (5).

[51] 胡建. 农村宅基地使用权抵押的立法嬗变与制度重构 [J]. 南京农业大学学报 (社会科学版), 2015 (3).

[52] 胡仕勇. 制度嵌入性: 制度形成的社会学解读 [J]. 理论月刊, 2013 (3).

[53] 胡新民. 农村宅基地整理纵横谈——来自金华市的实践与思考 [J]. 中国土地, 2002 (10).

[54] 胡新艳, 罗明忠, 张彤. 权能拓展、交易赋权与适度管制——中国农村宅基地制度的回顾与展望 [J]. 农业经济问题, 2019 (2).

[55] 胡银根, 王聪, 廖成泉, 等. 不同治理结构下农村宅基地有偿退出模式探析——以金寨、蓟州、义乌 3 个典型试点为例 [J]. 资源开发与市场, 2017 (12).

[56] 胡银根, 吴欣, 王聪, 等. 农户宅基地有偿退出与有偿使用决策行为影响因素研究——基于传统农区宜城市的实证 [J]. 中国土地科学, 2018 (11).

[57] 胡银根, 张曼, 魏西云, 等. 农村宅基地退出的补偿测算——以商丘市农村地区为例 [J]. 中国土地科学, 2013 (3).

[58] 华心如. 宅基地闲置成因及解决路径探究 [J]. 湖北农业科学, 2018 (19).

[59] 黄健元, 梁皓. 农村宅基地退出制度的源起、现实困境及路径选择 [J]. 青海社会科学, 2017 (6).

[60] 纪晓岚, 金铂皓. "睦邻四堂间": 一种远郊闲置宅基地的活用模式——基于上海市奉贤区调研 [J]. 农业经济与管理, 2019 (2).

[61] 靳相木. 对《物权法（草案）》宅基地使用权条款的修改建议 [J]. 山东农业大学学报（社会科学版），2005（3）.

[62] 赖德华. 宅基地流转不宜受限制 [J]. 中国土地，2005（11）.

[63] 李伯华，刘艳，张安录，等. 城市边缘区不同类型农户对宅基地流转的认知与响应——以衡阳市鄱湖乡两个典型村为例 [J]. 资源科学，2015（4）.

[64] 李凤. 唤醒"沉睡"的资产——浙江省探索盘活利用农村闲置农房和宅基地 [J]. 浙江国土资源，2018（8）.

[65] 李国祥. 做好农村宅基地制度改革试点和盘活闲置农房工作 [J]. 中国党政干部论坛，2019（11）.

[66] 李建德. 论交易的形态 [J]. 当代财经，1999（12）.

[67] 李丽，吕晓，张全景. "三权分置"背景下宅基地使用权流转的法学视角再审视 [J]. 中国土地科学，2020（3）.

[68] 李瑞琴. 农村宅基地退出的农户响应研究——基于四川省成都市 12 村 486 个样本农户的分析 [J] 农业技术经济，2014（4）.

[69] 李婷婷，龙花楼，王艳飞. 中国农村宅基地闲置程度及其成因分析 [J]. 中国土地科学，2019（12）.

[70] 李婷婷. 中国农村闲置宅基地闲置现状及整治模式 [M]//魏后凯，等主编. 农村绿皮书：中国农村经济形势分析与预测（2018－2019）. 北京：社会科学文献出版社，2019.

[71] 李忠孝，赵宏松，李成员. 农村宅基地有偿使用与收费标准的研究 [J]. 吉林农业大学学报，1993（4）.

[72] 梁木生，彭伟. 论强制性制度变迁的弊端及其应对 [J]. 湖北经济学院学报，2005（6）.

[73] 林楠，李川，杨雨山，等. 宅基地退出改革试点的成效总结——以四川省泸县为例 [J]. 江西农业，2017（9）.

[74] 林文怡. 完善农村宅基地有偿使用政策系列的思考 [C]//中国土地学会. 中国土地学会首届青年学术年会论文集. 中国土地学会，1992.

[75] 刘国栋. 论宅基地"三权分置"政策中农户资格权的法律表达 [J]. 法律科学（西北政法大学学报），2019（1）.

[76] 刘国栋，蔡立东. 农村宅基地权利制度的演进逻辑与未来走向 [J]. 南京农业大学学报（社会科学版），2020（10）.

[77] 刘乾，杨俊孝. 法律视角下的农村宅基地使用权抵押研究 [J]. 湖南农

业科学，2012（12）.

[78] 刘圣欢，杨砚池．农村宅基地有偿使用的村民自治路径研究［J］．华中师范大学学报（人文社会科学版），2020（4）.

[79] 刘守英，路乾．产权安排与保护：现代秩序的基础［J］．学术月刊，2017（5）.

[80] 刘守英，熊雪锋．经济结构变革、村庄转型与宅基地制度变迁——四川省泸县宅基地制度改革案例研究［J］．中国农村经济，2018（6）.

[81] 刘守英．城乡中国的土地问题［J］．北京大学学报（哲学社会科学版），2018（3）.

[82] 刘守英．农村宅基地制度的特殊性与出路［J］．国家行政学院学报，2015（3）.

[83] 刘守英．宅基地"三权分置"影响几何［J］．时事报告，2018（3）.

[84] 刘宇，项亚楠，赵映慧．农村闲置宅基地成因及综合处置建议——基于富锦市向阳川镇永太村的调查［J］．国土与自然资源研究，2016（2）.

[85] 刘宇晗，刘明．宅基地"三权分置"改革中资格权和使用权分置的法律构造［J］．河南社会科学，2019（8）.

[86] 卢艳霞，胡银根，林继红，等．浙江农民宅基地退出模式调研与思考［J］．中国土地科学，2011（1）.

[87] 吕力．归纳逻辑在管理案例研究中的应用：以 AMJ 年度最佳论文为例［J］．南开管理评论，2014（1）.

[88] 吕萍，陈卫华，钟荣桂，等．关于农村宅基地制度改革方向的思考［J］．中国土地，2017（12）.

[89] 马克·格兰诺维特．作为社会结构的经济制度：分析框架［J］．梁玉兰，译．广西社会科学，2001（3）.

[90] 马良平．浅谈农村宅基地的有偿使用［C］//中国土地学会．中国土地问题研究——中国土地学会第三次会员代表大会暨庆祝学会成立十周年学术讨论会论文集．中国土地学会，1990.

[91] 孟勤国．物权法开禁农村宅基地交易之辩［J］．法学评论，2005（4）.

[92] 孟祥仲，辛宝海．明晰使用产权：解决农村宅基地荒废问题的途径选择［J］．农村经济，2006（10）.

[93] 欧阳安蛟，蔡锋铭，陈立定．农村宅基地退出机制建立探讨［J］．中国土地科学，2009（10）.

［94］潘瑞泉."一户一宅"法律制度的困境与出路［D］.西南政法大学，2011.

［95］彭长生，范子英.农户宅基地退出意愿及其影响因素分析——基于安徽省6县1 413个农户调查的实证研究［J］.经济社会体制比较，2012（2）.

［96］彭长生.农民分化对农村宅基地退出补偿模式选择的影响分析——基于安徽省的农户调查数据［J］.经济社会体制比较，2013（6）.

［97］彭长生.农民宅基地产权认知状况对其宅基地退出意愿的影响——基于安徽省6个县1 413户农户问卷调查的实证分析［J］.中国农村观察，2013（1）.

［98］祁全明.我国农村闲置宅基地的现状、原因及其治理措施［J］.农村经济，2015（8）.

［99］钱忠好，牟燕.乡村振兴与农村土地制度改革［J］.农业经济问题，2020（4）.

［100］秦勇，韩世鹏.农村宅基地资格权的权属定位与法权构造［J］.中国石油大学学报（社会科学版），2020（6）.

［101］瞿理铜.我国农村宅基地市场化配置的制约因素及破解对策［J］.湖南师范大学社会科学学报，2020（6）.

［102］冉洪流，董瑞树.对模式识别特征选取的一点认识［J］.高原地震，1992（3）.

［103］荣昌旭，武友林，杨允亮.农村宅基地应长期有偿占用［J］.经济问题探索，1989（12）.

［104］阮家福，张士建.税收合谋的博弈分析与防范机制设计［J］.财经理论与实践，2007（6）.

［105］邵恒心，宇德良，宋德义.宅基地"三权分置"背景下重庆市闲置农房盘活利用思路探讨［J］.农村经济与科技，2019（14）.

［106］申惠文.农村村民一户一宅的法律困境［J］.理论月刊，2015（8）.

［107］沈国明，章鸣，蒋明利.关于省级层面引导地方规范开展宅基地"三权分置"改革的建议——从闲置农房激活看浙江宅基地"三权分置"改革［J］.浙江国土资源，2018（8）.

［108］沈华祥，陈先彰，范建平，等.创建良性运行机制——浙江省嵊州市农村宅基地整治经验谈［J］.中国土地，2002（12）.

［109］施适.论宅基地使用权初始取得制度的缺陷及其完善［J］.甘肃政法学院学报，2015（3）.

[110] 石长厚. 昔日宅地超占费——坚持取消；今日宅基地超占者——依法查处 [J]. 中国土地, 1994 (5).

[111] 宋志红. 宅基地"三权分置"的法律内涵和制度设计 [J]. 法学评论, 2018 (4).

[112] 宋志红. 宅基地使用权流转的困境与出路 [J]. 中国土地科学, 2016 (5).

[113] 孙东海等. 安徽省政府发展研究中心. 多措并举盘活利用空闲农房 [J]. 决策, 2017 (7).

[114] 孙建伟. 宅基地"三权分置"中资格权、使用权定性辨析——兼与席志国副教授商榷 [J]. 政治与法律, 2019 (1).

[115] 孙鹏飞, 赵凯. 社会资本对农户宅基地退出行为的影响——基于安徽金寨县的调研数据 [J]. 南京农业大学学报（社会科学版）, 2020 (8).

[116] 孙鹏飞, 赵凯, 周升强, 等. 风险预期、社会网络与农户宅基地退出——基于安徽省金寨县 626 户农户样本 [J]. 中国土地科学, 2019 (4).

[117] 孙胜玉. 农村宅基地流转的法律制度缺陷及相关对策 [J]. 辽东学院学报（社会科学版）, 2017 (5).

[118] 孙雨婷. 基于农户意愿角度的农村宅基地退出机制探究——以山东省禹城市 4 个空心村为例 [J]. 安徽农业科学, 2018 (1).

[119] 唐健, 王庆宾, 谭荣. 宅基地制度改革绩效评价——基于全国 5 省土地政策实施监测 [J]. 江汉论坛, 2018 (2).

[120] 唐俐. 社会转型背景下宅基地使用权初始取得制度的完善 [J]. 海南大学学报（人文社会科学版）, 2009 (6).

[121] 田建强. 论农村宅基地使用权的取得方式——以构建和谐农村为视角 [J]. 中国国土资源经济, 2009 (8).

[122] 田菊萍. 农村宅基地有偿使用机制初探 [J]. 中国土地, 2011 (12).

[123] 汪军民. 宅基地使用权的立法问题探讨 [J]. 湖北大学学报（哲学社会科学版）, 2006 (5).

[124] 王崇敏, 孙静. 农村宅基地使用权流转析论 [J]. 海南大学学报（人文社会科学版）, 2006 (2).

[125] 王利明, 周友军. 论我国农村土地权利制度的完善 [J]. 中国法学, 2012 (1).

[126] 王天夫. 社会研究中的因果分析 [J]. 社会学研究, 2006 (4).

［127］魏后凯，刘同山．农村宅基地退出的政策演变、模式比较及制度安排［J］．东岳论丛，2016（9）．

［128］魏后凯．"十四五"时期中国农村发展若干重大问题［J］．中国农村经济，2020（1）．

［129］吴九兴．宅基地产权的农户认知、产权流转及市场治理——以芜湖市267份农户问卷为实证［J］．云南农业大学学报（社会科学），2017（2）．

［130］夏正智．农村现行宅基制度的突出缺陷及改革取向［J］．江汉学术，2015（6）．

［131］夏柱智．土地制度改革背景下的宅基地有偿使用制度探索［J］．北京工业大学学报（社会科学版），2018（1）．

［132］向勇．试点经验与自发秩序：宅基地立法的制度根基［J］．中国土地科学，2019（7）．

［133］晓叶．宅基地"三权分置"的政策效应［J］．中国土地，2018（3）．

［134］小川竹一．中国集体所有土地所有权与总有论［J］．战东升，译．经济法论坛，2014（2）．

［135］熊承义，李玉海．统计模式识别及其发展现状综述［J］．科技进步与对策，2003（9）．

［136］徐保根，杨雪锋，陈佳骊．浙江嘉兴市"两分两换"农村土地整治模式探讨［J］．中国土地科学，2011（1）．

［137］徐日辉，倪才英，曾珩．浅析农村宅基地整理［J］．中国土地科学，2001（5）．

［138］徐忠国，卓跃飞，吴次芳，等．农村宅基地问题研究综述［J］．农业经济问题，2019（4）．

［139］徐忠国，卓跃飞，吴次芳，等．农村宅基地三权分置的经济解释与法理演绎［J］．中国土地科学，2018（8）．

［140］徐祖林，左平良．自由市场及对自由市场限制的法哲学分析——从农村房屋及宅基地使用权流转问题说起［J］．湖南社会科学，2006（5）．

［141］许光辉．宅基地管理新模式：宅田挂钩［J］．河南国土资源，2002（7）．

［142］许恒周．基于农户受偿意愿的宅基地退出补偿及影响因素分析——以山东省临清市为例［J］．中国土地科学，2012（10）．

［143］杨遂全，张锰霖，钱力．城乡一体化背景下农村闲置房屋的出路［J］．

农村经济，2015（1）.

[144] 杨雅婷. 我国宅基地有偿使用制度探索与构建 [J]. 南开学报（哲学社会科学版），2016（4）.

[145] 杨玉珍. 农户闲置宅基地退出的影响因素及政策衔接——行为经济学视角 [J]. 经济地理，2015（7）.

[146] 杨卫忠. 农村宅基地使用权有偿退出的扩散效应研究——以浙江省嘉兴市得胜村为例 [J]. 中国土地科学，2020（7）.

[147] 叶兴庆. 有序扩大农村宅基地产权结构的开放性 [J]. 农业经济问题，2019（4）.

[148] 叶康涛. 案例研究：从个案分析到理论创建——中国第一届管理案例学术研讨会综述 [J]. 管理世界，2006（2）.

[149] 叶苏达. 温州市闲置农房盘活利用模式及推进策略 [J]. 农村经营管理，2019（11）.

[150] 于飞. 集体所有、共同共有、总有、合有的关系 [A]. 国务院发展研究中心农村集体产权制度改革研讨会会议论文，2014年12月1日.

[151] 喻文莉，陈利根. 农村宅基地使用权制度嬗变的历史考察 [J]. 中国土地科学，2009（8）.

[152] 喻文莉. 论宅基地使用权初始取得的主体和基本方式 [J]. 河北法学，2011（8）.

[153] 岳永兵，刘向敏. 宅基地有偿使用改革的探索与思考 [J]. 中国土地，2017（12）.

[154] 岳永兵. 宅基地使用权转让政策嬗变、实践突破与路径选择 [J]. 西北农林科技大学学报（社会科学版），2020（10）.

[155] 岳永兵. 宅基地退出：内涵、模式与机制建立 [J]. 改革与战略，2016（11）.

[156] 臧晋运. 农村宅基地使用费取消后对非法占地建住宅的处罚措施 [J]. 中国土地，1994（1）.

[157] 曾芳芳，朱朝枝，赖世力. 法理视角下宅基地使用权制度演进及其启示 [J]. 福建论坛（人文社会科学版），2014（8）.

[158] 曾旭晖，郭晓鸣. 传统农区宅基地"三权分置"路径研究——基于江西省余江区和四川省泸县宅基地制度改革案例 [J]. 农业经济问题，2019（6）.

[159] 查有梁. 什么是模式论？[J]. 社会科学研究，1994（2）.

［160］翟全军，卞辉．城镇化深入发展背景下农村宅基地流转问题研究［J］．农村经济，2016（10）．

［161］张德龙．关于农村宅基地使用权"一户一宅"的反思［J］．山西农业大学学报（社会科学版），2014（3）．

［162］张军涛，张世政．农村宅基地制度改革中政策工具选择与运用的逻辑——以江西省余江区为例［J］．农业经济问题，2020（10）．

［163］张力，王年．"三权分置"路径下农村宅基地资格权的制度表达［J］．农业经济问题，2019（4）．

［164］张丽华，刘松博．案例研究：从跨案例的分析到拓展现有理论的解释力——中国第二届管理案例学术研讨会综述［J］．管理世界，2006（12）．

［165］张乃贵．完善"一户一宅"的"余江样板"——江西省余江县宅基地制度改革的启示与建议［J］．中国土地，2017（11）．

［166］张晓平，何昌明，胡紫红．农村宅基地退出中的冲突识别——基于全国"宅改"试点余江县的调查分析［J］．中国国土资源经济，2019（2）．

［167］张秀智，丁锐．经济欠发达与偏远农村地区宅基地退出机制分析：案例研究［J］．中国农村观察，2009（6）．

［168］张义博．我国农村宅基地制度变迁研究［J］．宏观经济研究，2017（4）．

［169］张勇，周丽，贾伟．农村宅基地盘活利用研究进展与展望［J］．中国农业大学学报 2020（6）．

［170］张勇．农村宅基地制度改革的内在逻辑、现实困境与路径选择——基于农民市民化与乡村振兴协同视角［J］．南京农业大学学报（社会科学版），2018（6）．

［171］张占录，张远索．基于现状调查的城市郊区农村居民点整理模式［J］．地理研究，2010（5）．

［172］张正峰，吴沅箐，杨红．两类农村居民点整治模式下农户整治意愿影响因素比较研究［J］．中国土地科学，2013（9）．

［173］赵树枫．改革农村宅基地制度的理由与思路［J］．理论前沿，2009（12）．

［174］赵晓洁．论我国农村宅基地有偿使用的财税规制路径［J］．改革与战略，2015（10）．

［175］甄志宏．从网络嵌入性到制度嵌入性——新经济社会学制度研究前沿

[J]. 江苏社会科学，2006（5）.

[176] 郑风田. 让宅基地"三权分置"改革成为乡村振兴新抓手 [J]. 人民论坛，2018（10）.

[177] 郑润梅. 论农村宅基地有偿使用的运行机制 [J]. 山西农业大学学报，1992（4）.

[178] 郑兴明. 农村土地制度再创新的内在逻辑、困境与路径——基于城镇化与农民市民化协同发展的视角 [J]. 社会科学，2014（12）.

[179] 钟荣桂，吕萍. 江西余江宅基地制度改革试点经验与启示 [J]. 经济体制改革，2018（2）.

[180] 钟在明. 农村宅基地闲置原因与治理探析 [J]. 农业经济，2008（6）.

[181] 周洪亮，陈晓筠. 从"一户一宅"的视角探讨农村宅基地使用权取得 [J]. 中国农业大学学报（社会科学版），2007（1）.

[182] 周江梅，黄启才. 改革开放40年农户宅基地管理制度变迁及思考 [J]. 经济问题，2019（2）.

[183] 周小平，高远瞩. 改革开放40年中国农村宅基地管理政策演进与前瞻——基于宅基地相关政策的文本分析 [J]. 河海大学学报（哲学社会科学版），2018（5）.

[184] 周业安，杨祜忻，毕新华. 嵌入性与制度演化——一个关于制度演化理论的读书笔记 [J]. 中国人民大学学报，2001（6）.

[185] 周志湘. 山东省农村宅基地使用制度改革初探 [J]. 中国土地科学，1991（3）.

[186] 朱宝丽. 农村宅基地抵押的法律约束、实践与路径选择 [J]. 生态经济，2011（11）.

[187] 朱丽丽. 农村宅基地渐进式盘活路径研究 [D]. 中国科学技术大学，2020.

[188] 朱启臻. 宅基地"三权分置"的关键是使用权适度放活 [J]. 农村工作通讯，2018（3）.

[189] 朱新华，陈利根，付坚强. 农村宅基地制度变迁的规律及启示 [J]. 中国土地科学，2012（7）.

[190] 朱岩. "宅基地使用权"评释——评《物权法草案》第十三章 [J]. 中外法学，2006（1）.

[191] 庄开明，黄敏. 完善农村宅基地退出与补偿机制的思考 [J]. 农村经济，2017（7）.

[192] 邹秀清, 武婷燕, 徐国良, 等. 乡村社会资本与农户宅基地退出——基于江西省余江区 522 户农户样本 [J]. 中国土地科学, 2020 (4).

二、专著类:

[193] 陈晓萍, 徐淑英, 樊景立. 组织与管理研究的实证方法 (第二版) [M]. 北京: 北京大学出版社, 2012.

[194] 李平, 曹仰锋. 案例研究方法: 理论与范例——凯瑟琳·艾森哈特论文集 [M]. 北京: 北京大学出版社, 2012.

[195] R. 科斯, A. 阿尔钦, D. 诺斯, 等. 财产权利与制度变迁——产权学派与新制度学派译文集 [M]. 上海: 上海三联书店, 上海人民出版社, 2004.

[196] 阿兰·斯密德. 制度与行为经济学 [M]. 刘璨, 吴水荣, 译. 北京: 中国人民大学出版社, 2004.

[197] 艾尔·巴比. 社会研究方法 (第十一版) [M]. 邱泽奇, 译. 北京: 华夏出版社, 2012.

[198] 爱伦·斯密德. 财产、权力和公共选择——对法和经济学的进一步思考 [M]. 黄祖辉, 蒋文华, 郭红东, 等译. 上海: 上海三联书店, 上海人民出版社, 1999.

[199] 郭玉霞, 刘世闵, 王为国, 等. 质性研究资料分析: NVivo8 活用宝典 [M]. 台北: 高等教育文化事业有限公司, 2009.

[200] 哈特. 企业、合同与财务结构 [M]. 费方域, 译. 上海: 上海三联书店, 上海人民出版社, 1998.

[201] 柯武刚, 史漫飞. 制度经济学——社会秩序与公共政策 [M]. 韩朝华, 译. 北京: 商务印书馆, 2004.

[202] 科斯. 论生产的制度结构 [M]. 盛洪, 陈郁, 译. 上海: 上海三联书店, 1994.

[203] 克利福德·吉尔兹. 地方性知识——阐释人类学论文集 [M]. 王海龙, 张家瑄, 译. 北京: 中央编译出版社, 2000.

[204] 李建德. 经济制度演进大纲 [M]. 北京: 中国财政经济出版社, 2000.

[205] 林震岩. 多变量分析——SPSS 的操作与应用 [M]. 北京: 北京大学出版社, 2007.

[206] 刘世闵, 李志伟. 质化研究必备工具 NVivo10 之图解与应用 [M]. 北京: 经济日报出版社, 2017.

[207] 刘世闵, 曾世丰, 钟明伦. NVivo11 与网络质性研究方法论 [M]. 台

北：五南图书出版股份有限公司，2017.

[208] 卢现祥，朱巧玲. 新制度经济学 [M]. 北京：北京大学出版社，2007.

[209] 罗伯特·K. 殷. 案例研究：设计与方法（第5版）[M]. 周海涛，史少杰，译. 重庆：重庆大学出版社，2017.

[210] 罗伯特·K. 殷. 案例研究方法的应用（第3版）[M]. 周海涛，夏欢欢，译. 重庆：重庆大学出版社，2014.

[211] 潘善琳，崔丽丽. SPS 案例研究方法——流程、建模与范例 [M]. 北京：北京大学出版社，2016.

[212] 青木昌彦. 比较制度分析 [M]. 周黎安，译. 上海：上海远东出版社，2001.

[213] 唐盛明. 社会科学研究方法新解 [M]. 上海：上海社会科学院出版社，2003.

[214] 伍多·库卡茨. 质性文本分析：方法、实践与软件使用指南 [M]. 朱志勇，范晓慧，译. 重庆：重庆大学出版社，2017.

[215] 薛薇. SPSS 统计分析方法及应用 [M]. 北京：电子工业出版社，2004.

[216] 袁方. 社会研究方法教程 [M]. 北京：北京大学出版社，1997.

[217] 袁庆明. 新制度经济学教程 [M]. 北京：中国发展出版社，2011.

[218] 约翰·吉尔林. 案例研究：原理与实践 [M]. 黄海涛，刘丰，孙芳露，译. 重庆：重庆大学出版社，2017.

[219] 赵树枫，李廷佑，张强，等. 农村宅基地制度与城乡一体化 [M]. 北京：中国经济出版社，2015.

[220] 朱丽叶·M. 科宾，安塞尔姆·L. 施特劳斯. 质性研究的基础：形成扎根理论的程序与方法（第三版）[M]. 朱光明，译. 重庆：重庆大学出版社，2015.

三、外文文献：

[221] Mark Granovetter, Richard Swedberg. The Sociology of Economic Life [M]. Westview Press, 1992.

[222] Mark Granovetter. Economic action and social structure：The problem of embeddedness [J]. American Journal of Sociology, 1985, 91 (3)：481 −510.

[223] Hongxia Chen, Luming Zhao, Zhenyu Zhao. Influencing factors of farmers' willingness to withdraw from rural homesteads：A survey in Zhejiang [J]. China. Land Use Policy, 2017, 68：524 −530.

[224] Iiro Jussila, Anssi Tarkiainen, Marko Sarstedt, et al. Individual psychologi-

cal ownership: concepts, evidence, and implications for research in marketing [J]. Journal of Marketing Theory and Practice, 2015, 23 (2): 121 –139.

[225] Jon L. Pierce, Tatiana Kostova, Kurt T. Dirks. Toward a theory of psychological ownership in organizations [J]. The Academy of Management Review, 2001, 26 (2): 298 –310.

[226] Jun Tan. A probe into reform of rural homestead acquisition system [J]. Asian Agricultural Research, 2013, 5 (10): 47 –50.

[227] Peter B Evans ed. State – Society Synergy: Government and Social Capital in Development [M]. Berkeley: University of California, 1997, 27 (3): 292.

[228] Redfield, R. Peasant Society and Culture: An Anthropological Approach to Civilization [M]. Chicago: Chicago University Press, 1956.

[229] Strauss, A. L, Corbin, J. M. Basics of Qualitative Research: Techniques and Procedures for Developing Grounded Theory (2nd ed.) [M]. Thousand Oaks, CA: Sage Publications, 1998: 143.

[230] Xinyue Yang, Chaofu Wei, Yong Liu et al. Rural housing land consolidation in the hilly area of Chongqing: A rural household perspective [J]. Sensor letters, 2012, 10 (1 –2): 592 –599 (8).

[231] Ying Zhang, Zuzhan Chen, Hongkai Sun et al. Study on the utilization of vacant houses in rural exurbs under the background of revitalization strategy by taking Shenjia village in Hunan province as an example [J]. IOP Conference Series: Earth and Environmental Science, 2019, 371 (2): 1 –6.

[232] Yurui Li, Yansui Liu, Hualou Long et al. Community-based rural residential land consolidation and allocation can help to revitalize hollowed villages in traditional agricultural areas of China: Evidence from Danchen county, Henan Province [J]. Land Use Policy, 2014 (39): 188 –198.